U0936310

珍藏本
纪念版

汉译世界学术名著丛书

# 意识形态与乌托邦
## ——知识社会学导论

〔德〕卡尔·曼海姆 著

李步楼 尚伟
祁阿红 朱泱 译

商务印书馆
SINCE1897 The Commercial Press
2017年·北京

Karl Mannheim

# IDEOLOGY AND UTOPIA

## An Introduction to the Sociology of Knowledge

Harcourt, Brace & CO., 1954
根据哈考特—布雷斯出版公司 1954 版译出

# 汉译世界学术名著丛书
# （120年纪念版·珍藏本）
# 出版说明

2017年2月11日，商务印书馆迎来120岁的生日。120年前，商务印书馆前贤怀揣文化救国的理想，抱持“昌明教育，开启民智”的使命，立足本土，放眼寰宇，以出版为津梁，沟通中西，为中国、为世界提供最富智慧的思想文化成果。无论世事白云苍狗，潮流左右激荡，甚至战火硝烟弥漫，始终践行学术报国之志，无改初心。

逐译世界各国学术名著，即其一端。早在20世纪初年便出版《原富》《天演论》等影响至今的代表性著作，1950年代后更致力于外国哲学和社会科学经典的译介，及至1980年代，辑为“汉译世界学术名著丛书”，汇涓为流，蔚为大观。丛书自1981年开始出版，历时三十余年，迄今已推出七百种，是我国现代出版史上规模最大、最为重要的学术翻译工程。

丛书所选之书，立场观点不囿于一派，学科领域不限于一门，皆为文明开启以来，各时代、各国家、各民族的思想与文化精粹，代表着人类已经到达过的精神境界。丛书系统译介世界学术经典，引领时代思想，为本土原创学术的发展提供丰富的文化滋养，为推动中国现代学术和现代化进程做出了突出的贡献。

为纪念商务印书馆成立120周年，我们整体推出“汉译世界学术名著丛书”120年纪念版的珍藏本，寄望既利于文化积累，又便于研读查考，同时向长期支持丛书出版的译者、编者和读者致以敬意。

两甲子后的今天，商务印书馆又站在了一个新的历史时间节点上。我们不仅要铭记先辈的身影和足迹，更须让我们的步伐充满新的时代精神。这是商务人代代相传的事业，更是与国家和民族的命运始终紧密相连的事业。我们责无旁贷，必须做好我们这代人的传承与创造，让我们的努力和成果不仅凝聚成民族文化的记忆，还能成为后来人可以接续的事业。唯此，才能不负前贤，无愧来者。

商务印书馆编辑部

2017年10月

# 目　录

# 英 译 者 序 xi

这本书汇集了曼海姆教授几种不同的著述。第二章至第四章代表了他的《意识形态与乌托邦》(见 F.柯亨出版社,波恩 1929;现为,苏尔兹—布尔姆克出版社,美因河畔的法兰克福)。第五章包括作者原发表于阿尔弗莱德·威尔坎特的《社会学袖珍字典》上的词条“知识社会学”(F.安科出版社,斯图加特,1931)。第一章是为了特意向英国读者介绍本书而写的。

本书第二至第四章论述了知识社会学的几个中心问题,并用实例说明了把这一新兴学科运用于新近和当代社会生活一些最重 1
要时期的方法。最后一章力求简明扼要的阐述这一新学科的前景。

本书前四章在风格上明显不同于最后一章。前四章充分论述了各自的主题,但由于最后一章原本是为一部百科全书撰写的条目,所以只能是一种提纲挈领式的概述。

书后的分类参考书目列出了曼海姆教授在上述文章中引用的全部著作。此外本书译者在这个参考书目中还增加了美国、英国、法国和德国思想中与该主题有关、并有启发性的一些比较重要的代表性著作。

尽管原著中的语言结构比较复杂,但本书译者认为应尽可能保留德语文本的结构。虽然有时为便于理解似乎做了一些必要的改动，但在译者还是做出了充分的努力，力求准确地表达作者的原意。

感谢密歇根大学的罗伯特·库利·安杰尔教授对第二章和第五章中几个章节的审读；感谢芝加哥大学的阿图尔·贝格霍尔兹先生审读了“意识形态与乌托邦”的一至九节。还要感谢 E. 金斯贝格女士（牛津大学硕士）和简·麦克唐纳小姐（伦敦大学经济学
xii 学士）对译文编辑提供的帮助和宝贵建议。芝加哥大学社会科学研究委员会为打印书稿提供了帮助。

路易斯·沃思
爱德华·A. 希尔斯

# 前　　言 xiii

路易斯·沃思

《意识形态与乌托邦》的德文原著是在一种以广泛争论为标志的极大的思想紧张的气氛中出现的，只是由于对所提出的问题寻求可靠的和切实的解决方法的那些思想家遭到流放或被迫沉默才使这场争论停息下来。从那时起，在德国导致自由魏玛共和国垮台的那种激烈冲突在世界各国，特别是在西欧和美国也不断出现。那些曾被认为只是德国著作家们特别关注的思想问题，实际上已经席卷全世界。过去曾被看作是个别国家少数知识分子专门关注的问题，已经成为现代人的共同困惑的问题。

作为这种情况的反应，出现了一大批谈论西方文明的“终结”、“衰落”、“危机”、“衰亡”的论著。尽管这些标题传达了某种使人惊恐的警号，但是在大多数这类论著中找不到对造成我们社会和思想的混乱的基本因素和过程的分析。与这些论著的情况相反，曼海姆教授的著作显著的优点是对我们时代的社会潮流和局势从思想上、信念上和行为上做出了清醒的、批判性的学术分析。

曾经被认为是绝对的、普遍的、永恒的或对其含义一无所知而被接受的那些规范和真理，正在受到人们广泛的质疑，这似乎成了我们时代的特征。按照现代的思想和研究，过去曾被当作理所当

然的事情，现在却被人们宣称为需要推敲和证明的。而证明的标准本身也成了争论的主题。我们看到，人们不仅普遍地不相信观念的有效性，而且也不相信那些断言这些观念的人的动机。由于在思想领域中每一个人反对一切人的战争而使这种情况变得日趋
xiv 严重。在这一领域，人们企求的是个人名利的扩大而不是真理。曾经被认为是公正客观地追求真理的思想领域现在充满了生活的世俗化、社会对抗的尖锐化和个人竞争精神的突出。

这种变化无论怎样显得纷乱不宁，但也有其有益的影响。这些影响中值得一提的是一种更加彻底的自审趋势和更全面地认识到观念和情境之间相互联系的趋势。虽然说动摇我们的社会和思想秩序的一场大动荡会产生有益的影响看起来似乎是一个冷酷的幽默，但必须承认，社会科学面临的变化和纷乱的情景同时为富有成果的新发展带来了前所未有的机遇。然而，这种新发展是建立在对困扰着社会思想的种种障碍进行充分认识的基础上的。这并不意味着自我澄清是如下面所指出的社会科学进一步向前发展的唯一条件，但它只是社会科学进一步发展的一个必要的先决条件。

## 一

当前，社会知识的进步即使没有瘫痪，但也受到阻碍，它受到两个基本因素的影响，一个是来自外部的影响，另一个是科学本身范围内的影响。一方面过去阻碍和延缓知识发展的力量仍然不足以说明社会知识的发展与它们看作是感兴趣的东西是相容的，另一方面，人们试图把科学工作的传统和整个研究手段从自然领域

搬到社会领域，这种尝试常常导致混乱、误解和徒劳无功。关于社会问题的科学思想至今已经发动了主要是反对不容异见的偏执和制度化的压制的斗争。这种科学思想一直在为确立自身而反对它的外部的敌人，教会、国家和宗族的权威利益。然而，在以往的几个世纪的历程中，反对这些外部力量的斗争，已经赢得的至少可称是局部的胜利，在某种程度上可以容许不受限制的研究，甚至鼓励自由思想。在中世纪的神圣化的黑暗时期和现代的世俗权力统治兴起的短暂的间隙期中，西方世界做出许诺，实现一切时代启迪人们心灵的思想家们的期望，通过充分发挥理智作用，人类可以战胜自然的灾害和文化的堕落。然而，正如过去经常发生的那样，这种期望现在似乎正在遭受挫折。各国国民都公开并骄傲地投身于非理性的崇拜，甚至长期以来一直是自由和理性安身立命之地的盎格鲁-撒克逊世界，最近也一再地出现了对知识分子的非法搜捕。



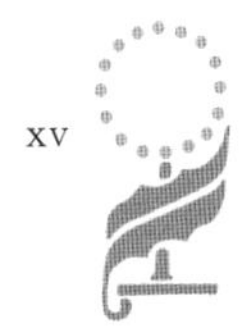



在西方思想发展过程中，对物质世界的知识追求在遭受神学迫害的艰辛岁月之后，终于使自然科学被承认拥有自身自主的领地。自 16 世纪以来，除了特殊的例外，神学教条主义从一个研究领域到另一个研究领域的退出，直到自然科学的权威得到普遍的承认。面对科学研究的前进运动，教会不断退让，并一再地调整它对教义的解释，从而使它们与科学发现之间的差异不致过于显著。

人们终于用过去只给予权威性的宗教宣言的那种崇敬态度来聆听科学的声音了。近几十年来，科学的理论结构经历了多次变革，赢得了追求科学真理的不可动摇的威望。尽管在过去的五年中偶尔有一些人叫嚷，科学对经济组织产生了扰乱性的效果，因而对科学的成果应当加以限制，但是，无论这一时期自然科学研究如何放慢了步伐，造成这种结果的更可能是由于对科学产品的经济需求有所减少，而不是为了稳定现存秩序而故意地试图阻止科学的进步。

自然科学对神学和形而上学的教条取得的胜利同社会生活的研究取得的进展形成了鲜明的对照。经验的常规已经深深地侵入了古代人有关自然的教条，而古典的社会学说则表明它们本身不
xvi 容易受到世俗的和经验精神的攻击的影响。这可能部分地是由于古代人关于社会事务的知识和理论表达远远地走在他们的物理学和生物学见解的前面。那时，证明新的自然科学实际效用的时机尚未到来，而对现存的社会学说还不能令人信服地证明其无效性。虽然亚里士多德的逻辑学、伦理学、美学、政治学和心理学在后来各个时期都被奉为权威的理论，而他关于天文学、物理学和生物学的观点却逐渐被当作古代迷信而抛弃。

直到18世纪初，政治和社会理论还一直受古代和中世纪哲学家精心制作的思想范畴所支配，而且在很大程度上还是在神学的框架内运作的。社会科学中具有实际效用的那一部分主要是有关公共管理事务的。代表这一倾向的主要是财政学和政治运算学把自身局限于平凡的日常事务，很少涉及理论。结果，关注最受争议的问题的那一部分社会知识很难取得像经过一定发展的自然科学所取得的那种实际价值，而唯一使社会科学向前发展的那些社会思想家也不可能指望从教会和国家得到支持，而更加合乎传统规范的那一派却能从他们那里得到财政的和道义的支持。社会和政治理论越是变得世俗化，它把那些使现存政治秩序合法化的庄严神圣的神话消除得越是彻底，新兴的社会科学的地位就越是难以

稳固。

当代的日本在对待技术知识与社会知识持不同态度和产生的不同效果方面为我们提供了一个引人注目的例证。这个国家一旦对西方影响的潮流开放，它便热切地接受了西方的技术和方法。但是，对于外来社会的、经济的和政治的影响，日本甚至直到今天仍然抱着疑虑的态度并且不断地加以抵制。

日本对物理学和生物科学的成果热情地加以接纳，而在经济、政治和社会研究方面的发展则持小心谨慎和防范的态度，这两者形成了鲜明的对比。后一方面的这些主题大部分仍然被日本归于 xvii
“危险的思想”。日本当局把有关民主、宪政、皇权、社会主义以及其他一些主题的讨论看作是危险的，因为关于这些论题的知识可能会动摇神圣化了的信仰，削弱现存秩序的基础。

但是，我们不要以为这种情况是日本所特有的，而且我们还应当强调指出，许多在日本被称为“危险思想”的论题，直到最近也是西方社会的禁忌。甚至在今日，世界各国对那些被视为神圣和珍贵的制度和信念进行公开的、坦率的、“客观的”考察都要受到严格的限制。例如，即使在英国和美国，对有关共产主义的实况考察无论多么不带偏见，实际上也是不可能不冒着被打上共产主义者标记的危险的。

因此，在每一个社会都有一个“危险思想”的领域，这一点几乎是无可争辩的。虽然我们认识到，被视为危险的思想领域在不同的国家和不同的时代可能会有所不同，但总的说来，打上危险标记的论题都是那个社会或该社会的统治成员认为是至关重要的因而是神圣的东西，他们是不会容忍人们进行讨论来亵渎这些东西的。

但是人们难于认识到的一个事实是，即使没有官方审查，思想也是会引起混乱的，在某种条件下，是危险的并有破坏性的。因为思想是一种催化剂，它能够打乱常规，破坏习俗，瓦解信仰，引发怀疑。

社会科学论述的显著特点在于，社会科学的每一论断，无论它多么客观，都有许多超出科学本身界限的分支。关于社会领域“事实”的每一个论断都触及每一个人或集团的利益，一个人甚至不可能关注某些“事实”的存在而不引起某些人的反对，这些人在社会上存在的理由正是建立在对“事实”的情况做不同的解释上的。

## 二

viii



围绕着这个问题的讨论传统上称之为科学的客观性问题。在盎格鲁-撒克逊世界的语言中，所谓客观的就意味着公正、无偏好、无偏爱或偏见，在事实面前没有先入之见的价值或判断。这种观点是对旧的自然法则的概念的一种表述，按照这种自然法则，对自然事实的思考会自动地得出这些法则，不带有思考者行为准则的色彩。[①] 在研究客观性问题上的自然法则方法消沉之后，这种不带个人色彩观察事实本身的方法又一度通过实证主义的流行而得到支持。19 世纪的社会科学充满了要警惕受激情、政治利益、民族主义和阶级情感的歪曲影响，也充满了对自我净化的呼吁。

---

① 这一思潮后来发展成为知识社会学，它构成了本书的主要论题。我们正是从它获得了如下见解：政治－伦理规范不仅不能来自对事实的直接思考，而且它们本身还对理解事实的方式产生规定性影响。参见索尔斯坦·维布伦、约翰·杜威、奥托·鲍尔和莫里斯·哈尔布沃克斯等人的著作。

的确，现代哲学和科学史，如果不是一种共同行动的话，那么在很大程度上可以看作是走向这种类型的客观性发展的趋势。可以设想，这种寻求客观性趋势，从否定性角度来看，包含消除带偏见的看法和不完善的推理寻求有效的知识，从肯定性角度来看，包含阐明批判性的自我意识观点，发展观察和分析问题的合理方法。乍看起来，在科学的逻辑和方法论方面的写作，其他国家的思想家似乎一直比英国人和美国人更积极，更活跃，但是，如果注意考察一下英语国家中一大批杰出思想家的著作，那么就会纠正这种看法。这些思想家一直在从事同样一些问题的研究，只是没有特别把它们标示为方法论罢了。关注在寻求有效知识过程中涉及的问题和困难，肯定构成了那一大批杰出思想家著作中不可忽视的部分，这些杰出思想家包括从洛克、休谟、边沁、米尔、斯宾塞到我们这个时代的著作家。我们并不总是认识到这种对认知过程的处理方法，是在认真地试图阐述知识社会学的认识论的逻辑学的和心理学的前提，因为这些前提并不是带有明确的标记，而且人们也没有特意地这样做。然而，只要科学活动是以有组织的和自觉的方式进行的，这些问题就总是会在相当大的程度上受到重视。事实 xix
上，在 J. S. 米尔的《逻辑体系》和希尔伯特·斯宾塞的出色的、但却受到很多人忽视的《社会学研究》这类著作中，客观的社会知识问题都得到直率而全面的论述。在斯宾塞之后的时期，由弗朗西斯·G. 高尔顿和卡尔·皮尔逊所代表的统计学技术取得支配地位，人们对社会知识客观性的兴趣有所转变。但是，在现今时期，这一兴趣又回复过来，回复的标志就是格雷姆·华莱士和约翰·A. 霍布逊等人的著作。

在美国的知识界尽管出现了贫乏无趣的景象，这种景象在欧洲人的作品中普遍地存在，但美国还是产生了许多关注社会知识客观性这个问题的思想家。在这方面突出的是威廉·格雷汉姆·萨姆纳尔的著作。尽管他是通过分析社会习俗和传统对社会规范的影响来间接地接近这个问题，而不是直接地通过认识论的批判来研究问题，但由于他以有效的方式把注意力放到种族中心主义对知识的扭曲性影响的研究上，因而能把知识的客观性问题放到一个独特的具体的社会学环境中。可惜的是，他的弟子们未能进一步探讨他的方法的丰富潜力而是把兴趣大量地放在阐述他的其他方面的思想上。与萨姆纳尔对待这一问题的方法有些类似的是索尔斯坦·维布伦，他在一系列出色而深刻的文章中，探讨了文化价值同知识活动之间的复杂关系。沿着现实主义路线进一步讨论同一个问题的著作是詹姆斯·哈维·鲁宾逊的《心灵的形成》，在这本著作中这位杰出的历史学家接触到本书详细分析的许多问题。更近一些的著作有查尔斯·A.贝尔德教授的《社会科学的本质》。这本书从教学法的角度论述了客观社会知识的多种可能性，该书一定程度上显示出曼海姆教授著作影响的迹象。



虽然着重强调文化价值和兴趣对知识的扭曲性影响是必要的和有益的，但是对知识进行否定方面的文化批判达到一个关节点
xx 就必须承认思想中评价性成分的肯定的和建设性的意义。如果说早期对知识客观性的讨论着重强调消除个人的和集体的倾向性，那么更现代的方法则要求注意这种倾向性的肯定的认识意义。如果说前者对客观性的探求旨在设定一个与主体分开的客体，那么后者则看到客体与感知的主体之间的密切的联系。事实上，最近

的观点认为，在经验的过程中，当作主体的兴趣集中在世界的某个特殊方面时，客体便对主体呈现出来。这样，客观性就表现出两个方面：一方面，在客观性中，客体和主体是各自独立、相互分开的实体，另一方面，在客观性中，主体和客体两者之间的相互作用得到强调。若是在第一个意义上，客观性是指我们的资料数据的可靠性和结论的有效性，而在第二个意义上，客观性则涉及我们的兴趣的关联性。尤其是在社会领域，真理不仅仅是思想和存在简单的符合问题，而且涉及研究者对其研究对象的兴趣，他的立场和评价，简言之，涉及他对其关注对象的界定。然而，这种客观性的概念并不意味着真理与谬误之间因此而没有明确的区别。它并不意味着人们想象的无论什么样的认知态度和观念，或者他们想要其他人相信的东西都是与事实相符合的。即使在这种客观性的概念中，我们也必须考虑到，对事实产生歪曲的，不仅仅是由于人们自身的不确当的感知和不正确的认识，而且还由于在某种环境下，人们不能或不愿诚实地说出自己的感知和观点。

构成曼海姆教授著作基础的这个客观性问题的概念，对于那些熟悉当代美国以詹姆士、皮尔士、米德和杜威为代表的哲学思潮的人来说是不会感到完全陌生的。虽然曼海姆教授的方法是不同的知识遗产的产物，在这种知识遗产中，康德、马克思和马克斯·韦伯在这一遗产中起着主导的作用，但他对许多关键性问题的结论是和美国实用主义者的那些看法是一致的。然而，这种一致性只限于社会心理学领域。这种观点在美国的社会学家中，已故的查尔斯·H. 柯勒和 R. M. 麦基弗都明确地表达过，W. I. 托马斯和罗伯特·E. 潘克则含蓄地表达过。我们之所以不把这些作者的

著作同本书中的问题情境直接联系起来，原因之一就是在美国，知
xxi 识社会学系统明确地探讨的只是在社会心理学特殊学科的框架中偶尔接触到，或者只是一个尚未开发的经验研究的副产品。

对客观性的探求会产生一个在社会生活研究方面试图建立严格科学方法的特殊困难的问题。在研究物质世界中的对象时，科学家们完全可以把自己限定在外部世界显示出来的齐一性和规律性而不用去探究现象的内在意义，而在社会领域中，首要的是对这些内在意义和内在联系寻求理解。

可能确有一些社会现象，或所有社会事件的某些方面，可以像物体一样从外部来观察。但不能由此推论出，只有那些在物质对象上得到表达的社会生活现象才是真实的。如果把社会科学的概念仅仅限于那些可以从外部感知和测度的具体事物上，那是一种非常狭隘的观念。

社会科学的文献充分地表明，有着广大的、非常明确的社会存在的领域，人们可以在这些领域中获得科学知识，它们不仅是可靠的，而对社会政策和社会行动有重要影响。人类不同于自然界的其他事物，但不能由此认为，关于人类的一切都是不确定的。虽然在人类的行为中显示出一种不适用于自然界中任何其他对象的因果关系，即动机，但我们仍然必须承认，有确定的因果关系，一定会像适用于物质领域一样适用于社会领域。当然，可能会有人争辩说，我们关于其他领域的因果关系的确切知识尚未在社会领域中建立起来。但是，如果超越独一无二和转瞬即逝的事件的感知还有任何知识的话，那么，就必须断定，在社会领域也可能发现类似于自然领域中发现的普遍趋势和可预见的事件系列。然而，社会

科学所预设的决定论是曼海姆教授在本书中充分理解的那种不同于牛顿的天体力学中所包含的决定论。

的确有一些社会科学家认为科学必须把自己局限于实际现象 xxii 的因果关系,科学无须关注需要做什么,无须关注应当做什么,倒是要关注能够做的和怎样做的事情。按照这一观点,社会科学应当只是工具性的学科而不是制定目标的学科。然而在研究实然之事时,我们不能把应然之事完全排除在外。在人类生活中,行动的动机和目的是实现行动过程的一部分,而且是在观察部分和整体关系中不可缺少的一部分。如果没有目的,大多数行动对我们就会毫无意义并且毫无兴趣。但是考虑目的和确立目的二者是有差别的。在研究物质世界时,不管完全排除目的可能性有多大,在社会生活中,我们如果无视价值和行动的目的,就不能不失去所包含的事实的许多意义。我们在选择研究领域和提取资料时,在我们的研究方法和对材料的组织中,更不用说在表述我们的假设和结论时,总是会显示出某些或多或少清晰明确或隐含的假设或评价方式。

因此,在客观事实和主观事实之间,存在着确实的区别,这种区别是由内部观察和外部观察之间的差别造成的,或者用威廉·詹姆士的说法,是相知和相熟之间的差别。如果在物质过程和精神过程之间的区别——看来不大可能否认这种区别的存在——那么它也提示出在认知这两种现象的方式上存在着相应的区别。物质对象可以完全从外部认知(自然科学在研究物理对象时就是完全认为它们是可认知的),而精神和社会过程就只能从内部来认知,除非它们也通过物理的指标从外部显示出来,通过这些指标我们又能够了解它们的意义，因此，深入的领悟可以看作是社会知识的核心。只有深入现象的内部，才能达到这种领悟，或者像查尔斯·H.柯勒所说的，就是通过体验的内审。正是这种体验活动才产生兴趣、目的、观点、价值、意义和可理解性，也产生偏见。

xxiii 因此，如果说社会科学研究的是具有意义和价值的对象，那么试图理解它们的观察者就必须通过范畴来把握这些对象，而这些范畴又依赖于观察者自身的价值和意义。这一点在一场延续多年的争论中一再被提出。这场争论是在社会学家中的行为主义者和那些主张通过体验性的内省和理解的人们之间进行的，行为主义者认为应该像自然科学家研究物质世界那样研究社会生活，主张体验性内省的人认为应当沿着像马克斯·韦伯这样的作者指示的路线来理解社会生活。

总的来说，虽然社会知识中的评价性因素得到形式上的承认，但人们对特定历史理论和运动中所表达的实际利益和价值的作用所做的具体分析仍然只是给予较少的关注，尤其是在英美的社会学家中更是这样。必须指出的是，马克思主义是一个例外。虽然他把这个问题提到了中心的地位，但它对这个问题并没有做出任何令人满意的系统的论述。

正是在这一点上，曼海姆的贡献标志着迄今在欧美进行的工作取得了显著的进展。曼海姆教授并没有满足于关注利益不可避免地反映在各种思想包括称之为科学的那一部分思想中这个事实，而且他还力图找出社会中实际利益集团同他们所支持的观点和思想方式之间的具体联系。他成功地表明了意识形态（即那些指导着维持现存秩序活动的观念体系）和乌托邦（即旨在产生改变现行秩序活动的那些观念体系)不仅使思想偏离了观察的对象,而且把人们的注意力固定在本来被模糊和忽略的情境方面。他以这种方式从一般的理论表述中锻造了一个富有成果的经验研究的有效工具。

然而有意义的行为特性并不能保证这样的推断,认为这一行为一定是有意识的反思和推理的产物。我们寻求对事物的理解来自我们的行动,而且甚至有意识地为进一步的行动做准备,但是我们必须承认,对情况进行有意识的反思和想象性的讲述,即我们称之为思想的,并不是所有行动必不可少的部分。事实上,社会心理学家们似乎普遍认为,观念并不是自然地产生出来的,尽管过去的心理学有不同的看法,但行动是在思想之前产生的。理性、意识和良知独特地发生在以冲突为特征的环境中。因此,曼海姆教授同日益增多的现代思想家的观点相一致,不是去假定纯粹的理智,而是关注理智和思想产生的实际的社会条件。如果(看来是对的)我们不仅受我们的世界发生的事件所制约,而且也是形成这些事件 xxiv 的工具,那么除非行动已经完成或者完全被降低到不再需要意识和注意的自动的程序,行动的目的就绝不会充分地陈述或决定下来。

在社会领域中,观察者也是被观察对象的一部分,因此在观察的主体方面具有个人的利益关系,这一事实就是社会科学中之所以客观性问题极为尖锐的一个主要原因。此外,我们还必须考虑到的一个事实就是,社会生活从而社会科学在极大程度上关注的是行动目的的信念。当我们支持某个事情时,我们并不是完全置身于所发生或即将发生的事情之外才这样做的。以为我们的观念完全是由我们之外的思考对象所决定的，或者认为我们的愿望和忧愁与我们感知到的和将要发生的事情完全无关，这种看法是天真幼稚的。更为接近真理的看法是承认那些一般称之为“利益”的那些基本推动力同时也是产生我们实际活动的目的和集中我们理智注意力的力量。虽然在生活的某些领域，特别是在经济学领域以及在较小程度上的政治学领域，这些“利益”都做了明确和清楚的表示，但在大多数其他领域，利益却蜷伏于表面之下，并且以习惯的形式把自己掩盖起来，以至于使我们常常不能认出它们，即使有人向我们指出，也难以认出。因此，我们所能知道的关于一个人的最重要的事情就是他看作是理所当然的事，关于社会，我们所能了解的最基本、最重要的事实就是那些很少有争议和一般认为已经得到解决的事情。



但是，如果我们想要在现代世界中寻找过去时代的一些思想
xxv 家生活的那种宁静祥和的气氛，那是徒劳的。这个世界已不再有共同的信仰，我们所标榜的“利益共同体”也不过是一个修饰性的比喻而已。由于失去了共同的目的和共同的利益，我们也就失去了共同的准则、共同的思想方式和世界概念。甚至公众舆论也变成了一群“虚幻的”公众。过去的人们居住的世界可能是一个较小的、较狭窄的世界，但对于共同体的所有成员来说，却比我们扩大了思想、行动和信仰的世界更加稳定、更加融洽。

一个社会之所以可能存在，归根结底是因为社会中的个人在头脑中形成了那个社会的某种图像。然而，在具有细致的劳动分工、极端的异质性和根本的利益冲突的现阶段，我们的社会的这些图像开始变得模糊不清和不协调。因此，我们再也不能把同样的

事物看作是真实的，而且与我们共同现实感的消失相伴随的是我们失去了表达和交流经验的共同媒介。世界已分裂成为无数原子式的个体和集团的碎片。与个体经验的整体性遭到破坏相应的是文化和集团的完整性遭到瓦解。当统一的集体行动的基础开始削弱时，社会结构便趋于瓦解，并产生了埃米尔·杜克海姆所说的社会的反常状态。他用这个词是指一种社会的空虚消沉的状态。在这种情况下，自杀、犯罪和混乱现象将会出现，因为个体的存在不再是扎根于稳定和融洽的社会环境之中，生命活动很大程度上失去了价值和意义。

本书有效地认证了知识活动并不能免除这些影响。如果说本书有一个实际目的，那么除了把人们对知识生活的前提、过程和问题的最新见解加以搜集和整理之外，其目的就是在一个像我们的这样似乎经常鼓励非理性的行为而且相互理解的可能性似乎已从中消失的时代里，寻求理性和共同理解的前景。早先时期的知识 xxvi
界似乎有一个共同的参照标准，它对知识界的参与者提供了一个确定性的尺度，并且给予他们互相尊重互相信任的感受。当代的知识界已不再是一个完整的统一体，而是表现出互相争斗的派别和互相冲突的学说的一派战场的景象。在每一个互相冲突的派别不仅各有自己的一套利益和目的，而且各有自己对世界的描述，它们把相同的对象描述为具有十分不同的意义和价值。在这样一个世界中，知识的交流和达成一致的可能性几近于零。由于缺乏共同理解，人们诉诸相同的关联标准和真理标准的可能性大为减少。由于世界在很大程度上是通过词语结合在一起的，当这些词语对于那些使用它们的人来说不再具有相同意义时，那么人们就必然

会彼此误解、互相顶嘴。

除了人们固有的缺乏相互理解的能力以外，还存在着另一个使人们不能获得一致意见的障碍，那就是持派别观点的人十分顽固地拒绝考虑或认真对待其对手的理论，只是因为他们属于另一个知识营垒或政治营垒。这种令人沮丧的状况越来越严重，造成这种状况的原因在于知识界不能摆脱为个人名望和权力而进行的斗争。这就导致了有人把推销术的骗人把戏引入思想领域，并造成了连科学家也无法坚持公正的看法。

## 三

如果我们在这样具有威胁性的丧失知识遗产的过程中受到了比以往历次文化危机更大的震惊，那是因为我们成了更加浮夸期望的受害者。在我们以前的任何时期都没有这么多的人沉湎于对科学能够为人类造福的美妙梦想。由于假想的坚实的知识基础的瓦解和随之而来的幻想的破灭，一些“精神脆弱”的人便趋向于罗曼蒂克的怀旧，向往过去的时代，以求获得已经无可挽回地失落了的确实性。面对困惑和迷茫，另一些人则通过冷嘲热讽和愤世嫉俗或对生活事实的完全否认，来忽略或回避知识界中的分歧、冲突和不确定性。

在我们这样的历史时代，全世界的人们都不仅处于躁动不安之中，而且都在怀疑社会存在的基础，怀疑他们的真理的有效性和他们的规范的可靠性。显然，没有利益，也就没有价值；没有一致性，也就没有客观性。在这种情况下，人们在面对不同意见时，很难坚定不移地坚持自己相信的真理，而往往会怀疑一种知识社会的可能性。尽管西方世界2000多年来一直受到来之不易的思想自由和诚实正直传统的哺育，但现在人们开始产生一种疑问：既然 xxvii
今天在人类事务中所取得的理性和客观性受到被彻底毁灭的威胁时，如此众多的人竟然无动于衷，那么还值得我们为争取自由和诚实的斗争付出代价吗？一方面思想的价值广泛地受到轻视，另一方面又对它进行压制，这是西方文化走向衰落的不祥之兆。这种灾难只有采取最明智和果断的措施才能得以避免。

《意识形态与乌托邦》一书本身就是这个混乱不安时期的产物。该书对于解决我们所处的困境做出的一个贡献就是对导致这种困境的各种力量做了分析。是否能够在其他时期写出这样一本书，这是值得怀疑的。因为本书所涉及的基本问题，只会出现在一个带有深刻的社会剧变和知识剧变特征的时代。对于我们所面临的困难，本书没有提出简单的解决方法，但它对其中的主要问题的阐述使这些问题更容易对付，而且对我们的知识危机做了前所未有的深入分析。在对问题失去了共同概念并缺乏一致同意的真理标准的情况下，曼海姆教授力求为客观地研究社会生活中有争议的问题建构新的基础指明道路。

知识和思想问题虽然一向被看作是逻辑学和心理学的本来的研究课题，但直到晚近时期，人们都把它们看作社会学领域之外的问题，因为它们不被看作是社会过程。曼海姆教授在书中提出的一些观点是对思想过程的批判性分析逐步发展的结果，是西方世 xxviii
界科学遗产的重要组成部分。而该书的一个独特的贡献可能还在于它明确地表明思想不仅是逻辑学和心理学的本来课题，而且只

有将它从社会学的角度来看，才能得到充分的理解。这涉及探寻社会判断的基础要追溯到受特定的利益约束的社会根源，由此就可以清楚地看出每种观点的特殊性及其局限性。这并不是说，仅仅展示这些不同观点的视角就能使对立的各方接受彼此的观点，或者立即产生普遍的和谐。但是弄清这些差别的根源，对于使每一个观察者能够认识到自己观点的局限性以及他人观点至少局部的有效性看来是一个必要的前提。虽然这并不一定包含要求人们搁置自己的利益，但它至少有可能使人们就争论问题中的事实以及可以从中得出的有限结论形成有效的一致意见。正是以这种推测性的方式，社会科学家们尽管在终极价值上存在分歧，但现在却能够有一个话语领域，在这个领域中他们能够从相似的视角来观察事物，而且可以毫不含糊地彼此交流他们的观察结果。

## 四

能够公正明白地提出有关知识活动和社会存在之间的关系的问题，这本身就是一个重大的成就。但曼海姆教授并没有停留在这一点上。他认识到，在人类心灵中推动和扰乱理智的因素同样是构成一切人类活动源泉的动力因素。他并没有提出一个产生和授予真理而不受所谓非逻辑因素污染的纯理智的假设，他实际上是对产生思想和进行理性生活的具体社会环境做深入的分析。

本书的前四章具体论证了这种社会学方法的丰富成果，并且具体说明了这一新学科的方法，第五章的题目是“知识社会学”，并且概要地论述了这一学科的形成基础。这一新学科在历史和逻辑

上属于作为社会科学基础的普通社会学的范围。如果把曼海姆教
授所处理的主题更系统地展开，知识社会学就应当以综合的方式、 xxix
统一的观点和恰当的技巧对在此以前只是粗略地和零散地接触的问题进行专门化的研究。现在确定这门新学科的精确范围可能为时尚早，但已故的马克斯·舍勒和曼海姆教授本人的著作已经对它本身必须关注的主要问题做了比较充分的尝试性的论述。

这些问题中首要的和基本的问题是对知识理论本身做深入的社会心理学的阐述，这种知识理论过去一向以认识论的形式作为哲学中的一个部分。在整个有文字记载的思想史上，这个主题始终是历代的伟大思想家们反复思考的问题。尽管为了解决经验与反映、事实与观念、信仰与真理之间的关系问题人们做了长期的坚持不懈的努力，但存在与认知的相互关系仍然是向现代思想家挑战的问题。但这个问题已不再仅仅是职业哲学家所关注的问题。它不仅成为科学中的一个中心问题，而且也是教育和政治学中的一个中心问题。知识社会学渴望为进一步理解这个古代的奥秘做出贡献。这样一个任务所要求的不仅仅是把已经确立的逻辑规则应用于现成的材料，因为人们所接受的这些逻辑规则本身在这里就受到了质疑，而且也像我们的其他知识工具一样，被看作是我们整个社会生活的组成部分和产物。知识社会学的这种研究需要找出知识活动背后的动机并且对思考过程本身受思考者参与社会生活影响的方式和程度进行分析。

与知识社会学的兴趣密切相关的一个领域就是为了发现某些社会历史条件下占主导地位的思想方法和思想形式而对知识史的资料加以整理和再加工。在这方面，主要的是探究知识兴趣和注

意力如何随着社会结构其他方面的变化而发生变化的。正是在这里，曼海姆教授关于意识形态和乌托邦之间的区分为这种研究提供了前瞻性的指导。

知识社会学在分析某一时期某一特定社会阶层的思想时，所
xxx 关注的不仅是一时流行的观念和思想方式，而且还要关注这种思想发生的整个社会环境。这就必须考虑使某些社会集团接受或拒绝某种思想的那些决定因素，还要考虑促使某些集团有意识地助长这些思想并在更广泛的范围传播它们的动机和利益。

此外，知识社会学还要进一步阐明某个社会集团的利益和目的是怎样在某种理论、学说和理智运动中得到表达的。对于理解任何社会具有根本重要意义的是与各种类型的知识相一致的认识和用于开发每一种知识的相应份额的社会资源。同样有重要意义的是分析社会关系发生的变化，这些变化的发生是由于某些方面的知识如技术知识的进步以及这些知识的运用使人类控制自然和社会的能力日益增长。同样，由于知识社会学关注知识和思想对维持和改变社会秩序的作用，所以它就必须把相当大的注意力放在传播思想的机构和手段以及问询和表达自由的普及程度。与此相联系的是，还要把注意力集中于现存不同类型的教育制度以及每一种教育制度反映和影响社会的作用方式。在这一点上，最近在有关教育的论著中广泛讨论的思想灌输问题在知识社会学中也取得了突出的地位。知识社会学对出版、知识普及和宣传的作用也给予了适当的关注。对这些现象的充分理解会有助于确切地了解思想在政治和社会运动中的作用以及知识作为控制社会现实的工具所具有的价值。

尽管对于主要作用集中于社会的知识活动的那些社会机构已有大量的专门叙述，但对知识生活的社会组织却没有充分的理论论述。因此，知识社会学的一个主要的责任就是对知识活动在其中进行的机构组织做系统的分析。这就包括对中小学、大学、学术团体、博物馆、图书馆、研究院和实验室、基金会以及出版机构进行研究。研究这些机构很重要的方面是要了解这些机构的支持者和 xxxi 支持方式、进行哪些类型的活动、它们的政策、内部组织和相互关系以及在整个社会组织中的地位。

最后，在社会学的所有方面，都涉及作为理智活动承担者的人，即知识分子。在一切社会中，都有一些知识分子个人，他们的专门的职能就是对这一群体的知识遗产加以汇集、保存、修订和传播。这一群体的构成、他们的社会来源、他们吸收新成员的方法、他们的组织、阶级关系、他们取得的报酬和声誉及他们对其他社会生活领域的参与，这些都构成了知识社会学力图回答的一些更为紧要的问题。在知识分子活动的产品中表达这些要素的方式为以知识社会学名义进行的各种研究提供了中心的课题。

在《意识形态与乌托邦》一书中，曼海姆教授不仅概要地表述了一个能对社会生活做出新的更深刻理解的新学科，而且对当今的一些比较重大的道德问题做了颇为必要的澄清。我希望本书的翻译能够对解决英美国家中精英人士所面临的问题有所助益。

1 # 第一章　对问题的初步探讨

## 第一节　关于思想的社会学概念

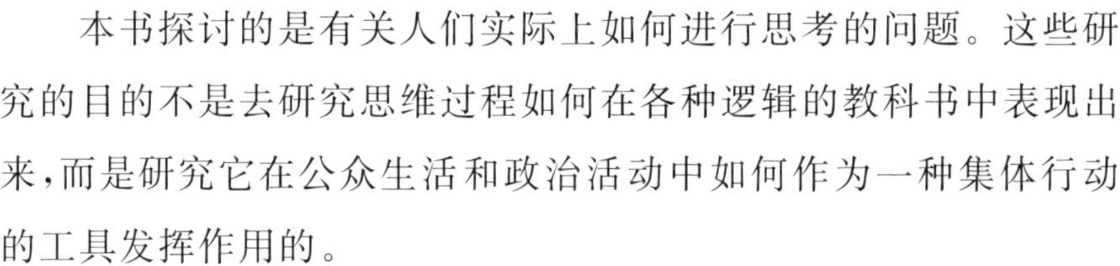

本书探讨的是有关人们实际上如何进行思考的问题。这些研究的目的不是去研究思维过程如何在各种逻辑的教科书中表现出来，而是研究它在公众生活和政治活动中如何作为一种集体行动的工具发挥作用的。

哲学家们很久以来总是在关注他们自己的思想。当他们写下有关思想问题的论述时，他们心中所考虑的主要是他们自己的历史——哲学史，或者是诸如数学、物理学这样一些非常特殊的知识领域的历史。这种思维类型只能应用于一些非常特殊的情况，而且对它进行分析所能了解的东西也不可能直接转移到其他生活领域。即使这种思维是可以应用的，它所涉及的也只不过是存在的某种特殊的方面，而对于那些活生生的想要理解和改造世界的人们来说是远远不够的。

同时，行动着的人都会对他们生活的世界或好或坏地提出各种方法进行经验性的或理智性的审察，对这些方法从未做过像所谓精确的认知方式那样的精确的分析。然而，任何一种人类活动如果在不受理智支配或批评的情况下持续很长时期，那么，这种活动就会趋于失控状态。

因此，如果对我们用来做出最关键性决策并用来诊治和指导我们的政治命运的那些思想方法至今仍然没有被认识，因而没有达到理智性控制和自我批判，那么，这就要被看作是我们时代的一种反常状态。如果我们想一想，与早期社会相比，现代有更多的东西要依赖于对情况做正确的周密的思考，那么，上述这种反常情况就显得更加令人触目惊心了。随着社会过程中调控性干预的必要性的增长，社会知识的重要性也相应地增长。然而这种所谓前科学的不精确思想方式（似乎悖理的是，当逻辑学家和哲学家必须做出实际的决策时，他们也要运用这种思想方式），并不能只是通过 2
使用逻辑分析去理解。这种思想方式构成一种复杂的综合，既不能轻易地使它脱离贯穿其中的情绪冲动和生命冲动的心理根源，也不能使它脱离它在其中发生并力图加以解决的情境。

本书最基本的任务就是制定出一种描述和分析这种思想类型及其变化的适当方法，系统阐述与这种思想类型相联系的问题，这些问题既承认这种思想类型的独特性质，又为对它的批判性理解开辟道路。我们试图提出的方法就是知识社会学的方法。

知识社会学的主要论题就是，有这样一些思想方式：如果人们对它们的社会根源搞不清楚，那么就不可能确切地理解这些思想方式。诚然，只有个人才能进行思维。并不存在在个人头脑之外和之上进行思考的群体头脑，而个体只能对他的观念加以照抄照搬这样一种形而上学实体。然而，如果因此而推论说，引起个人行动的一切观念和情感都只能源于个体，而且只能依据个体本人的生活经验才能得到恰当的解释，这种推论也是错误的。

如果我们仅仅通过观察一个单独的个体，不说自己的语言而说那些为他创造了条件的他的同时代人和前辈的语言，便由此而得出一种语言，这样的做法是错误的。同样，如果仅仅依据一种看法在个体的心灵中发生便对这种看法做出总体性的说明，这种做法也是错误的。单独个体只是在非常有限的意义上从他自身产生归因于他的说话方式和思维方式。而他说的是他的群体的语言；他以他的群体的思维方式进行思维。他发现他能够随意支配的只是某些词语及其意义。这些词语不仅在很大程度上决定了他与周围环境打交道的途径，同时也表明，这个个体或群体迄今为止从什么角度出发、在何种活动语境中才能够感知和接近各种对象。

我们现在首先必须强调的一点是，知识社会学的探讨在意向上并不是要从单独个体及其思维过程出发，然后便直接以哲学家的方式继续研究高度抽象的“思想本身”。毋宁说，知识社会学力
3 求全面领会的，是处于某种社会历史条件下的具体背景中的思想，而个体的各不相同的思想只是逐渐慢慢地从这种背景中显现出来。因此，发展了一种特殊的思想方式的不是一般进行思考的人，甚至也不是那些进行这种思考的孤立的人，而是对标志其共同地位的典型环境不断做出无穷反应的某些群体中的人。

严格地说，单独的个体在思维，这种说法是不正确的。只有认为这种个体参与了在他之前已经由他人思考过的事物的进一步思考，坚持这种看法才是比较正确的。他发现自己处在前人遗留下来的环境中，并且具有一些适合于这种环境的思想方式；为了更恰当地对付他的环境中的变迁所产生的新的挑战，他试图进一步详尽发挥前人遗留下来的那些反应方式，或者用别的反应方式来代替它们。因此，每一个个体在两方面意义上都是在一个社会中成长起来的这样的事实所先行决定的：一方面，他发现了一个现存的环境，另一方面，他在这个环境中发现了已经形成的思想和行为模式。

知识社会学方法的第二个特点是，知识社会学并不把具体现存的各种思想方式同我们最初据以在某种理智意义上发现这个世界的集体行动的背景分离开来。生活在群体中的人们不仅仅作为分散的个体以物理的方式共存。他们并不是从一个沉思的心灵本身的抽象层次上面对世界的种种对象，也不是作为孤独的存在来面对世界的。相反，他们在各种有组织的群体中，既相互依存又相互对立，而当他们这样做的时候，他们的思维也是既互相依存又互相对立的。这些结合在一起形成群体的人们，力求按照他们所属的群体的品性与地位来改变周围的自然和社会，或者使之保持既定的条件。正是这种意在改变或维持这一集体活动的方向，为他们的问题、他们的概念以及他们的思想形式的出现形成了指导线索。人们总是按照他们参与的集体活动的特定环境，趋于从不同的角度来看待他们周围的世界。纯粹的逻辑分析使个人的思想与它的群体的环境分离开来，而且它同样也把思想与行动分离开来。它造成这样的分离是一个暗含的假设，即认为思想与群体及其活
动之间的固有的联系总是存在于现实之中，这种联系既与“正确” 4
的思维毫无关系，而且又可以与这些基础分开而不引起任何困难。但是，一个人无视某种事物存在的事实绝不会使这种事物不再存在。同样，任何一个没有对实际思维的丰富形式进行全神贯注的

确切观察的人，也不能先天地确定，这种把思想与其社会环境和活动背景分离开来的做法是否永远可行。当然也不能轻率地断定，这样一种彻头彻尾的截然两分，竟然还是完全合乎要求的恰好有利于客观的事实性知识的。

也可能在某些知识领域，正是由于行动的推动作用，首先使对象的世界变得为活动的主体易于接近，进而还可能，正是这种因素决定了对进入思想的那些实在成分的选择。不难设想，如果完全排除了这种意志的因素（就其可能而言），那么，具体内容就会从概念中完全消失，而且，最初使人们有可能对问题进行理智陈述的组织原则也会消失。

但这并不是说，在对群体的依恋和行动的定向显得是基本成分的那些领域中，任何进行理智的、批判的、自我控制的可能性都是毫无意义的。也许，正是在迄今一直被隐蔽着的思想对群体存在的依赖以及思想植根于行动的情况变得清晰可见的时候，人们才第一次有可能通过明了这些情况而对先前在思想中无法控制的因素获得了一种新的控制方式。



这就把我们引向本书的中心问题。这些论述可以阐明，对这些问题及其解决方法的深入探讨，就可以为社会科学以及对政治生活的科学指导的可能性问题的回答提供某种基础。当然，在社会科学中和在其他科学中一样，真理和谬误的最终标准应在对对象进行的调查研究中找到，而知识社会学并不能代替这种调查研究，这是完全正确的。但是对对象的考察并不是孤立的行动，它是在受到价值观、集体无意识和意识性冲动的影响的语境下进行的。
5 在社会科学中，正是这种对集体活动形式的理智的关注，不仅为研究提供了一般问题，而且提供了与研究有关的具体假设，还提供了用来整理经验的各种思想模式。只有在我们使科学和大众讨论中流行的各种出发点和对各种事实的探讨成功地引入自觉和明确的观察领域的时候，我们才能希望最终控制那些归根到底使这些思想方式得以形成的无意识的动机和先决条件。在社会科学中的一种新型的客观性不是通过排除各种评价就能达到的，而是通过对这些评价的批判性理解和控制才能达到的。

## 第二节　当代的思想困境

思维的社会根源和行动根源问题在我们这一代人中形成，这绝不是偶然的。迄今为止一直在推动我们进行思考和活动的无意识已经逐渐上升到觉知的层次因而变得易于控制，这也不是偶然的。如果我们认识不到是一种特殊的社会情境迫使我们对我们的知识的社会根源进行反思，那么我们就不可能认识到它与我们自己的困境相关。知识社会学的一个根本性的见解就是集体无意识的动机变成有意识的动机的过程，不可能在任何时期都发生作用，而只有在非常特殊的情境中才发生作用。这种情境是可以用社会学的方法来确定的。人们可以相对准确地指出一些因素，这些因素不可避免地会迫使越来越多的人不仅去反思世界上的事物，而且反思思维过程本身，甚至在这里不是反思真理本身，而是反思这样一个惊人的事实：同一个世界对于不同的观察者可以呈现出不同的样子。

显然，只有在一个不同意见比意见一致更引人注目的时代，这样一些问题才会成为普遍的问题。只有在有关事物和情境的概念面临大量有根本分歧的定义，对这些概念进行直接的和连续一贯的阐述已不可能的时候，人们才会从对各种事物的直接观察转向对各种思想方式的研究。现在我们已经能够比一般的形式分析更加精确地指明，人们的注意力从关注各种事物到关注各种有分歧的见解，并由此而转向无意识的思想动机，这样一种转变到底在什么样的社会情境和理智情境中才必然会发生。在下面的论述中，
6 我们希望指出的只是在这方面起作用的几个最重要的社会因素。

首先，在社会的稳定性能够支持和保证一种世界观的内在统一性的时期，多种多样的思维方式的存在是不可能成为问题的。只要从人们的童年时期开始就把一些语词的相同的含义、观念推演的相同方法不断地灌输给群体中的每一个成员，那么，在那样一个社会中歧见纷呈的思想过程就不可能存在。即使思维方式发生逐渐的改变（可能是偶然的），对于生活在一个稳定情境中群体的成员来说也不可能感觉到这种改变，只要这些思维方式适应新问题的节奏非常缓慢以至于要持续好几代人之久。在这种情况下，同一代人在其自身的生命历程中就很难觉察到正在发生的变化。

但是除了历史过程的一般动力之外，在多种多样的思维方式变得引人注目并作为人们反思的主题之前，就有另外一种非常不同的因素出现了。因此，首先是社会运动不断地加强打破了在一个静态社会颇为流行的早期的错觉，以为世界上一切事物都可能变化，但思想却永远保持不变。而且社会运动的横向的和纵向的两种运动形式会以不同方式揭示多种多样的思想样式。横向运动

（即从一种位置到另一种位置或从一个地区到另一个地区的运动但不改变社会状态）表明，不同的人们是以不同的方式进行思考的。然而，只要一个人的民族的和地区的群体传统没有被打破，那么他就仍然非常执着地依附于该群体的习惯的思维方式，以至于把在其他群体中所见到的思维方式看作是怪异的、错误的、糊涂的或者是异端邪说。在这个阶段，人们既不怀疑他们自己的思想传统的正确性、也不怀疑一般思想的统一性和一致性。

纵向的社会运动就是在社会地位的升降这个意义上的社会阶层之间的迅速变动，只有在横向社会运动伴随着强烈的纵向运动时，人们才会对自己思想方式的普遍永久的有效性的信念发生动摇。在使人们对其传统的世界观点产生动摇和怀疑的因素中，纵向的社会运动是决定性的因素。当然，即使在只有轻微的纵向运动的静态社会中，同一社会中的不同阶层也会有体验世界的不同方式。马克斯·韦伯的功绩[①]就在于，在他的宗教社会学中清楚
地表明，同一种宗教是多么经常地受到农民、手工业者、商人、贵族 7
和知识分子等不同阶层以不同方式进行的体验。在一个封闭的社会等级和社会阶层组织起来的社会中，比较缺乏纵向的社会运动会或者有助于使具有不同的世界观的人互相分隔开来，或者，比如说，如果他们体验一种共同的宗教，那么他们会按照他们不同的生活背景，以不同的方式来解释它。这就说明了，不同的社会等级所具有的不同的思想方式，并不会会聚到同一个心灵之中，因而它们

① 马克斯·韦伯：《经济与社会》第1卷，第4章第7节。《宗教社会学：等级、阶级和宗教》（蒂宾根，1925），第267—296页。

不会成为一个问题。从社会学的观点来看，当历史的发展达到一定阶段，以往彼此分立的阶层开始互相交流，某种社会流通开始出现，到了这样的阶段，这种决定性的变化就会发生。当以往一直是独立发展的各种思想形式和经验形式进入同一个意识，迫使心灵发现互相冲突的世界概念的不可调和性，这时就达到了这种交流的最重要的阶段。

在一个非常稳定的社会中，仅仅有较低阶层的思想方式向较高阶层的渗透，那是不会有多大作用的，统治集团光是感到思想领域可能出现的变化并不会导致他们在理智上的动摇。只要一个社会的稳定建立在权威的基础上，社会声望只是与上层社会取得成就相一致，那么这个阶级就没有什么理由去怀疑它自身的社会存在及其成就的价值。除非下层阶级的社会地位有相当大的提高，否则，在我们取得普遍的民主化之前，下层阶级的兴起并不会使他们的思维获得公众方面的重要意义。[①] 这种民主化的过程，使以往没有任何公共合法性的下层阶级的思维方式，首先有可能获得合法性和声望。当民主化阶段已经达到的时候，下层阶级的思维
8 技巧和观念便首次与统治阶层的观念处于同等合法性水平的地位。而且，这些观念和思想方式如今也首次能够迫使运用它们的框架进行思考的人使他们的世界的各种对象受到某种根本性的质疑。正是由于思维方式的这种冲突（其中每一种思维方式都同样要求代表的合法性）才使思想史上如此极具决定性也极具根本性

① 因此，例如，在我们自己的时代，正如后面就会看到的，如果从社会学观点来看，实用主义建构了一种合理化的思维技巧，和一种把日常经验标准提高到“学术”讨论水平的认识论。

的问题首次有可能提出来，这个重大问题就是，那些关注同一个世界、相同人类的思想过程怎么会产生关于这个世界的完全不同的概念呢？由此出发向前再走一步就可以提出以下的问题：这里所涉及的思想过程难道不可能是根本不同的吗？当人们考察了各种可能的人类思想时，难道不是可以发现这里存在着大量可供选择的可以遵循的路径吗？

难道不是这种社会上升过程在雅典的民主政治中唤起了西方思想史上第一次怀疑主义的巨大浪潮吗？难道古希腊启蒙运动中的智者派表达的一种怀疑态度本质上不是来源于他们对每一个对象的思考中都存在着两种互相冲突的解释方式吗？一方面是已经注定要走向衰落的统治贵族的思维方式的神话，另一方面是处于上升过程中的地位低下的城市手工业者阶层带更多分析性的思想习惯。由于这两种解释世界的形式在智者派的思想中汇集到一起了，由于每一种道德决断都至少存在着两种可供选择的标准，而且还由于对每一种宇宙的和社会的事件也至少有两种解释，因而，他们对人类思想的价值持某种怀疑的观念也就毫不奇怪了。因此，如果因为他们在认识论方面的努力具有怀疑论的倾向就以教师爷的态度指责他们，那是毫无意义的。他们只是把这个时代每个人都感觉到的东西勇敢地表达出来罢了，他们表达出来的就是，以往确信无疑的各种规范和解释已经被打破了，只有对各种矛盾进行彻底的追问和全面的思考才能找到令人满意的解决方法。这种普遍的变动不定绝不是一个世界注定要全面衰败的征兆，倒可以说是标志着危机将导致康复的一个有益过程的开始。

而且，苏格拉底有勇气落入这种怀疑主义的深渊，难道不正是 9

他的伟大品德之所在吗？难道他当初不也是一位智者，采取提出问题然后再进一步提出问题这样一种技巧并使这种技巧成为自己的方法吗？难道他不是甚至比智者派更激进地提出问题来克服危机从而达到一个理智的支点，它至少对于那个时代的理智心态来说是一个可靠的基础吗？有趣的是，由此可以看到规范和存在的世界开始在他的研究中占据了中心位置。他思考一个人怎样才能以不同的方式去思考和判断相同事实的这个问题，他关注这个问题的强烈程度至少同关注这些事实本身一样。在各个不同的时期，与思维有关的问题不能仅仅通过专门研究客观对象来解决，而是要通过研究发现为什么关于这些对象的意见实际上是不同的，甚至在思想史的这个阶段，这一点已开始变得很明显了。



用来说明占主导地位的思维形式早期的统一性和后来的多样性的因素除了那些社会因素以外，还要提到另一个重要因素。在每个社会中都有一些社会集团，他们的专门任务就是为那个社会提供对世界的解释。我们把这种社会集团称之为“知识界”。一个社会越是稳定，知识阶层越是会获得一种明确的职位和社会等级地位。因此，应当把巫师、婆罗门成员、中世纪的神职人员都看作知识阶层，他们在社会中都对该社会世界观的塑造进行某种垄断性的控制，而且对其他社会阶层自发形成的各种世界观的差异的重构或者调和进行控制。从这个意义上说，布道、忏悔、诵经都是对比较世俗的社会发展层次上出现的不同的世界观进行重构和协调的手段。

这种组织成一个社会等级并且掌控着布道、教化和对世界进行解释的权力的知识分子阶层，受到两种社会因素力量的制约。

它愈是使自己成为彻底组织起来的集体(如基督教)的倡导者,它的思维就愈趋向于“经院哲学化”。它必定会向那些先前只对一个教派有效的思想方式加上一种教义神学的约束力量,并由此而承认这种思想模式中隐含的本体论和认识论。它必须向外界表现为一种联合战线,这种必要性迫使它进行这种转变。在社会结构内部出现的权力集中的过程可能会极其明显,以至于能够把统一的思想和经验比以往更成功地至少施与他自己那个社会等级的成员,这种可能性也会导致同样的结果。 10

这种独占性思想类型的第二个特征是它相对地远离日常生活的公开冲突,因此在这个意义上说,它也是带有“经院哲学”的味道——也就是说它有学究气而毫无生气。这种思想类型主要的不是来自为解决具体的生活问题而进行的斗争,也不是来自反复试验,不是来自征服自然和社会问题的经验,而是更多地来自自身对系统化的需要,这种系统化的需要总是把宗教领域和其他生活领域出现的各种事实退回到既定的传统和理智上不受控制的前提。在这些讨论中出现的种种对立并不像同一个社会结构中的各种权力地位的冲突那样体现各种经验方式的冲突,在那时它们自己也参与对教条化的传统“真理”进行各种可能的不同解释。这些不同的群体把那些具有神学教条内容的前提作为出发点,然后寻求以不同的方式对这些思想加以证明,但如果从事实性证据的标准来判断,这些前提的教条内容大部分都是偶然性的东西。由于这些神学教条的内容依赖于某种教派偶然成功地与历史的政治命运相一致,使他自己的知识传统和经验的传统变成教会全部神职人员社会等级的传统,因而它完全是随意性的东西。

从社会学的观点来看，现时代与中世纪的情况相对照的决定性事实就是，由神职人员这种社会等级所把持的对教会解释世界的垄断已经被打破，代替那个封闭的彻底组织化的知识分子阶层的是一个自由的知识界的兴起。它的主要特征是，它不断地从经常变动的社会阶层和生活情境中吸取新的成分，它的思想方式不
11 再受类似社会等级的组织控制。由于不存在他们自己的社会组织，知识分子可以使各种思维方式和经验方式在其他社会阶层构成的更加广阔的世界里公开地彼此竞争，获得受公众注意的机会。如果我们进一步考虑到，随着一个等级类型社会存在的垄断特权的废除，自由竞争便开始支配着知识生产的方式，那么就可以理解，为什么知识分子在竞争达到一定程度时，便以一种前所未有的明确方式采用社会中有用的多种多样的思维方式和经验方式，并在它们之间引起争论。他们这样做是因为他们必须为迎合公众而进行竞争。这种公众不同于神职人员构成的公众，如果知识分子自己不做出努力，他们便不再是易于接受其影响的了。这种为争取各种公众群体的支持而展开的竞争之所以得到强调，是因为每一种独特的经验方式和思维方式都会获得越来越多的公众表达和公众效力。

在这个过程中，知识分子的那种以为只存在一种思维方式的幻想消失了。现在知识分子不再像以前那样是某个社会等级或阶层的成员了，这些成员的经院哲学的思想方式对他来说就代表了思想本身。在这个比较单纯的过程中，应当得到解释的一个事实是，直到神职人员的知识垄断地位崩溃以后，现代对思想的根本性质疑才开始。这种一直被人为地维持下来几乎被一致接受的世界

观崩溃的时候，这种世界观的制造者的社会独占地位才会瓦解。随着知识分子从严格的教会组织中解放出来，其他解释世界的方式也与日俱增地得到人们的承认。

教会对知识垄断的瓦解迅速带来了空前的知识繁荣的鼎盛时期。但是，同时我们还必须承认，由于统一的教会组织的瓦解，因而再一次动摇了自古典时期以来就一直坚持的对思想统一性和永恒性的信仰。在今天所感到的深刻的动荡，其根源都可以追溯到这个时期，尽管在最近时期，还有许多性质十分不同的另外原因影响这一过程。从现代人这种深刻动荡的第一次高潮中，出现了许多根本上是全新的认识论的、心理学的以及社会学的思想方式和研究方式，如果没有这些新的思想方式和研究方式，我们今天甚至都不可能系统地阐述我们的问题。因此，我在下一节试图说明，我们所能利用的许多探寻和研究的方式，至少就其主要线索而言，是如何从这种统一的社会情境中产生出来的。[①]

## 第三节　现代认识论、心理学和社会学观点的起源

认识论是在统一的世界观崩溃以后第一个有意义的哲学产品，随之宣告了现时代的来临。在这里出现的情况和在古代出现 12
的情况一样，对这种不安的最初反思来自这样一个事实：那些深入

① 关于垄断思想的性质，参见K.曼海姆：《精神领域中竞争的意义》，在苏黎世召开的第六届德国社会学学会会议上提交的报告。见《德国社会学杂志》，第六卷（蒂宾根，1929）。

地观察到思想的直接基础的思想家不仅发现了许多世界观，而且也发现了许多本体论秩序。认识论用来消除这种不确定性所采取的出发点既不是来自某种被独断地传授的存在理论，也不是来自由某种更高类型的知识所证实的世界秩序，而是来自一种对认识主体的分析。

所有认识论方面的思辨过程都是在主体和客体这两极之间确定方位的。[①] 它或者从客体的世界出发，以这样或那样的方式武断地设定这个客体世界是为所有人都熟悉的，并以此为基础来说明主体在这种世界秩序中的地位，由此推论他的认识能力；或者从主体出发，把它作为直接的和未受任何质疑的材料，并力求从主体引出有效知识的可能性。在客观的世界观没有受到多大动摇的时期，在能够成功地表现出可以明确感知的世界秩序的时期，都存在着一种把人类认识的主体存在和他的知识能力建立在客观因素基础上的趋向。在中世纪，人们不仅相信存在一种明确的世界秩序，而且还认为应当把他所认识到的"存在价值"归于事物等级体系中的每一个客体，在这个时期，流行着以客体的世界为基础对人的能力和思想价值的一种解释。但是，在我们上面所描述的那种崩溃发生之后，过去一直受到教会的支配、保障的关于客体世界中的秩序概念便成了问题，除了转向或采取相反的道路之外，别无选择。于是人们便以主体作为出发点，来确定人类认识活动的本质和价值，试图由此在认识主体中为客观存在找到可靠安置。



① 参见 K. 曼海姆:《认识论的结构分析》，载《康德研究补编》第 57 期(柏林，1922)

虽然我们可以在中世纪就能找到这种趋势的先驱者，但它最 13
初的充分出现则是以理性主义哲学思潮表现出来的，一方面是从笛卡尔经过莱布尼兹到康德的法国和德国哲学，另一方面是霍布斯、洛克、贝克莱和休谟的具有更多的心理学取向的认识论。这首先是笛卡尔的理智实验所具有的意义，是他进行示范性斗争的意义，在这场斗争中，他试图依次质疑所有传统理论，最后达到再也无可怀疑的“我思故我在”（*cogito ergo sum*）。这是他唯一可能的出发点，只有从这里出发，他才能重新着手为一种新的世界观奠定基础。

所有这些尝试都预设了一个或多或少是明确无疑的想法，那就是认为主体与客体相比，主体更容易为我们所理解，而客体由于受到许多不同的解释而变得过于模糊不清。由于这个原因，我们只要有可能就必须以经验为依据，在我们比较容易控制的主体中重建思想发生之源。即使在人们偏重于各种经验观察和日益重要的发生学标准的这种态度中，也显示出摧毁权威主义原则的意志在起作用。这种意志代表了一种反对把教会作为宇宙的权威解释者的离心倾向。唯一具有有效性的就是我能在我的感知中加以控制的东西，是我在自己的经验活动中得到证实的东西，我自己能够产生或至少在概念上把它当作可由我自己产生来加以构想的东西。

因此，代替传统的、基督教会所维护的创世说的，是一种世界形成的观念，认为世界的各个部分都可以得到合理控制的。这种认为从认识活动出发可以产生世界观的概念模式形成了解决认识论问题的方法。人们希望通过审察认识表象的起源，就可以得知主体对于认识活动的作用和意义以及一般的人类知识的真理价值概念。

我们的确可以意识到，这种通过主体的迂回方法是一种替代品和权宜之计。只有当一种超人和永远正确的精神对我们思维的价值提出判断时，这个问题才有可能得到完全的解决。但是在过去，恰恰是这种方法遭到失败，因为对早期理论的批判推进得越远，就越能清楚地看到，那些提出绝对主张的哲学很容易堕入显而
14 易见的自我欺骗。因此，能够深得人们喜爱的方法就是这种在对世界的自然定向中和在自然科学中能够同时证明自己是最适当的方法，也就是经验的方法。

在这种发展过程中，当哲学和历史学得到深入研究和详细阐述时，就有可能在对思想进行分析的同时，也利用历史地演化过程的世界概念，依据各种世界观得以形成的发生学过程来理解哲学和宗教的世界观这笔财富。这样，人们就能够在思想发展的非常不同的层次上，在十分不同的历史情境中对思想进行考察。显而易见的是，当人们运用动物心理学、儿童心理学、语言心理学、原始人心理学以及智能发展史的心理学来谈论主体的结构影响其世界观的方式时，所能谈到的内容就远比对某种超验主体的成就进行纯粹思辨的分析要丰富得多。

在认识论上以这种方式求助于主体，就有可能出现一种比以往的更加精确的心理学，其中包括关于思维的心理学。正如我们在上面指出的那样，这种思维心理学已分解成许多专门的研究领域。然而，这种经验心理学变得越来越精确，经验观察的鉴赏范围越大，就能越清楚地看出，主体绝不像以前所设想的那样是获得世

界的新观念的可靠的出发点。诚然，在某种意义上说，内在经验是直接给予的，而外在经验则不是这样，而且，经验之间的内在联系也可以得到更加可靠的领悟，只要人们除了其他方面的联系以外，还能够对产生某些行为的动机有相应的理解。然而，人们不可能完全避免陷入某种本体论的危险，这也是很清楚的。而且，心灵(*psyche*)及其所有可以内在地直接感知的“经验”，也是实在的一部分。而心灵所获得的关于这些经验的知识则是预设某种实在理论、某种本体论为前提的。然而，这样一种本体论就其有关外部世界而言，已经变得更加模糊不清，就其有关心理实在而言，同样也变得模糊不清。

那种把中世纪与现代联系起来，并从宗教人士的自我观察中汲取内容的心理学类型，的确仍然在运用饱含着体现宗教的灵魂 15
本体论持续影响内容的那些概念。就这种联系来说，我们可以把心理学看作是从善恶选择的内在斗争中产生的，这种内在斗争现在被设想为在主体中发生的。这样一种心理学是在良心冲突中发展起来的，也是在诸如帕斯卡尔、蒙太涅直到克尔凯郭尔这样一些人的怀疑主义中发展起来的。在这里我们仍然可以发现某些具有本体论倾向的含义丰富的概念，如绝望、罪孽、拯救、孤独等，这样一些概念从经验中取得某种丰富性，因为每一种经验从一开始就被引向某种宗教目标，从而获得它的具体内容。然而，随着时间的推移，这些经验日益变得内容贫乏、流于形式，正如这些经验在外部世界上原有的参照系和宗教本体论变得日益衰弱一样。如果一个社会中的不同群体对上帝、生命和人的意义再也不能取得一致的意见，那么，这个社会也同样不可能一致同意地确定，应当如何理解罪孽、绝望、拯救或者孤独这些概念了。沿着这条路线求助于主体不可能提供真正的帮助。一个人只有专心致志地关注自我而又不破坏那些具有个人意义和个人价值的成分，他才能够为那些涉及意义的问题找到答案。然而，与此同时，由于这种根本性的形式化，科学的心理内省采取了新的形式。从根本上说，这种心理内省所涉及的是表现人们体验和思考外部世界对象的同一个过程。这些在性质上具有丰富内容的赋意性的解释（例如，罪孽、绝望、孤独以及基督之爱），都已被焦虑感、内心冲突的知觉、孤独的体验以及“利比多”这样一些形式化的实体所代替。后面这些东西都试图把来自力学的各种解释方式，运用于人的内心体验。这里的解释方法并不是旨在对各种经验像它们在个体中共同存在并共同作用于有意义目标的实现那样尽可能恰切地领会其内在的丰富内容；而是力图排除经验内容中所有性质不同的成分，从而在可能的情
16 况下，使心理事件的观念接近于力学的简单形式（位置、运动、原因、结果）。在这里，问题并不是一个人如何根据他自己的理想和规范来理解自己，也不是如何以这些规范为背景使自己的功绩和美德被赋予意义，而是一种外部情境怎样才能以可确定的概率机械地引起一种内在的反应。外在的因果关系范畴得到愈来愈多的运用，利用形式上简化的两种事件有规则地相继发生的观念来发挥作用，如以下事件排列方式中说明的：“当某种异乎寻常的事情发生时，恐惧就会发生”；而在这种排列方式中，被有意忽略了各种类型的恐惧随着它的内容（如面对不确定性时的恐惧和面对某种动物时的恐惧）的不同而变得很不相同，而且，异乎寻常的事情也依照平常事情在其中发生的条件的变化而发生根本性变化。但

是，人们所寻求的恰恰就是对这些在性质上有所区分的现象的共同特征的形式进行的抽象。

另外，如果单个现象是从它们在整个心理机制中发挥形式功能作用的观点来解释的，在这个意义上便使用了功能范畴。例如，当人们把各种心理冲突基本上都解释成心理领域中两种不协调的矛盾倾向造成的时候，它们就是主体的心理失调的表达。它们的功能就是迫使主体重新组织适应过程，从而达到新的平衡。

按照科学的富有成果的发展情况，如果否定这样一些简化程序的认识价值，那就可能起相反作用。这些研究程序是很容易地被控制的，而且可以在很大程度上运用于大量的现象。这些依据原因和功能进行研究的形式化科学等，其丰富成果还远未穷尽；因而若阻碍它们的发展则可能是有害的。对一条卓有成效的研究路线进行试验是一回事，而把它看作是对一种对象进行科学研究的唯一途径则完全是另一回事。就后者至今仍然是争论不休的问题来说，今天已经可以清楚地看到，仅仅是形式化的研究，并不能穷尽对世界的可认识的内容，尤其是不能穷尽对人类的心理生活的认识。

在这种程序中由于探索的目的（为了科学的简化的目的），为了达到形式的和易于界定的实体，而排除了意义的一些相互联系，
但是并不能仅仅通过发现相关的方面和功能进一步完善形式化来 17
重新把握这些相互联系。也许为了能够精确地观察经验的形式序列，确有必要排除各种经验和价值的具体内容。然而，这就有可能造成一种科学的拜物教，即相信一种方法上的纯净化就能够在实际上代替原有经验的丰富内容。更为严重的错误看法就是，以为

对一种现象的一个侧面做科学的外推和抽象的强调，就能够丰富原来的生活经验，其唯一理由是，人们一直是用这种形式来进行透彻思考的。

虽然我们对发生冲突的条件可能有很多了解，但我们仍然可能对活生生的人的内在情况一无所知，对于他们在价值观遭到破坏时是如何失去方向又如何重新找回自己也是一无所知。正如最精确的关于原因和功能的理论回答不了我是谁，我是怎样一个人或者是一个人意味着什么这样的问题一样，从这种理论也根本不可能对自我和世界做出即使是最简单的基于某种评价性决定的行动所需要的解释。

机械主义和功能主义的理论作为心理学研究中的一种潮流是很有价值的。然而，倘若它被放到生活经验的整体联系的范围中，它就不起作用了。因为它根本没有谈到有意义的行为目标，因而也不可能解释与之相关的行为的各种成分。只有当目标和价值是从另一个来源给定的，只有“手段”需要加以研究时，这种机械论的思维方式才有所助益。然而，思想在生活中的最重要的作用就在于为行动必须做出决定时提供指导。每一种真正的决定，如一个人对其他人的评价，或者如何组织社团，都包含着有关善恶的判断，或者是有关生活和精神意义的判断。

在这一点上，我们遇到了一个悖论，我们运用普通力学和功能理论推论形式化的因素，原本是为了帮助人们在他们的行动中更容易地达到目标。人们用机械论的和功能性的方法考察物的世界
18 和心灵世界，是为了通过比较分析达到世界的终极的构成成分，然后再按照行动的目标对这些成分进行重新组合。当人们最初运用

这种分析程序时，由活动所规定的目的或目标仍然是存在的（常常是由以前从宗教方面理解的世界片段所组成）。人们努力认识世界，是为了能够把世界塑造得与这种终极目标相一致。人们对社会进行分析，是为了达到一种令上帝更加满意的生活形式；人们关注灵魂是为了控制走向拯救的道路。但当人们把分析推进得越远，这种目标从他们的视野中消失得越多，以至于今天的研究人员可以用尼采的话来说："我已忘却我何以会有开始"。如果一个人今天探寻分析的目的，那么这个问题既不能依照自然，也不能依照灵魂或社会来回答，另一方面也不能从形式上设定一个纯粹技术的、心理的或社会的最佳条件，例如"最佳的运行状态"作为目标。① 比如说，在一个人完全忽视他的所有复杂的观察和假设的情况下，去问一位精神分析专家，他治疗病人的目的是什么，只是在这样的情况下，这个目标才似乎是唯一的。在大多数情况下，他除了用最佳适应的条件以外，别无任何回答。至于这种最佳适应的条件是什么，他仅仅依据他的科学是说不出什么东西的，因为每一种有终极意义的目的从一开始就从他的科学中消除了。

这样一来，问题的另一方面就被揭示出来了。如果我们没有任何评价性的观念，没有任何最起码的有意义的目标，那么，我们



---

① 这一点也许可以说明与制约过程有关的更深的真实情况：绝不能从各级行政管理人员中挑选议会制国家的部长们，而是应当从政治领袖们中间挑选部长官员。像其他任何专业人员和技术专家一样，行政管理官员往往看不到他的行动和最终目标的背景条件，在这里可以假定，那些体现了公众生活中自由形成的集体意志的综合的人即政治领导者在涉及政策问题时能够比那些故意保持中立的行政管理专家更灵活地把那些可以利用的行动所必需的手段整合起来。参见本书论述官僚制思维的社会学部分。

无论在社会领域还是在心理领域都不可能做出什么成果。我们这样说的意思是，即使一个采取纯粹的因果观点和功能观点，他只能在后来发现原来隐藏在他所依据的本体论中的意义是什么。这种本体论防止人们使经验原子化为种种孤立的观察，也就是从活动的观点出发进行原子化。根据现代格式塔理论的表达，我们的本体论给予我们的那些意义，都用于整合各种行为单元，使我们能够
19 在一种构型的联系中来看各种个体性观察的成分，否则，这些成分就会仍然保持分散和隐蔽的状态。

即使巫术的—宗教的世界观所传达的全部意义都是“错误的”，但如果从一种纯粹功能的观点来看，这种意义仍然可以使内在的心理实在以及客观的外在经验的实在的各种片段协调一致起来，并根据某种行为的复合体来代替这些片段。我们能够比以往更清楚地看到，我们无论从哪种来源获得我们的意义，无论它们是真是假，它们都具有某种心理的—社会的功能。也就是可以使那些希望根据某种“情境定义”来做某些共同的事情的人的注意力固定下来。如果一个群体的成员都以相同的方式来界定一种情境，那么这个情境就这样被构成了。如果一个群体把另一个群体称之为异端，并且因此而进行反对他们的斗争，这种情境可能是真的，也可能是假的，但是，只有通过这种定义才能使这种斗争成为一种社会情境。一个群体只是为实现一个法西斯主义的社会或者一个共产主义的社会而进行斗争，这可能是真的，也可能是假的，但是，只有通过这种给出定义、评价定义的手段，才能使那些事件造成一种能够把活动和相反的活动区分开来的情境，并使这些事件的总体成为一个前后衔接的过程。如果把失去了有意义内容的那些成

分事后平列地并联起来，这并不能把行动的统一性明确地表现出来。由于从心理学理论中广泛地排除掉那些有意义的成分，结果越来越明显的是，在心理学中，离开了有意义的背景就不可能理解那些心理情境，更不用说内在的生活史了。

此外，从纯粹的功能主义的观点来看，我们的各种意义的产生，无论它是真还是假，都起到了一个不可缺少的作用，也就是它使对于一个群体发生的事件成为社会化的过程。我们之所以属于一个群体，不仅仅是因为我们生于这个群体，不仅仅因为我们明白承认我们属于这个群体，最后也不仅因为我们对这个群体效忠效力，而主要是因为我们以这个群体的方式（也就是根据所说的群体的意义）来看待世界和这个世界中的事物。在每一个概念中，在每一种具体意义中，都包含着某个群体经验的结晶。当一个人说到“王国”时，他就是在对某个群体所具有的意义上来使用这个词的。对另一个群体来说，王国只是一种组织，例如在一个邮政系统中包含的一种行政组织，它并不参加把前后的意义当作理所当然的那
个群体的集体行动。然而，在每一个概念中，不仅存在着依照一定 20
的群体及其行动来确定的个体，而且使我们的意义和解释得以产生的每一种来源也作为一种发挥稳定作用的因素按照指导我们的根本的活动目标对可能的经验对象和认知对象发生作用。

外部对象的世界和心理经验的世界都显得处于流动之中。对于表达这种情况来说，动词是比名词更恰当的符号。我们为那些处于流动中的事物命名，不可避免地包含某种根据集体行动路线定向的某种稳定性。我们引出各种意义的过程着重强调并且固定下来的是事物与活动相关的方面，但为了有利于集体行动却掩盖

了贯穿一切事物的永恒流动的过程。它排除了对趋向不同方向的材料进行其他编序组织的方法。每一个概念都表现了某种反对其他可能意义来源的禁忌——为了有利于行动而对生活的多样性进行简化和统一。

也许，关于事物的形式化和功能化的观点之所以在我们这个时代成为可能，只是因为在教会的知识垄断崩溃之后，以前那些处于支配地位的、使人们不受其他来源的各种意义影响的禁忌已经失去效力了。在这种情况下，各个对立的群体逐渐有机会向世界公开地展示各种相矛盾的、与他们各自对世界的独特理解相一致的意义。在一个人看来是仁君者，在另一个人看来则是暴君。然而，我们在前面已经指出，在同一个社会中关于一个既定对象的各种意义有极多的互相冲突的来源，这种情况最终会导致每一个意义系统的瓦解。在这样一个对任何具体的意义系统都存在着内部分歧的社会中，人们只能依照对象的形式化成分来建立共识，例如，对于君主的定义指出："君主是在一个国家中大多数人看来合法地有权行使绝对权力的人"。在这种定义以及其他类似的定义中，对任何实质性的东西，任何一种评价，都再也找不到共识，只能按照功能重新加以解释。

21 现在让我们回到以主体为出发点的现代心理学的起源问题的讨论上来，显然，原来试图通过诉诸主体和集中关注主体来解决的那种困难，并没有因此而被消除。的确，许多新的东西是通过新的经验方法发现的。它们虽然使我们能够对许多文化现象的心理发生获得许多深入的见解，但是它所提供的对问题的回答却使我们的注意力偏离了关于实在秩序中精神存在的根本问题。尤其是通过心理现象的功能化和机械化，使得精神的统一性和个人的统一性都通通丧失了。没有心灵的心理学是不能取得本体论地位的。造成这样一种心理学本身就是由于人们力图在一种否定一切评价、否定任何一点共同意义和总体构型的范畴框架中进行思考。然而，作为一种研究假设可能对于一种专门化的学科来说是很有价值的东西，却可能对于人类的行动来说是极为有害的。在实际生活中，一旦学校教师和政治领袖转向科学的心理学寻求指导，那么，由过分依赖科学心理学而产生的不确定性就会变得异常明显。他从这种情况获得的印象就是心理学存在于另一个世界，它为生活在与我们自己的社会不同的某种社会的公民记录下它的观察材料。这种现代人的经验形式，由于高度分化的劳动分工而使人们趋向于漫无方向，这种经验形式在这种无根基的心理学中找到了它的对应物，就连最简单的生活过程也不可能运用这种心理学的范畴进行周密思考。这种心理学实际上把人训练得毫无能力处理精神问题，这就说明了它不能为日常生活中的活生生的人类提供任何立足点。

表现现代心理学特征的有两种根本不同的倾向。这两种倾向之所以成为可能，是因为曾经给予人们单独一组意义的中世纪世界已处于瓦解过程之中。第一种倾向是寻找每一种意义背后的原因，并且按照每一种意义在主体中发生的过程（发生学观点）来理解它。第二种倾向就是试图以那些形式化的但不具有任何意义的心理经验成分构造一种机械科学（心理力学）。这里很明显的是，机械论的思想模式并不是原来设想的那样只限于研究各种机械对 22
象组成的世界。一般来说，这种机械论的思想模式主要表现了人

们最初接近对象的情况。在这里，人们的目的并不是确切了解那些性质的独特之处和各种独特的构象，而是要在形式化的简化要素之间获得最明显的规律性和有序获得的原则。我们已经详细地描述了最后提到的这种方法，并且知道，这种机械论的方法尽管我们从它取得的具体成就中多有获益，但从生活取向和行为的观点来看，这种方法也在很大程度上加剧了现代人的普遍的不安全感。活动着的人必须知道他是谁，而心理生活的本体论则在行动中实现了某种功能。就机械论的心理学以及它在实际生活中的相似者，即社会向全面的机械化的推进否定了这些本体论的价值这个方面来说，它们就都破坏了人类在日常生活的自我取向方面的一个重要的成分。

现在，我们希望转向对发生学方法的探讨。这里我们首先应当指出，与心理学研究紧密联系着的发生学观点，在许多方面都有助于人们对上述意义上的生活更加深刻的理解。古典逻辑学和古典哲学的那些独断主义的倡导者都习惯于坚持一种认为观念的发生与它的有效性和意义没有任何关系的看法。他们总是举出一些陈腐的例子，大意是说，我们关于毕达哥拉斯的生活和他的内心冲突等方面的知识对于理解毕达哥拉斯定理来说几乎没有什么价值。然而，我并不相信这种观点能适用于一切知识成就。我相信，从严格翻译的观点来看，当我们试图把《圣经》上的“最后者应当居先”这句话理解为受压迫阶层反抗的心理表达时，我们的理解就会得到极大的丰富。我相信，如果我们像尼采和其他的人以各种方式指出的那样，考虑到并意识到怨恨在道德判断的形成中的重要意义，那么，我们就会更好地理解它。例如，在这种情况下，就基督

教来说，正是怨恨使那些有地位的社会阶层至少在心理上获得一
种勇气，使自己摆脱某种不公正的价值系统的统治，并且建立自己
的与之相对抗的价值系统。在这里，我们并不打算提出这样一个
问题：我们是否可以借助于这种对待怨恨的价值发生功能的心理
的发生学的分析，我们就能确定是基督教徒还是罗马统治阶级站
在真理和正义一边。但无论如何，我们都会通过这种分析而引起
对这句话的更深刻的理解。了解下面这一点并非无关紧要：要知
道，这句话不是某个普通人所说，也不是针对一般人说出来的，而
是对那些像基督教徒一样在某种意义上受压迫的人发出的真正的 23
呼吁，这些人同时也在怨恨冲动带动下，希望摆脱当时盛行的那些
不公正行为。在上面引述的例子中，心理发生，作为导致意义发
生的动机与意义本身之间的相互联系不同于在毕达哥拉斯定理
中存在的那种相互联系。逻辑学家们提出的那些特别编造的例
子，在某些情况下可能使人们不愿接受一种意义和另一种意义
之间最深刻的区别，也可能会使人们做出使相互关系模糊不清
的概括。

因此，心理发生学的研究方法在相当多的情况下都有助于对意义的更深刻的理解。在这些情况下，我们关注的不是最抽象的和形式的相互关系，而是关注意义，我们可以以同情的方式体验这种意义产生的动机，或者关注可以通过动机的结构和经验的背景来理解的富有意义的行为的复合。这样，比如说，当我知道一个人还是一个孩子时是什么样的，他经历了什么样的严重冲突，这些冲突是在什么情况下发生的，以及他是如何解决它们的，那么我就会比我仅仅知道他的外在生活中的很少一点细节时对他了解得更

多。我将会知道，在他那里出现新奇事件的背景[1]，而且他的经验的每一个细节都必须根据这一背景来解释。这种心理发生学方法取得的伟大成就在于，它摧毁了先前把规范和文化价值观念当作物质事物对待的机械论的观点。在面对一部宗教圣典时，这种发生学方法就会以对各种规范和文化价值观念最初兴起的过程的生动的鉴赏来代替对某种规范的形式上的默认和顺从，这些规范和
24 文化价值观念必须不断地保持与这一过程的接触，从而使它们不断地得到新的解释和新的理解。这就表明了，心理现象的生活就是这种心理现象本身。历史和生活的意义就包含在它们的生成和它们的流动之中。这些见解最早是由浪漫主义者和黑格尔提出来的，但从此以后，它们就一再地被重新提起。

然而，这种心理发生学的概念，就它的逐步发展和它的进入人文科学（如宗教史、文学史、艺术史等）来说，从一开始就受到两方面的局限；这种局限预示着它终究会成为对这种方法本身价值的一种确定的限制。

这种心理发生学方法的最主要的局限就是这样一个重要观点，即每一种意义都要按照它的发生、并在形成其背景的生活经验的原来环境中加以理解。但是这种观点包含着一个有害的约束条件，即这种研究方法只能找到一种个体主义的运用。在大多数情况下，意义的发生总是在个体的经验环境中而不是集体的经验环境中寻找。因此，比如说，如果一个人在人们面前持有一种观念

① 应当注意到，发生学观点如何与只关注经验要素的原子化的机械论的方法不同，着重强调相互依存的。

（让我们以上面提到的“最后者应当居先”这句话中表达的转变道德价值等级地位的情况为例），并且希望从发生学的方法来解释它，那么他就会紧紧抓住这位作者个人的生平简历，并且试图完全依据这位作者的个人历史中的那些特殊事件和动机来理解这种观念。所以很清楚，用这种方法可以起很大作用，因为正如真正对我起推动作用的经验的最初源泉和所在场所都在我自己的生活史之中那样，这种作者的生活史也是他的经验的所在场所。但同样很清楚的是，虽然回顾个人早期的历史对于用发生学方法说明非常特殊的个体行为方式可能是足够的（例如，可以根据早期儿童时代的经验用心理分析来说明后来性格发展的征兆），然而对于一种具有重要社会意义的行为方式，例如对于改变整个社会生活系统所有方面的价值转换，如果只是专注于纯粹个人的生活史及其分析那是不够的。正像上面指出的那句话表明的那样，这种价值转换基本上是植根于一种群体的情境，在这种群体情境中，有成千上万的人都以各自的方式参与推翻现存的社会。这些人中每一个都以
新的方式在对他产生冲击的整个生活情境的复合体中进行活动， 25
在这个意义上说，每个人都在准备并实行这种价值转换。从长远来看，这种发生学的解释方法发展得足够完善，它本身就不能局限于个体生活史，而是必须进行综合，从而最终接触到个体生活史与有更广包容的群体情境之间的相互依存。因为个体生活史只是在社会大变动中有共同主题的一系列互相交织的生活史的一个组成部分，单个个体的特殊的新动机只是许多人以各种不同方式参与其中的动机复合体中的一个组成部分。社会学观点的优点在于，它把意义的个体发生与群体生活的环境结合起来。

上面谈到的研究文化现象的两种方法，即认识论的方法和心理学的方法都共同致力于从意义在主体中的发生过程来解释意义。在这个实例中，重要的不在于这两种情况下是否考虑到具体的个人或一般化的精神本身，而在于在这两种情况下，个体的精神被看作是与群体分离开来的。因此，它们在认识论和心理学的基本问题上不知不觉地引入了错误的假设，而社会学的研究方法必须纠正这种错误。就社会学研究来说，最重要的是，它结束了把个体与群体分离开来的虚构，而个体正是在群体的基体中进行思考和经验各种事物的。



这种关于孤立和自足的个体的虚构构成了各种各样形式的个体主义认识论和发生心理学的基础。认识论依靠这种孤立的和自足的个体，似乎这种个体从一开始就在本质上具备人类所特有的一切能力，包括纯粹知识能力，似乎他仅仅通过与外部世界并立存在就能从自身之内产生他关于外部世界的知识。同样，在个体主义的发展心理学中，个体必然通过一定的发展阶段，在这个发展过程中，外部的自然环境和社会环境除了使这种个体把那些预先形成的能力释放出来以外，别无任何其他作用。这两种理论都是从一种过度夸张的理论上的个体主义土壤上（比如可以在文艺复兴
26 和个体主义的自由主义时期看到）发展起来的，而这种理论上的个体主义只有在个体和群体之间的原有联系遭到完全忽视的社会情境下才会产生。在这种社会情境下，观察者常常看不到社会在塑造个体上起的作用，以至于把绝大多数只有作为某种共同生活、作为多种个体之间相互作用的结果的那些性格特征竟然从个体的原有本性中或从胚胎原生质中推导出来（我们抨击这种虚构并不是

从某种终极的哲学观点出发，而是因为它的不正确的材料直接插到知识和经验发生的画面中去了）。

实际上，假定一个或多或少具有固定的绝对能力的个体在面对世界并在为追求真理而奋斗的过程中用他的经验材料来构造一种世界观，这是非常错误的。我们也无法相信，这个个体然后就把他的世界观与其他个体以同样独立的方式获得的世界观进行比较，而且通过一种讨论就可以揭示出正确的世界观并且得到其他人的接受。与此相反，更正确得多的说法是，知识从一开始就是一种群体生活的合作过程，在这个过程中，每一个人都在共同命运、共同活动和克服共同困难的组织结构中来展示他的知识（然而，每个人在其中分担着不同的份额）。因此，认识过程的成果至少部分地已经有所分化，因为并不是世界的每一个可能的方面都进入群体的各个成员的视野，而是只有对群体产生困难和问题的那些方面才会进入他们的视野。而且，即使这个共同的世界（没有和任何外部群体以同样方式分享的）对于一个较大群体中的各个次级群体来说，也显得各不相同。之所以显得各不相同，是因为在一个存在着功能上的分化的社会中，各次级群体和阶层，对它们的世界对象的共同内容进行研究时，都具有各不相同的经验方法。在对各种生活问题的理智性把握上，每一个人都按照他们不同的生活兴趣分得了不同的部分加以处理。知识问题上的个体主义概念对集体的认识过程做了错误的描述，这种错误画面达到的错误程度，相当于把一个有 2000 名工人的内部高度专业化的工厂的技术、工作方式以及劳动生产率看成是这 2000 名工人中的每一个工人似乎都在各自分隔开来的小间中工作，在同一时间内进行对他来说同 27

样的工作，并且自始至终都由他本人生产出每一件个别产品。当然，这些工人实际上并不是以相同的方式做同样的事情，而是通过职能的分工，集体地生产出整个产品。

我们不妨对自己提出这样一个问题：旧理论在用个体主义来重新解释集体工作和集体成就的过程的例子中，它的缺失是什么呢？首先，这种旧的理论完全忽视了存在于实际的劳动分工中的组织结构，这种组织结构决定了从董事会的董事长到新来的学徒工的每一个个体的工作角色，同时，这种组织结构又以智能的方式整合了由个体工人生产出来的每一件局部产品的性质。这种对认识过程和经验过程的社会特性的忽视，并不像很多人所认为的那样，主要由于轻视了“大众”的作用并过分强调伟人的作用。对这个问题的解释应当从以下事实中去寻找：群体中每一个特定个人的经验和感知在最初的社会关系中得到培育和发展，这一事实从来没有得到分析和理解。[①] 生活过程中各种成分原初的相互依存与劳动分工类似，但并不完全相同，这种原初的相互依存的情况，在农业社会中的表现，不同于它在城市世界中的表现。此外，在城市世界中，参与城市生活的不同群体，无论在什么时候都具有各不相同的认识问题，并且是通过各不相同的途径获得其经验的，即使对完全相同的对象来说，情况也是如此。只有在一开始就把这一



① 如果假定个体主义的观点和社会学观点之间的对立与“伟人”和“群众”之间的对立是同样的对立，那么就再也没有什么比这样的假定更无价值了。在社会学的研究方法中，并不存在排斥社会过程中伟人重要性的描述。真正的区别在于在绝大多数情况下，个体主义的观点看不到各种社会生活方式对个人能力发展的重要意义，而社会学观点则从一开始就在群体经验的环境中寻求各种范围内的个体活动的解释。

观点引入发生学方法(按照这一观点,由2000人组成的群体,并不是2000次地感知同一事物,而是按照他们对群体生活的内在关联,按照各种不同的职能和不同的利益来感知事物),只有在集体地进行思考和活动,既互相支持又互相对立的次级群体开始出现——只有从这个角度看待事物,我们才能够理解,在同一个包容广泛的社会里,怎么会由于整个社会中不同成员的不同社会根源
而产生多种多样的意义的。 28

在古典认识论对认识过程的发生特征的描述中,它所造成的另一个没有意识到的曲解是它认为知识似乎是从纯粹理论的沉思中产生的。这里似乎把次要的情况提高到某种核心原理的水平。作为一种法则,人类思想并不是靠沉思冲动促成的。因为思想需要意志和情感的无意识的潜流,才能保证在群体生活中连续不断的知识取向。恰恰因为认知从根本上说是集体的认知(孤独个体的思想只是一个特例和一种新近出现的发展),它要预设一种认知共同体为必要前提,它首先来自潜意识中为之做准备的经验共同体。然而,一旦人们了解绝大部分的思想是建立在集体行动的基础上的,那么,他们就不得不承认集体无意识的力量。随着关于知识的社会学观点的充分展现,不可避免地必然会使人们逐渐揭示理性知识的非理性基础。

对观念发生的认识论的和心理学的分析只是很久以后才触及知识中的社会因素,这种情况可以用这样一个事实来说明:认识论和心理学这两种科学都是在个体主义的社会形式时期兴起的。它们都是在非常激进的个体主义和主体主义的时期,在中世纪的社会秩序处于瓦解的时期,在自由的资产阶级的资本主义时代开始

的时期，才获得了他们的问题的框架。在这样的时期，关心这些问题的人即在资产阶级社会中的知识分子和受过良好教育的人，他们发现在他们自己所处的环境中，原有的社会秩序的相互联系很大程度上已经不可避免地归于无形，不见踪影。因此，他们才能充满信心地把知识和经验表现为典型的个体主义现象。特别是因为他们所想到的实在片段只是涉及处于支配地位的少数人，并且表现出个体之间竞争的特征，所以各种社会事件显得好像是自主性的个体从其内心出发提出了创新的行动和认识。从这些片段来看，社会似乎只是自发性个体的知行活动的无数多样性复合。这
29 种极端个体主义的特征甚至也不适用于作为一个整体的所谓自由的社会结构，因为在这里占主导地位的个体在行动和认识方面相对自由的首创精神，也同样是受社会环境及其所提出的任务的引领和指导的。（所以在这里我们也发现了隐藏在个体的首创精神背后的社会的相互联系）另一方面，毫无疑问的是，的确存在着一些社会结构，其中的某些社会阶层（因为自由竞争所达到的更大范围）在思想和行动方面可能拥有更大程度的个体化自由。然而，根据这种特殊的历史情境（在这种历史情境下，相对个体化的思维方式在某些特殊条件下得到允许）来确定一般的思想本性，这是不正确的。如果认为这种特殊的条件似乎是思维心理学和认识论像公理一样自明的特征，那也是违背历史事实的。只要我们的认识论从一开始就不承认认知的社会特征以及个体化的思维只是一种特殊情况，那么我们就不可能成功地获得一种整体上够格的心理学和认识论。

在这种情况下，社会学观点只是在相对先进的时期才被加到

其他领域上，这显然并非偶然。同样并非偶然的是，使社会领域和认识领域放到一起的观点出现在这样一个时代，在这个时代中，人类再次做出最大努力，力图以有机化程度更高的社会秩序类型来对对抗趋向无政府状态的个体主义的无导向的社会。在这样一种情境下，必然会产生一种普遍的相互依赖感——把单一经验与单一个体的经验之流结合起来，并进而与更加广泛的经验和活动的共同体的结构结合起来的相互依赖。因此，新出现的知识论也同样是一种研究知识植根于社会结构之中的尝试。在这种知识论中一种新的生活导向在起作用，它力求制止由个体主义和机械主义的夸大引起的异化和解体。陈述各种问题的认识论方式、心理学方式和社会学方式是提出并研究关于认识过程本性问题的三种最
重要的形式。我们力求把它们表现得好像某种统一情境的不同组 30
成部分，在一个必然联系的系列中一个接一个地出现，互相衔接又互相渗透。它们就是以这种形式提供了在本书中所记录的反思的基础。

## 第四节　对集体无意识的控制是我们时代的一个问题

科学发展过程中出现的思想样式的多样性问题和一直隐蔽着的集体无意识动机的可感知性问题只是表现我们这个时代知识分子中广为流行的焦躁不安状态的一个侧面。尽管知识在进行民主化的传播，但我们在上面提出的哲学、心理学和社会学问题都一直只局限于相对小的少数知识分子范围。这种知识分子的不安逐渐

被他们当作自己的职业特权，而且如果不是随着民主的进步，使所有的阶层都被吸收到政治的和哲学的讨论之中的话，也可能被看成这些知识分子群体的私人偏见。

然而，前面的阐述已经表明，这些知识分子所进行的讨论，已深深地扎根在作为整体的社会情境中。在许多方面，他们提出的问题不过是把社会危机和理智上的危机加以提升强化和合理的提炼罢了，这种危机实际上已遍及整个社会。在中世纪受到教会保护的客体性的世界观已经崩溃了，这种崩溃甚至在普通人的最单纯的心灵中都有所反映。在哲学家当中用理性的术语为之进行斗争的东西，正是大众以宗教冲突的形式所体验到的。

在一个静态的农业社会里，每一种本质性的东西都要借助于启示录所保证的统一的教义系统来解释，当这种统一的教义系统被多种教会所代替时，当许多小的教派在先前只有一种世界宗教的地方兴起的时候，单纯的人们的头脑就受到某种精神紧张的纠
31 缠，这就像知识分子在哲学层次上由于同时存在着多种实在论和知识论而经历到的精神紧张一样。

在现代初始时期，新教运动就确立了主体确定性的拯救概念并以之取代了由教会的客体性制度所保证的启示性拯救。这个运动按照这种教旨设定，每个人都应当按照自己的主体的良知来确定他的行为是否合乎上帝的意愿，是否应得到拯救。这样，新教主义提出了一种主体论的判断标准取代到那时为止一直是客体性的标准，这种情况类似于现代认识论从一种受到客体性保证的存在秩序回到个体主体的情况。这种主体确定性拯救的教义与那种使心理过程的观察发展成对心理过程的真正好奇的心理学观点已相距不远，而且，这种对心理过程的观察已逐渐变得比执着于以前一直试图在自己灵魂内部发现的拯救标准更为重要。

但是，在启蒙的绝对主义时期，当大多数政治国家试图通过取自教会本身的手段来削弱教会，即用国家保证的对世界的客体性说明来代替由教会所保证的对世界的客体性说明，以此来削弱教会时，这种做法并不能影响公众对客体性的世界秩序的相信。在这样做的过程中，便推进了启蒙运动的事业，这个事业同时也是正在兴起的资产阶级的武器之一。现代国家和资产阶级在用理性主义的自然主义世界观逐步取代宗教的世界观方面都取得了成功。然而，这种情况的发生并没有把理性思维所需要的丰富知识普及到最广泛的社会阶层。而且，实现了这种理性主义世界观的传播并没有把其中包含的社会阶层都引入一种可以使生活形式和思维形式个体化的社会地位。

然而，如果没有一种使人信服、使人向往个体化的社会生活情境，那么没有集体神化的生活方式是使人难以忍受的。商人、企业家、知识分子，每一种人都以自己的方式占据着某种地位，它要求对日常生活提出的任务进行理性决定。为了能够做出这些决定，个体总是必须使他的判断摆脱其他人判断的影响，并且从他自己的利益观点出发，以理性的方式透彻地思考某些问题。但对于那
些旧式的农民或者新近出现的下层白领职工来说情况却不是这 32
样，他们所处的地位并不需要多少自主创新的精神，也不需要什么思辨性的预见。他们的行为方式一定程度上都是在神话、传统或者对某个领袖人物的大众信仰的基础上进行调节。那些在日常生活中没有受到推向个体化的专门训练，总是自己做出决定，从他自

己个人的观点出发来了解什么是正确什么是错误的人，那些从这点出发从来没有机会把各种情境分析成它们的组成要素的人，那些未能进一步在自身中发展起一种坚定的自我意识(即使在个体被断绝了与其群体特有的判断方式的联系，因而必须自己进行独立思考时仍然坚定不移的那种自我意识)的人，这样的个体，即使在宗教领域，也不能承受像怀疑主义那样严重的内心危机。如果现代人想要依据启蒙运动倡导的合理性来生活，那么他就必须在个体化的层次上为自己精心制作那些本质上是新颖的成分，也就是能够依据必须不断赢得的内在平衡来生活。如果一个社会在劳动分工和功能分化方面不能为每一个人提供一套能够使他得以充分发挥首创精神和个体判断力的问题和操作领域，那么这个社会也就不可能实现一种彻底个体主义的和理性主义的可望成为有效社会现实的世界观。



一些知识分子很容易倾向于一种看法，认为几个世纪的启蒙运动实际上已经根本改变了平民大众，尽管这种看法可能是错误的，因为宗教虽然被削弱，但作为礼仪、崇拜、信仰以及各种使人心醉神迷的经验方式仍然存在，不过，几个世纪的启蒙运动的影响还是非常强大的，它足以在很大程度上打破宗教的世界观。表征工业社会的各种思想形式逐渐进入那些与工业有某种联系的领域并且终究会一点一点地铲除掉宗教对世界的全部解释。

专制国家要求把它提出的对世界的解释作为它的一种特权，它采取的步骤后来随着社会的民主化而日趋明显地确立为一种先例。这就表明，政治能够把它的世界观念作为一种武器来使用，而且，政治不仅仅是为争取权力而进行的斗争，而是只有当它以某种

政治哲学、以某种政治性的世界概念注入其目标时，它才实际上首 33
先有了根本重要的意义。我们无须细述，随着民主化的过程不断推进，国家以及各种政党是如何致力于为他们的冲突提供哲学基础和系统化论述的。首先是自由主义，然后是迟疑地追随它的保守主义，最后是以一种哲学信条，一种具有完全证实的思想方法和明确结论的世界观构成其政治目标的社会主义。这样在宗教的世界观的分裂之外又加上各种政治观点的分化。但是，虽然各种教派对信仰的各种非理性的东西进行斗争，并且归根结底只是对一些神职人员和世俗知识分子的狭窄的社会阶层来说才发展了理性的因素，新出现的各政党则把理性的论断，而且只要有可能还把科学的论断在更大程度上结合到它们的思想体系中去，并赋予更加重要的意义。出现这种情况的部分原因是这些政党在历史上出现得较晚，是在科学本身得到更大的社会尊重的时期，还有部分原因则在于他们招募其工作人员的方法，因为至少在开始时，这些工作人员大多是从上面提到的解放了的知识分子队伍中选用的。正是由于工业社会的需要与这些知识分子阶层的需要相一致，才使他们把集体行动不是建立在公开宣告自己的信条上，而是建立在可以合乎理性地证明的观念体系上。

这种政治学与科学思想的结合的结果是，每一种政治学至少就它为取得人们承认而采取的形式来说，都逐渐带有科学的色彩，而每一种科学态度也同样带有某种政治的色彩。

政治学与科学思想的这种结合产生了一些积极的效果，也产生了一些消极的效果。它极大地促进了科学观念的传播，使前所未有的广泛的阶层都必须为他们的地位在整体上的政治存在寻求理论上的证明。它们因此——尽管经常地是以一种带有宣传鼓动的方式——学会了运用科学分析的范畴来思考社会和政治。这种结合也有助于政治科学和社会科学，使它能够具体地把握现实，而且在这样做的过程中，也获得了表达各种问题的主题——在它与它必须在其中发挥作用的现实领域即社会之间提供经常联系的主题。社会生活的各种危机和紧急情况既提供了经验方面的内容，提供了各种政治的和社会的解释，也提供了使事件得以成为可分析的假设。亚当·斯密和马克思的理论——在这里我们只提这两
34 位——都是通过对那些集体经历过的事件的解释和分析而得到透彻的阐述和扩展的。

然而，在政治和理论之间的这种直接联系中容易产生的主要偏差就是，虽然知识如果希望公正地判断一系列新的事实，就必须保持它的试验性特征，而由政治态度支配的思维过程，却不可能使自己不断地重新适应新的经验。各个政党由于是组织起来的，因而既不可能在他们的思想方法中保持某种灵活性，也不可能随时准备接受可能从他们的探索中产生的任何答案。从结构上来看，它们是一些公众的社团又是战斗的组织。这种情况本身已经迫使它们陷入某种教条主义方向。知识分子成为政党工作人员越多，他们就会越来越多地失去从他们原先的不稳定状态所带来的可接受性和灵活性的美德。

从科学与政治之间的这种结合产生的另一个危险是，那些影响着政治思维的危机也会变成科学思想的危机。鉴于这种复杂性，我们将只集中关注一个事实，然而，这个事实对于当代情境却具有重要意义。政治就是冲突，并且不断地趋于成为生死斗争。

这种斗争越是猛烈，它就会越是紧紧地抓住那些以前只是无意识地起作用但却日益强烈的情绪性的潜流，并迫使它们进入公开的意识领域。

政治讨论具有一个与学术讨论根本不同的特征。政治讨论不仅力图成为正确有理的一方，而且还寻求摧毁其对手的政治存在 35
和理智存在的基础。因此，同只按照少数几个经过选择的“观点”进行思考、而且只考虑某种论断的“理论关联”的那种讨论相比，政治讨论更深地渗透到思维过程的存在基础之中。由于政治斗争从一开始就是为争取社会支配地位的理性化的斗争形式，因而它就要攻击对手的社会地位，还要攻击他的公共声望和他的自信心。在这种情况下，是否提升了讨论的纯度或者用讨论来代替直接使用武力和压制那样一些比较古老的斗争武器，就能真正构成人类生活的根本改善，这是很难确定的。的确，肉体方面的镇压，从外部来说是比较难以忍受的，但是，在许多情况下出现的取代这种肉体镇压的心理摧毁其意志的方式也许更加令人难以忍受。因此，毫不奇怪，尤其是在这个领域，每一种理论上的驳斥都会逐渐转变成对对手的整个生活情境的更为根本的攻击，而且随着给予对手的理论的摧毁，还希望逐渐削弱对手的社会地位。同样不会令人感到奇怪的是，在这种冲突中，人们从一开始注意的就不仅仅是一个人说了什么，而且还注意他所代表的那个群体以及他在提出他的那些论断时所考虑的行动。人们是把思想同制约它的生存方式联系起来看待思想的。的确，思想总是对群体生活和群体行动的表达（除了高度学术性的思想可能暂时与现实生活相脱离）。但是，这里的区别要么就是在宗教的冲突中，理论上的争论问题不具

有首要意义；或者要么就是人们在分析其对手时，没有对其对手的群体进行分析，因为正如前面说过的那样，在理智现象中的社会因素对于个体主义时代的思想家来说并没有成为清晰可见的。

在现代民主政体的政治讨论中，各种观念更明显地代表着一定的群体，社会和存在状况决定思想的情况也成为显而易见的了。在原则上，正是政治学在对知识现象的研究中首先发现了社会学的方法。从根本上讲，正是在政治斗争中，人们才第一次了解到无意识的集体动机总是在指引着思想的方向。政治讨论从一开始就不仅仅是理论争辩，它撕去了种种伪装，揭露出那些使群体的存在制约着文化追求和理论争论的无意识动机。然而，在现代政治运用理论武器进行战斗的范围内，揭露的过程深入到理论的社会根源。

因此，对思想的社会情境根源的发现，最初是采取了这种揭露的形式。统一的世界观逐渐瓦解，这种瓦解过程对于一般的头脑简单的人来说，采取了多种多样的不同的世界概念的形式，而对于知识分子来说，这种瓦解过程则表现为多种思想样式的不可调和的状态。除此之外，进入公众头脑的还有一种倾向，那就是揭露群体思维中的无意识的情境动机。这最后一种智能危机的强化过程，可以用类似于口号的两个概念来表示其特征，这就是“意识形态与乌托邦”，由于这两个概念具有的象征意义，我们便选用为本
36 书的标题。

“意识形态”这个概念反映了一个来自政治冲突的发现，那就是那些统治集团在思维过程中强烈的利益制约使他们只关注某种情境而再也不可能进一步看到有可能破坏他们的支配感基础的那

些事实。“意识形态”这个词隐含着一种见解，认为在一定条件下，某些群体的集体无意识会对它自身和对其他人遮蔽了真实的社会条件从而使社会得到稳定。

“乌托邦式的思维”这个概念反映了对政治斗争的相反的发现：某些受压迫的群体在理智上强烈地关注摧毁和变革某种既定的社会条件，以至于不知不觉地只看到社会情境中那些需要加以否定的成分。他们的思维不可能正确地诊断现存的社会条件。他们全然不关心实际存在的东西；倒是可以说，在他们的思维中，他们早已在寻找改变现存的情境了。他们的思想绝不是对这种情境的诊断，这种思想只能当作某种行动的方向来运用。在乌托邦的思维中，满怀希望的表象和行动的意志引导着的集体无意识掩盖了现实的某些方面。任何可能会动摇它的信念或挫伤它改变事物的愿望的东西，它都一概弃之不顾。

集体无意识和它所促进的行动可能会从两个方向上掩盖社会现实的某些方面。而且，如上面看到的那样，它还可能具体地指明这种歪曲的根源和方向。本书的任务就是从上述两个方向上描述这种无意识作用的发现在意识形态和乌托邦的历史上出现的几个最重要的阶段。在这里，我们只是注意描述随着这些见解而来的心理状态，因为这种心理状态正是本书从中提出的情境特征。

首先，那些拥有揭露无意识这种新的“智能武器”的政党具有
一个超过对手的极大的优势。对于这些对手来说，当他们的观念 37
被证明为只是他们的生活情境的歪曲反映，是对他们的无意识的利益的预期时，这些对手就会感到大吃一惊。可以向这些对手令人信服地证明，他们迄今为止无法看到的隐蔽的动机在起作用，仅

仅这个事实就一定会使他们内心充满了恐惧,并且在运用这种武器的人身上唤起了一种奇妙的优越感。同时,这正是人类迄今为止一直以最顽强的努力加以掩盖的那个意义层次开始出现了。同样并非偶然的是,只有攻击者才敢于进行这种无意识的侵入,而被攻击者则受到双重的冲击——首先,通过揭露无意识本身而受到冲击,其次又由于这种无意识被揭露,并以一种对立的精神突出表现出来而受到冲击。因为到底是为了进行救助和治疗而对待无意识,还是为了进行揭露而对待无意识,这显然是有相当大的区别的。

然而,今天我们已经达到这样一个阶段,在这个阶段,相互揭示和暴露理智存在的无意识根源这种武器,已经成为不只是许多群体中一个群体的财产,而是成为所有群体的财产了。但是,由于各种各样的群体都力求用这种最现代的进行根本揭露的智能武器来摧毁他们的对手的思维信心,而且,由于处在各种地位的人都逐渐受到分析,因而他们也摧毁了人们对人类思想的普遍信心。自中世纪的崩溃以来揭示思想中一直隐含着的有问题成分的过程,最终在对思想的普遍信心的崩溃中达到了高潮。越来越多的人躲到怀疑主义或非理性主义中去,这个事实的发生并非偶然,而是更多地带有不可避免的性质。

在这里有两种强大的潮流汇合到一起,并且以一种极大的压力互相增强:一种潮流是具有固定价值和规范的统一的理智世界的消失;另一种潮流是迄今一直隐藏着的无意识突然涌现进入了意识的明亮世界。自远古以来人的思想就好像一直是他的精神存在的一部分,而不只是一个离散的客体性事实。在过去,重新取向

常常意味着人本身发生的某种变化。在这些较早的时期，这种变化在大多数情况下表现为各种价值和规范的缓慢变化，也表现为 38
人们的行动从中产生终极导向的参照系统发生逐渐的变化。但是在现代，这种变化却是一个影响更加深远的不断解体的事件。诉诸无意识会有助于人们对变化观点得以产生的土壤进行探寻。迄今为止一直为人类思想提供营养的根源被揭示出来了。我们所有的人都会逐渐明白，一旦我们了解了我们的那些无意识的动机，我们就不能再像我们过去对它们毫无所知时那样继续生活下去了。我们现在所体验到的并不仅仅是纯粹的新观念，我们现在所提出的种种问题也不仅仅是纯粹的新问题。在这里，我们所关注的是我们时代的一个基本的困惑，可以把它概括为这样一个有代表性的问题："在有关意识形态和乌托邦的各种问题从根本上都提了出来，并且对其全部含义都得到了深入思考的时代，人们怎样才能在这样一个时代继续思考和生活下去呢？"

当然，在多种思想形式已经变得清晰明朗，各种无意识的动机的存在也得到承认的情境下，人们有可能仅仅通过对自己掩盖这些过程而避开这种情境。人们可以躲避到某种超时间的逻辑中，并且断言，真理本身是纯洁无瑕的，而且真理既没有多种多样的形式，也与无意识动机没有任何联系。但是，如果在一个世界里，问题并不是令人感兴趣的主题，而是一种内在的困惑，那么在这个世界里就会很快有人出来反对这些观点，认为"我们的问题并不是真理本身；它就是我们的思维过程，因为我们在社会情境中，在无意识动机中发现了它的行动根源。请向我们指明，我们怎样才能从我们的具体知觉达到你的那些绝对定义。不要谈论真理本身，而是要给我们指出，我们的那些源于社会存在的陈述怎样才能转换成一个可以超越党派偏见和人们观点的片面性的领域，在这样的领域中，思维中的无意识的根源和支配地位将导致受控的观察而不是导致混乱。”思想的绝对性并不是通过一个人提出的一般原则的保证来达到的，也不是通过给某种特殊限定的观点（通常是某个人自己的观点）贴上超党派和权威性的标签所能达到的。

39 如果我们把注意力集中在少数几种命题上，其内容非常形式化和非常抽象（如数学、几何学以及纯经济学中的命题），以至于它们实际上似乎完全脱离了思维着的社会个体，这也无所助益。这里的争论不是有关这些命题的争论，而是有关事实性决定的丰富资源，人们在其中具体地诊断他的个体和社会的情境，感到生活中具体的相互依存关系，并使在我们之外发生的事件能够第一次得到正确理解。在这场论战中所涉及的那些命题，其中的每一个概念从一开始就有明确的意义导向，在这些命题中我们使用了诸如冲突、崩溃、异化、暴动、怨恨这样一些语词，这些语词如果并不因为外部化，形式描述不能重新建立这些情境而加以简化，而且，如果它们的导向、它们的价值因素被抛弃的话，那么它们的内容也就会由此而丧失。

我们在别的地方已经表明，现代科学的发展导致某种思想技巧的发展，而运用这种思想技巧，使得所有只能加以有意义地理解的东西都被排除了。行为主义把这种集中注意于完全外部可感知反应的倾向推进到突出的地位，并且力图构造一个只有可度量的材料存在的事实的世界，在那里只有一系列因素之间相关的行为方式在某种情境下的或然性程度才是可以预测的。社会学很可能

必须像心理学所经历过的那样，经历一个使其内容机械主义地去
人性化和形式化的阶段，所以，在追求狭隘的精确性理想的过程
中，除了取得一些统计材料、测试结果和观测鉴定以外，别无所获，
而且对问题的任何有意义的表述最终都会受到排斥，在这里我们
所能说的只是，这种把一切事物都归结为一种可度量的或者像账
目清单似的可描述性的东西的做法，作为一种认真的尝试，来确定
可以毫不含糊地加以确定的东西，并全面地思考当我们的心理的
和社会的世界限定于纯粹的外部可度量关系时发生的情况，这种
认真尝试还是有意义的。当然，毫无疑问，运用这种研究方法，不
可能真正深入了解社会实在的本质。让我们以“情境”这个词所表
示的相对简单的现象为例。当人们把情境归结为一种由各种相互
关联的但只是外部可见的行为模式组成的外在群集时，那么它还
剩下什么呢？它甚至难道还是可理解的吗？另一方面，很显然的
是，只有当人们也考虑到那些参与情境之中的人所具有的那些观
念，把他们如何在这种情境下体验到他们的紧张，以及他们如何对
这些紧张做出反应都考虑在内时，这种人类情境才是可以表征出
来的。或者，让我们举出一些社会生活环境，例如某个家庭存在的 40
生活环境。那些在这个家庭中通行的规范，那些只有通过有意义
的说明才能理解的规范，不是至少同这种家庭中的风景画或家具
陈设一样，都是这种生活环境的组成部分吗？进一步说，如果这种
家庭的规范发生了变化（例如从对儿童训练的观点看），而其他事
情都仍然照旧，难道不是应当认为这同一个家庭有了完全不同的
生活环境了吗？如果我们希望把这样一种具体现象理解为一种情
境或一种生活环境的规范性内容，那么纯粹的机械主义的研究方

式将永远不能满足需要,因而在这里,我们必须引入另外一些适合于理解有意义的和非可度量性因素的概念。

然而,如果以为这些有意义的和非可度量性因素之间的关系比起纯粹可度量现象之间的关系更不清楚,更不易确切地感知,那么这种看法就是错误的。正好相反,这些构成一个事件的因素的相互依赖比起那些经过严格的外部形式化的因素的相互依赖要更易于得到深刻的理解。在这里,我想按照狄尔泰的说法把这种研究方法称为对经验的原初相互依赖的理解,[①]使它获得应有的地位。在这种研究方法中,通过运用理解的技巧,就可以使心理经验与社会情境在功能上的相互渗透立即变得易于理解。在这里,我们遇到一个从内部出现的心理反应必然变得很明显的存在领域,但是如果仅仅按照这种出现频率的或然性程度,把它当作某种外部的因果关系来理解,那就是不可理解的了。



让我们看一看社会学通过运用理解方法所做的某些观察并且考察一下这种方法的科学证据的性质。关于最早的基督教社群的伦理,假如有人说,从受压迫阶层的怨恨来看它基本上是可以理解
41 的;假如其他人补充说,这种伦理观点完全是非政治性的,因为它符合于那些尚无真正统治欲望的社会阶层的精神(把属于恺撒的东西还给恺撒);假如有人进一步说,这种伦理并不是某种部落伦理,而是一种世界伦理,因为它是从罗马帝国的已经解体了的部落结构的土壤上成长起来的,那么就可以清楚地看出,作为社会情境

① 在这里我应用狄尔泰的表达,至于他对这个词的用法如何与上面用法的不同,且不讨论。

的一方面与作为心理—伦理的行为方式的另一方面二者之间的相互联系，的确是不可能测量的，但它们仍然能够比建立各种因素之间的关联系数更加深刻地揭示它们的本质特征。这些相互联系之所以是明显可见的，因为运用了一种理解方法来研究那些经验的原初的相互依赖关系，而这些规范就是从那些相互依赖的经验中产生的。

我们可以清楚地看到，社会科学的基本命题既不是机械主义的外在的，也不是形式的命题，也不是表现纯粹量的关联而是表现为对情境的诊断，在这些诊断中，我们一般都运用在实际生活中为了实现各种行动主义目的而创造出来的同样的具体概念和思想模式。此外，也很明显的是，每一种社会科学的诊断都与观察者的评价和无意识导向有密切的联系，而且社会科学的批判性自我澄清也与我们对日常世界中的导向进行的批判性自我澄清紧密地联系在一起的。一个观察者如果根本不关心他自己生活和时代不断变化的伦理的社会根源，如果他不能根据各社会阶层之间的紧张状态对社会生活中的问题进行深入思考，而且也不能发现他自己经 42
验中的怨恨的有益方面，那么这样一个观察者就绝不可能看到上面说到的基督教伦理的那个阶段，更谈不上对它的理解了。正是由于他在某种程度上以评价性的观点（同情性地或对抗性地）参与了为那些地位较低的社会阶层争取优势的斗争，正是由于他在一定程度上对怨恨做了肯定性或否定性的评价，所以他才能够意识到社会紧张状态和怨恨具有内在影响力的意义。“下层阶级”、“社会优势”、“怨恨”这些都是具有意义导向的概念而不是形式化的概念。如果这些概念被形式化，使它们失去所包含的评价成分，那么

表现情境特征的思想模式可能会完全不可想象，因为正是这种怨恨在这种情境特征中产生了好的和新颖有效的规范。我们对“怨恨”这个词语考察得越仔细，就越能清楚地看到，这种表面看起来是对一种态度的非评价性的描述用语竟充满了评价成分。如果消除了这些评价成分，这种观念就失去了它的具体性内容。而且，如果这位思想者对重构这种怨恨情感全然没有兴趣，那么他就完全无法理解我们在上面描述的早期基督教情境中到处充满了的那种紧张状态。所以，在这里，有目的地确定取向的意志也是理解情境的来源。

一个人若要进行社会科学研究，他就必须参与社会过程，但是，这种参与集体无意识的奋斗过程决不意味着参与这种过程的人会歪曲事实或者不能正确地看待这些事实。恰恰相反，参与社会生活的生动场景正是理解这种生动场景内在本质的前提条件。思想者所享有的参与类型决定了他表述他的那些问题的方式。如果不考虑各种定性因素而完全限制了意志，这并不构成客观性，而是反而否定了对象的根本性质。

但同时反过来说，偏离越大，客观性就越大，这也是错误的。在这个范围内，可以获得一种有关各种行为方式的独特的内在动力，在这种内在动力中，通过对政治冲动的抑制，这种冲动本身必须受到某种理智的控制。在政治冲动达到与某种事物即将发生冲突的时候，它就会由于这种冲突而退却，并且开始使自身受到某种批判性的控制。生命本身的运动特别是在它处于最大危机的时候，往往会提升超越自身的能力，并且开始意识到自身的局限。正是在这里，意识形态和乌托邦这个政治问题的综合体开始成为知识社会学的关注点，而且由于各种不同的政治目标相互诋毁、相互贬损而产生出来的怀疑主义和相对主义也成了一种拯救的手段。因为这种相对主义和怀疑主义迫使人们进行自我批判和自我控制，并由此而产生一种新的客观性观念。

在生活本身中，似乎难以忍受的东西，也就是持续不断地与毫无掩饰的集体无意识共同生活，这是科学的批判性自觉所需要的历史性先决条件。同样，在个人生活中，只有在我们原来是盲目的生命驱动力碰到障碍，使我们只好依靠自己时，自我控制和自我纠正才会得到发展。在同其他可能的生存方式发生冲突的情况下，我们自己独特的生活方式才对我们变得清晰起来。即使在我们的个人生活中，只有在先前存在于我们背后的无意识动机突然进入我们的视野，从而可以进行有意识的控制时，我们才会成为我们自己的主人。人并不是通过放弃他的行动意志并且搁置他的评价才对他自己的世界概念达到客观性并且获得自我的，而是在不断地面对自己、考察自己的过程中达到客观性并获得自我的。这样一 43
种自我启示的标准不仅仅是要把客体，而且要把我们自己放进我们的视野中。我们要能够清楚地看到自己，不仅仅把自己作为一个认知的主体本身进行模糊的认识，而且是以某种一直对我们隐蔽着的角色，在我们一直未能领悟的情境中，利用我们一直未曾意识到的动机来审视我们自己。在这样的时刻，我们对我们承担的角色、我们的动机、我们体验世界的类型和方式之间的内在联系突然有了明白的理解。因此，出现了一个潜存于这些经验之中的悖论，那就是使人们从社会决定的条件下获得相对解放的机会随着人们对这种社会决定条件的深入了解而不断增加。那些大谈人类

自由的人实际上都是最盲目地服从社会决定的人，因为他们在绝大多数情况下，都毫不怀疑他们的行为受他们的利益所决定的深刻程度。与此相反，应当注意的是，那些坚持主张社会决定在行为中的无意识影响的人正是那些尽一切可能争取克服这些社会决定的人。他们揭示无意识的动机是为了使那些先前支配着他们的力量越来越多地转变成有意识的理性决定的对象。

这种关于如何扩展我们对世界的知识的说明是与认知个体日益增长的个人自我认识和自我控制密切地联系在一起的，这既不是偶然的，也不是无关紧要的。个体的自我扩展过程代表了展现各种情境决定的知识的典型例证，这些知识不仅仅是有关事实及其因果联系的信息简单的客观积累，而且是关注对生活过程中内在相互依存的理解。对内在的相互依存只有通过理解的阐释方法才能加以掌握，而这种理解世界过程各个阶段上每一步都与个体

44 的自我澄清过程紧密地联系在一起。自我澄清按照这种结构就能够使关于我们的世界知识得以扩展，因而它不仅达到对个体的自我认知，而且也是群体自我澄清的标准。然而，即使在这里，我们也应当再次强调，只有个体才能够进行自我澄清（并不存在一种所谓“民众精神”这样的东西，正如群体不能作为整体进行思考，同样也不能作为整体进行自我澄清），因此，一个个体到底是意识到那些独特地表现他先前思维和行动特征的非常特别的无意识动机，还是意识到他的动机和观点中使他和一个特定群体的成员联系起来的那些成分，这二者之间是有巨大差别的。

关于自我澄清的各个阶段所遵循的次序是否完全是偶然的，这本身就是一个问题。我们倾向于认为，个体的自我澄清在自我

澄清之流中占有某种地位，而自我澄清的社会根源则是不同个体共同具有的情境。然而，我们在这里是在关注个体的自我澄清还是关注群体的自我澄清，这二者之间有一个共同的东西，那就是它们的结构。这种结构的重要特征是，就这个世界确实成为一个问题来说，它并不是作为一个脱离主体的对象而成为问题的，而是由于它与主体的经验结构紧密关联而成为一个问题的。实在是以它在主体的自我扩展过程中（在主体扩展其经验和视界的能力过程中）呈现于主体的方式而被发现的。

迄今为止我们一直未曾谈到下面的问题，也没有综合到认识论中：政治科学和社会科学方面的知识，从某一点开始就是不同于形式的和机械性的知识；这种知识不同之处在于它超越了对事实和相关情况的单纯列举，而接近于那种从情境方面决定的知识模型，关于这种知识模型，本书还要多次谈到。

一旦社会科学和情境制约的思维（例如在政治取向中发现的那种情况）之间的相互关系变得清楚可见了，我们就应当研究这种类型的思维的积极的潜能以及它的局限性和危险性。更加重要的
是，我们是以那种危机状态和不确定状态为出发点，在这种状态 45
下，这种思维的危险性以及自我批判的那些新的可能性就得以揭示出来，通过这种自我批判，可以有希望找到一种解决问题的办法。

如果从这种观点出发来对待这个问题，那么，在公众生活中已经成为比以往任何时候都更加难以忍受的痛苦的那种不确定性，就会变成使社会科学从中获得各种崭新见解的土壤。这些新的见解可以分为三种主要趋势：第一，对集体无意识动机就其决定现代社会思维来说进行自我批判的趋势；第二，建立一种能够解释与社会历史变化相关联的观念变化的新型的理性思想史的趋势；第三，对至今没有对思想的社会性质加以足够考虑的我们的认识论进行修正的趋势。在这个意义上说，知识社会学就是对可以在社会生活中发现的、作为一种模糊的不稳定和不确定状况存在的怀疑的系统化。本书的目标就是一方面对同一个问题从不同的角度进行更清楚的理论性阐述，另一方面，详细地论述一种方法，使我们能够依据日益准确的标准把各种思想方式区别和分离开来，并且同那些使之从中产生的群体联系起来。

那种把某种思维类型说成是封建的，资产阶级的或无产阶级的，自由主义的，社会主义的或保守主义的，由于既无进行论证的分析方法，又没有提出对这种论证进行某种控制的标准，因而，这种做法实在是简单至极了。因此，目前的研究阶段的主要任务就是详尽地阐述有关的各种假设并以某种方式使之具体化，从而使它能够成为各种归纳研究的基础。同时，还必须把我们所涉及的现实的各个部分以远比我们过去所习惯的做法更精确得多的方式分析为各种因素。然后，我们的目标就是，首先，在思想领域彻底地改进和完善意义的分析，从而能够以对各种思想方式的日益精确、日益详尽的描述来代替那些粗糙的无差别的术语和概念；其次，在很大程度上完善重建社会史的技术，使人们能够把社会的结构理解为一个整体，而不是分散的孤立的事实，也就是把它理解为
46 相互作用的社会力量的网络，通过不同时代表现自身存在的现实使各种观察方式和思维方式得以从中产生。



在把意义分析和社会学的情境诊断相结合的过程中，存在着

达到精确性的极多可能性，以至于终究可能把它们与自然科学的方法相比。此外，这种方法还有一种优点，就是它无须把意义领域当作无法控制的领域而弃之不顾，而是相反，它要把意义解释成达到精确性的一种手段。① 如果知识社会学的解释性技巧可以成功地达到这种程度的精确性，如果借助这种技巧使社会生活对于理智活动所具有的重要意义能够通过更加精确的关联而变得可以确切证明了，那么它将随之带来这样一个有利条件，那就是在社会科学中再也不必为了达到精确性而放弃对那些重要问题的考察。因为不可否认的是，把自然科学的方法运用于社会科学会逐渐导致一种情境，在那里人们不再问希望认识的东西是什么、什么对于社会发展的下一阶段具有决定性的重要意义，而只是试图按照某种已经存在的方法来处理那些可以测量的事实的复合体。人们不是力图去发现在现存在的环境中，对于获得最高程度精确性具有最

① 作者在其研究论文《保守的思想：对德国政治－历史思想形成的社会学论述》（载《社会科学与社会政策文库》，1927 年，第 57 卷）中曾试图把社会学的意义分析的这种方法制定出来。在这篇论文中，力求尽可能精确地对单独一个政治潮流中所有重要的思维方式进行分析，指出他们如何以不同于其他群体的方式运用每一个概念，他们的思想方式是如何随着他们的社会基础的变化而变化的。从对思想史和社会史的一个有限片段进行了某种精确的研究这个意义上说，这篇论文中我们是从“微观的”角度进行研究的，而就本书所包含的各种研究来说，我们则使用了一种可以称之为“宏观的”研究方法。我们力图在意识形态－乌托邦的综合的历史中最重要的发展阶段进行诊断；或者换句话说，我们力图阐明从远处观察时那些似乎是至关重要的转折点。正如本书的情况所表明的，当人们试图为一种非常广泛的问题复合建立基础时，宏观方法是更加有效的方法；而当人们力图证实有限范围内的种种细节时，微观的方法则更加有效。这两种研究方法从根本上来说组成了一个统一不可分的整体，而且人们总是交替地互相补充地加以运用。希望获得对知识社会学在历史研究中可运用的完整画面的读者，可参阅这种研究。

重要意义的东西，而是倾向满足于认为可度量的东西才是重要的，这仅仅是因为它碰巧成了可度量的。

47 在当前的发展阶段上，我们仍然不能明确地表述那些与知识社会学相联系的问题，而且也没有对意义的社会学分析达到最终的完善。这种处于运动刚刚开始而不是结束的感觉规定了本书的表现方式。有一些问题既不能写成教科书，也不能写成首尾一贯的体系。这些问题就是在一个时期出现既没有被充分觉察又没有被彻底思考的问题。对于这些问题，前几个世纪已经发明了论述这些问题的科学论文的形式，这些世纪中人们的思想和经验受到从 16 世纪到 18 世纪的革命影响的震动。那个时期的思想家们的思想技巧就是，直接抓住随手可及的现成的问题，从多种角度对问题进行长久的观察，从而最终通过偶然的个别案例，揭示和阐明某个与思想和生存有关的边际问题。这种表现形式的价值由于已经得到反复证明，所以作者以本书（除最后一章为例外）作为原型，选择了运用论文的形式而不是采取系统论述的方式。

这些研究论文是运用一种新的观察事物的方式并把一种新的解释方法运用于各种问题和事实的尝试。它们都是我在不同时期所写并且是各自独立的，而且虽然这些论文都以一个统一的问题为中心，但每一篇文章都有它自身的思想目标。

这种用分篇论文进行思想实验的态度也可以说明为什么没有删除当中随处可见的重复现象，也没有解决多处出现的矛盾。重复之处没有消除的原因是由于同一种观念在一种新的语境中出现，因而以一种新的角度揭示出来。多处矛盾之所以没有纠正是因为作者确信，一种既定的理论构架常常隐含着多种不同的可能性，为了使这种阐述范围真正得到重视，就必须容许这些可能性都得到表达[①]。而且，作者确信，在我们这个时代各种互相矛盾的思想样式产生的各种不同的观念都会对同一个思想者发生作用。我们之所以没有指出这些不同的观念，只是因为一个系统化的思想 48
者总要小心地使他自己和他的读者避开他的这些矛盾。虽然这些矛盾对于系统化思想者来说是产生混乱的根源，但是，对于进行试验的思想者来说，这些矛盾常常会使他发现一些出发点，由此出发就可以使我们在当前情境中根本不协调的特征第一次成为可以加以诊断和研究的了。

对以下各章的内容做一个简短的概述，可以为我们对这些部分的分析提供某种背景：

第二章考察了意识形态概念所发生的最重要的变化，一方面指出意义的这些变化是怎样与社会和历史的变化紧密联系在一起的，另一方面试图以具体的例证来说明，同一个概念怎么会在不同的历史阶段上有时意味着评价性态度，而有时又意味着一种非评价性态度；这一概念的本体论是怎样与它的历史变化相关联的，这是过去几乎从未有人注意过的。

第三章讨论有关科学的政治学问题：面对所有思想所固有的

① 在这方面，应当注意本书第二章所谓相同观念的相对可能性，第四章谈到的乌托邦的积极因素以及最后一章关于相同的根本问题的协调的综合性解决的趋势是怎样放到显著地位的。就思想实验的方法是用于探索包含在初始观念中的各种可能性这个方面来说，上述观点就变得很明显——相同的事实在意志和变化着的观点影响下经常会导致对整个情境的不同的观念。然而，只要观念之间的联系仍然处于发展和生成的过程之中，那么人们就不应当掩盖那些仍旧隐含在这些联系之中的各种可能性，而是应当让读者去判断它们所有各种变化。

意识形态特征的政治科学如何可能？在这方面，我们将尝试沿着知识社会学的路线，用经验方法确立一个分析某个概念意义的重要实例。例如，本章的论述将表明，理论和实践的概念是怎样在不同群体的词汇中有所不同的，在语词用法上的这些差别怎样从不同群体的地位产生的，怎样通过研究这些不同群体的不同情境来理解这些差别。

第四章论述“乌托邦精神”并且转向对我们的思想和经验中的乌托邦成分进行分析。我们试图通过参照只有少数几个关键性的实例指出，我们的思想中的乌托邦成分的变化是怎样广泛地影响我们用来整理和评价我们经验的参照系的，以及怎样才能追溯到产生这些变化的社会运动。

第五章提供了对知识社会学这门新学科的系统概括和内容简介。

# 第二章　意识形态与乌托邦 49

## 第一节　概念的界定

为了理解当前的思想情境，我们必须从“意识形态”问题入手。在绝大多数人看来，“意识形态”这个用语是与马克思主义紧密联系在一起的，而且他们对这个用语的反应也在很大程度上是由这种联系所决定的。因此，我们必须首先指出，虽然马克思主义对这个问题的最初的陈述做过很大的贡献，但是，这个语词和它的意义远在马克思主义以前就在历史上出现了，而且，自从这个语词产生以来，它的各种新的意义就不断出现，这些新的意义的形成都是独立于马克思主义的。

要提出这个乌托邦问题，最好的办法莫过于分析“乌托邦”这个用语的意义：首先我们必须把这里混合成一个虚假统一体的各种意义的细微差别加以清理，而且对这一概念各种意义变化，像它在今天被使用的那样，更加精确地陈述出来，从而为对它进行社会学的和历史学的分析做好准备。这样一种分析将会表明，“意识形态”这一用语一般说来有两种不同的可以分开的意义——特殊的意义和总体的意义。

当“意识形态”这一用语表示对我们的对手提出的观念和陈述有所怀疑时，它所蕴含的就是这一概念的特殊意义。这些观念和陈述被看作是对手对情境的实在本性或多或少有意识的伪装，而对这种情境的真实认识并不符合他的利益。歪曲不仅包括有意的撒谎，而且也包括部分有意识的伪装和无意的掩饰；既包括精心算计的欺骗和愚弄他人的尝试，也包括自欺。这种意识形态概念只是逐渐地变得与常识性的谎言概念有所不同，因而，它有几种特殊的意义。当它与更具包容性的总体性意识形态概念相对照时，它的特殊性就明显地表现出来。在这里，当我们关注的是这个时代或这一群体的总体性的思想结构的特征和组成成分时，我们指的是某个时代或某个具体的历史一社会群体（例如阶级）的意识
50 形态。



这两种概念的共同成分和独特的成分是显而易见的。这两种概念的共同成分似乎就在于：这两者都不会为了达到对其对手的真正意义和意向的理解而仅仅依据对手实际上所说的东西。[①] 这两种概念都要依靠主体，不论这种主体是个体还是群体，通过分析个体或者他的群体的社会条件这样一种间接方法来理解他们实际上所说的东西。这样，由这个主体表达出来的观念，就被看作是他的存在的功能。这就意味着，人们对各种意见、陈述、命题以及观

---

① 如果解释仅仅依赖于实际上所说的东西，我们就说这种解释是“内在的解释”；如果这种解释超越了这些实际所说的材料，因而包含着对这种主体的生活情境的分析，我们就说它是一种“先验的解释”。对于各种形式的解释的分类方法，可参阅作者发表的“对精神构成的意识形态解释和社会学的解释”一文，该文载于《社会学年鉴》第2卷（卡尔·斯鲁厄，1926年版），第424页。

念体系并不是根据它们的表面价值来理解它们，而是依据表达它们的人的生活情境来解释的。这就进一步表明了，这个主体的独特特征和生活情境，对他的见解、知觉和解释都会发生影响。因此，这两种意识形态概念使这些所谓的“观念”成了持有这些观念的人的一种职能，并成为他在社会背景中的地位职能。这些意识形态概念虽然具有某些共同点，但它们之间也有一些重大的区别。关于它们之间的区别，我们仅就其最重要的几点提出来谈一谈。

（1）由于特殊的意识形态概念只是把对手的一部分论断称为意识形态——这只涉及这些论断的内容，而总体的意识形态概念则向对手的总体世界观（包括他的概念的解释）提出质疑，并且试图把这些概念理解为他所参与的集体生活的产物。

（2）特殊的“意识形态”概念是在纯粹的心理学层次上对各种观念进行分析的。比如，如果宣称某个对手在撒谎，或者宣称他在掩盖或歪曲一个既定实际情境，但仍然会假定论战双方都具有共同的有效性标准——仍然假定有可能依照双方都共同接受的客观正确性标准来驳斥谎言并消除错误的根源。怀疑某人的对手是某种意识形态的牺牲品也不至于把他排除在共同的理论参照系统基 51
础上的讨论之外。至于总体的意识形态概念，情况则有所不同。当我们把一种理智世界归于一个历史时期，而把另一种理智世界归于我们自己时，或者说，如果某个被历史决定的社会阶层在思考时使用了与我们不同的范畴，那么，我们所涉及的就不是关于思想内容的孤立的事例，而是根本不同的思想体系和那些有广泛差异的经验方式和解释方式。每当我们不仅考虑内容，而且也考虑形式，甚至把一种思想方式的概念框架当作思想者生活情境的功能

来考虑时，我们便达到了这种理论层次或精神学的层次。“经济的范畴只是社会生产关系的理论表达或抽象……那些按照他们的物质生产力建立各种社会关系的人，同样也按照那些社会关系创造原则、观念和范畴。”（卡尔·马克思《哲学的贫困》，由 H. 凯尔士译自法文版，附有弗里德里希·恩格斯所写前言，H. 奎尔奇译，芝加哥 1910 年英文版第 119 页）这就是把各种陈述作为它们的社会背景的功能来分析的两种分析方式：第一种方式只是在心理学层次上发挥作用，而第二种方式则是在精神学层次上发挥作用。

(3)与这种区别相对应的是，特殊的意识形态概念主要是通过某种利益心理学发挥作用，而总体性意识形态概念则使用一种更形式化的功能分析而不涉及各种动机，使自己只限于对在不同的社会环境中起作用的结构性精神差异进行客观的描述。特殊的意识形态概念假定这种或那种利益是造成既定的谎言或欺骗的原因。而总体性意识形态概念则直接设定，在既定的社会情境与既定的视角、观点或统觉团之间存在着一种对应的关系。在这种情况下，对各种利益格局进行分析常常可能是必不可少的，但这并不是要建立起因果联系，而是要描述总体情境的特征。因此，利益心理学往往会被所认知的情境与各种认知形式之间对应关系的分析所代替。

由于特殊的意识形态概念实际上从未离开心理学层次，所以这种分析中的参照点总是个体。甚至当我们讨论群体时，情况也
52 是如此。因此所有的心理现象最终都必定归结为个人心灵。“群体意识形态”这个用语的确在流行的话语中出现。在这个意义上的群体的存在只能是意味着一个由个人组成的群体，或者对相同

的情境做出这些个人的直接反应，或者作为直接的心理互动的结果而由这些个人做出类似的反应。由于他们都受相同的社会情境的制约，因而，他们都受到相同的幻觉的影响。如果我们把我们的观察只局限于个体发生的精神过程，并且认为这种个体才是意识形态的唯一可能的承担者，那么我们就绝不可能从意识形态的总体上把握在一个既定的历史情境中属于一个社会群体的理智世界的结构。尽管如果没有不同个体的经验和创造性反应，这种精神世界作为一个整体就绝不可能存在，但是，仅仅在这些个体经验的单纯的综合中是不可能发现这种整体的精神世界的内在结构的。例如，工人阶级的个体成员并没有经历过一种可称之为无产阶级世界观的观点的所有因素。每一个体只参与这种思想体系的某些片断，而这种思想体系的整体绝不只是这些片断性个体经验的总和。这种思想体系是系统整合的一个整体，而不是这个群体中分散的成员片断性经验的偶然混合。由此可见，如果我们所谈论的意识形态概念按照定义主要是指向各种分散的内容而不是指向整体的思想结构，旨在发现错误的思想方式和揭露谎言，那么我们只能把个体当作某种意识形态的承担者。如果我们运用的是总体的意识形态概念，我们就要重构一个社会群体的整体的世界观，因而，无论是具体的个体还是这些个体的抽象总和都不能被合法地看作整体的意识形态思想体系的承担者。在这个层次上进行分析的目的就是重构贯穿于那些单个的个体判断的系统的理论基础。而特殊意义上的意识形态分析要使个体的思想内容在很大程度上依赖于主体的兴趣，这种分析绝不可能实现这种对一个社会群体的整体观点的根本重建。它们至多也只能显示意识形态的那些集

体心理的侧面，或者导致大众心理的某种发展，这种大众心理要么
53 涉及个体在人群中的不同行为，要么涉及对许多个体的心理经验进行总体性整合的结果。虽然这些集体的心理方面可能常常会接近总体性意识形态分析的那些问题，但它并不能确切地回答总体分析的问题。我能够认识到自己的态度和判断在多大程度上受共同存在的其他人的影响和改变是一回事，而认识到自己的思想方式与这种群体或社会阶层中我的同伴成员的思想方式的理论内涵相一致又是另一回事。

我们在这里只满足于陈述问题，并不打算对由此引起的颇为难办的方法论问题进行彻底的分析。

## 第二节　从历史的视角看意识形态概念



正如特殊的意识形态概念和总体的意识形态概念可以根据它们在意义上的差别加以区分一样，我们同样也可以对这两个概念的历史根源加以区分，尽管这两个概念在实际上是交织在一起的。我们至今还没有对意识形态概念的发展进行适当的历史的论述，更不用说写出对意识形态意义的各种变化的社会学史了。[①] 即使

① 作为这个问题的部分参考书目，作者指出他自己的下列论著：

K. 曼海姆："知识社会学问题"，载《社会科学与社会政策文库》，1929 年，第 54 卷。

K. 曼海姆："对精神构成的意识形态解释和社会学解释"，载《社会学年鉴》，由哥特弗里德·萨洛蒙编，第 2 卷，第 424 页以下。

其他相关材料还有：

W. T. 克鲁格：《哲学科学及其文献与历史通用手册》，第 2 版，莱比锡，1833 年。

艾斯勒的《哲学词典》。

我们可以这样做，但就我们的目的来说，写一部关于意识形态概念 54
的意义变化史也并非我们的任务。我们的目的只是从分散的证据中把那些能够最清楚地展示上一章中关于两种用语之间区别的事实表示出来，并且探索这两种用语精确而又独特的意义逐渐形成的过程。有两种不同的历史发展趋势分别与我们这里所指出的意识形态用语的两种意义——特殊的概念和总体的概念相对应。

在历史发展的任何阶段到处都有人对他们的对手表示怀疑和不信任，这可以被看作是意识形态这个概念的直接前身。但是，只有在这种或明或暗地存在于人类历史中的人对人的不信任变得很明显，并且从方法论上加以承认时，我们才有可能确当地谈到别人话语中有意识形态的味道。当我们不再把在别人话语中发现的欺

拉朗德:《哲学词典》，巴黎，1926 年。

萨洛蒙:“历史唯物主义和意识形态学说”，载《社会学年鉴》，第 2 卷，第 388 页以下。

H. O. 齐格勒，“意识形态学说”，载《社会学和社会政策文库》，第 57 卷，657 页以下。

大多数意识形态研究从未达到试图进行系统分析的水平，通常总是局限于历史性引证或最一般的考虑。我们可以引证马克斯・韦伯、乔治・卢卡奇、卡尔・施密特以及最近的作者的著作为例：

汉斯・凯尔森:“自然权利学说与实证主义法学的哲学基础”，载《康德协会文集》，第 31 期，1928 年。

W. 桑巴特、马克斯・舍勒和弗兰茨・奥本海默的权威性著作已经得到非常广泛的了解，因而无须详细介绍。

从更广的方面来看，下列论著具有特别的意义：

K. 里茨勒:“政治史上的观念和兴趣”，载《狄沃斯库里》，第 3 卷(慕尼黑，1924 年)。

保罗・赞德:“掩盖与揭露”(莱比锡，1922 年)。

格尔奥格・阿德勒:“幻觉对于政治和社会生活的意义”(耶拿，1904 年)。

雅克勒维奇:“观念在社会进化中的作用”，载《哲学评论》，第 66 卷，第 256 页以下。

M. 米尤:“理想的形成”，载同上，第 138 页以下。

A. 迪特利希:“政治意识形态批判”，载《历史与政策文库》，1923 年。

骗的责任归于他们个人，也不再把他们所造成的恶都归于蓄意的狡诈时，我们就可以达到这种水平。只有当我们多少是有意识地力图在某种社会因素中寻找他们不真诚的根源时，我们才会确切地做出意识形态的解释。只有当我们不再把对手的观点看作是他们精心算计的谎言而通过他的整个行为感到某种不可靠性，并且认为这种不可靠性是他所处的社会情境的一种功能时，我们才开始把他的观点当作意识形态来对待。因此，特殊的意识形态概念是表示介于两极之间的一种现象，也就是一极作为单纯的谎言，另一极是作为一种被歪曲的和错误的概念架构结果的错误这两极之间的现象。它指的本质上属于心理范围的错误，这种错误不像蓄意的欺骗，它不是有意向性的，而是从某种因果决定因素的必然和无意产生的结果。

55 按照这种解释，培根的假象理论在某种程度上可以看作是现代意识形态概念的先驱。假象就是“幻相”或“偏见”，如我们所知道的，有四种假象，即种族假象、洞穴假象、市场假象和剧场假象。所有这些假象都是错误之源，这些错误有时来自人类本性，有时来自特殊的个体，也可能把它们的产生归于社会或传统。无论如何，它们都是走向真知道路上的障碍。当然，在“意识形态”这个现代用语和培根用来表示错误根源的“假象”这个用语之间是有一定联系的。此外，他还认为社会和传统可成为产生错误的根源，这也是这种社会学观点的直接预示[①]。然而，我们并不能断言，培根这种



① “还有一些假象是由人与人之间的相互交往和社会联系形成的，我们把它称之为‘市场假象’，它是从人们彼此之间实际会合而形成的；因为人们是通过语言来交谈的，但语词的意义是根据大多数人的意志形成的，因而如果语词选择得不好或不恰当，

看法与现代的意识形态概念之间存在着可以通过思想史直接找到的联系。

极有可能的是,与政治事件有关的日常经验首先使人们意识到在他的思维过程中的意识形态成分并认真地加以对待。在文艺复兴时期,在马基雅维利的本国公民中间,出现了一个新的格言,要求人们注意这个时代的共同的言论,这就是,宫廷里的思想是一回事,公共广场上的思想则是另一回事[①]。这就表达了公众在越 56
来越大的程度上获得了接近政治秘密的方法。在这里,我们可以看到一个过程开始了,以前只是作为公共言论偶然发出的猜忌与怀疑的东西,在这个过程中发展成对所有这些言论中的意识形态因素的整体性系统的探求。人们的思想方式的多样性,即使在这个阶段也可以毫不夸张地称之为社会学的一个因素。马基雅维利运用他的严酷的理性把人们意见的变化与他们相应的利益方面的变化联系起来,认为这是他的专门的任务。所以,当他对参与论战

便会造成对心灵的惊人的障碍。"培根,同上所引的著作,第 43 节,第 390 页。亦可参见该书第 59 节。

关于"传统假象",培根写道:

"人们的理智一旦接受了某种命题(不管是通行的,还是它所喜欢的)便会迫使其他的一切东西都被拉来支持这种命题或者使它们符合这种命题;虽然在另一方面可以找到大量相反的和最具说服力的例证,但人们仍然会对这些例证加以忽视或轻视,或者用某种区分把它们摆在一边而加以拒绝;这样通过这种有力的而且有害的预先决定,就可以使它以前的结论的权威不致受到侵犯。"同上第 46 节,第 392 页。

关于我们在这里面临错误之源的看法可以用下面这段话来说明:

"人的理智并不是干燥的光,而是有意志和感情灌输在里面的,由此便相应地产生了它们自己的系统。因为一个人盼望是真的东西,也就是他比较容易相信的东西。"同上,第 393—394 页。亦可参见第 52 节。

① 马基雅维利:《讲演集》,第 2 卷,第 47 页。引自迈内克《国家理性观念》(慕尼黑和柏林,1925 年),第 40 页。

的各利益相关的党派的每一种偏见开出一副有效的药方时，[1]他似乎把他的时代常识性的格言中隐含的东西明确化起来，并把它确立为一般的思想法则。在西方世界的理智方向上，似乎有一条直线从这一点一直引向启蒙运动时期特有的理性和周密算计的思想方式。利益心理学似乎也有相同的来源。由休谟的《英国史》所体现的人类行为的理性分析方法的一个主要特征就是那种认为人都惯于“装假”[2]和欺骗他们的同伴的假定。同样的特征也可以在当代的那些谈论特殊的意识形态概念的历史学家们当中见到。这种思想方式总是力图根据利益心理学来怀疑对手的诚实和正直，并且非难对手的动机。不过，如果在某种特定的情况下我们注意的是要发现一个陈述在词语伪装中所隐藏着的真正的意义，那么这种思想方法还是有其肯定价值的。在我们时代的思想中这种
57 “揭露真相”的倾向已经变得非常明显了。[3] 即使在广大范围内这种特征被看作是有失尊严的和不礼貌的（的确，如果把“揭露”当成目的本身，这种批评就是合理的），这种理智立场也会在我们这个转变时期迫使我们必须破除许多陈旧过时的传统和形式。



---

① 见迈内克《国家理性观念》（慕尼黑和柏林，1925 年）。

② Fr. 莫塞尔：《埃德蒙·伯克与法国革命》（柏林，1913 年），第 102 页。

③ 卡尔·施密特说过，我们都总是在不断地担心被引入歧途，在他这样说的时候，就非常清楚地分析了当代思想方式的这种特征。因此，我们要永远提防假装、冲动和歪曲。他指出，在 17 世纪的政治文献中出现的“幻想”（*simulacra*）这个词语可以看作是现在这种态度的一种先兆。引自《政治浪漫主义》，第 2 版（慕尼黑和莱比锡，1925 年），第 19 页。

## 第三节　从特殊的意识形态概念到总体的意识形态概念

我们必须记住，在心理层次上发生的揭露伪装过程不应当同本体论和精神学层次上出现的更加激进的怀疑主义和更加彻底、更令人震惊的批判性的分析混淆起来。但这两者也不能完全分开。同一种实现连续转变的历史性力量，既在心理方面起作用，也在本体论和精神学方面起作用。在前一方面，各种心理幻觉不断削弱，在后一方面，来自各种既定的世界观点和思想方式的本体论的和逻辑的表达式也都在受利益左右的党派之间的冲突中消解。只有在根本的新价值被创造出来，旧的价值被摧毁这样一个新旧交替的剧变的世界中，理智的冲突才会达到非常激烈的程度，以致对立的各方不仅力求消灭彼此的特定的信念和态度，而且还力图消灭这些信念和态度赖以建立的理智基础。

只要互相冲突的各党派都生活在同一个世界中并且都试图代表这个世界，或者只要是一个封建集团反对另一个同等的封建集团，即使他们处于对立的两极，这样一种彻底的互相毁灭也是难以想象的。只有当相互斗争的群体的基本价值属于不同的世界，这种理智统一体的根本瓦解才是可能的。在这种不断深化的瓦解过程中，最初只是自发的不信任开始转变成一种系统的特殊的意识形态概念，然而它还仍然处于心理学的层面上。但是随着这一过程的继续，这种概念逐步扩展到精神学和认识论的范围。带有一套新价值的新兴的资产阶级并不满足于仅仅限定在旧的封建秩序

58 中所规定的一种受约束的地位。它代表了一种新的"经济制度"（在桑巴特的意义上），与一种新的最终代替现存的说明和解释世界方式的思想方式同时产生。同样，对于今天的无产阶级来说，情况似乎也是这样。在这里，我们也要注意两种不同的经济观点之间、两种不同的社会制度之间以及相应的两种思想方式之间的冲突。

那么，在观念史上为总体的意识形态概念开辟道路的步骤是什么呢？当然，这种总体的意识形态概念不会仅仅产生于使特殊的意识形态概念逐渐形成的那种不信任态度。只有采取一些更加根本的步骤，才能使多种思想倾向按照同一种一般方向发展并综合成为总体的意识形态概念。在这个过程中，哲学发挥了一定的作用，但这并不是指狭义上的哲学（像人们通常所说的那样），作为一种脱离了实际的生活环境的学科。哲学的作用倒是可以说是对当代世界潮流的最终的和根本解释者的作用。这种流动的宇宙又要被看作是一系列冲突出自心灵本性和它对不断变化的世界结构的反应。在这里我们只能指出总体的意识形态概念在精神学和本体论层次上出现的主要阶段。

在这方面第一个重要步骤就是意识哲学的发展。意识是由协调一致的成分构成的统一体的论点提出了一个需要深入研究的问题，这个问题特别是在德国一直是重大的分析尝试的基础。意识哲学以一种经验的有机统一体代替了无限多样和混乱无序的世界，而保证这种经验统一性的是感知主体的统一性。这并不意味着这种主体只是反映外部世界的结构型式，而是说主体在经验外部世界的过程中，自发地形成一些使他能够理解这个世界的有机化原则。在世界的客观的本体论统一性被消解以后，人们便试图以感知主体赋予的统一性来代替它。取代中世纪基督教关于世界客观的和本体论统一性的是已经出现的启蒙运动的绝对主体——意识本身的主观的统一性。

自此以后，世界只是作为与认知心灵相关的“世界”而存在，而 59
且主体的精神活动则决定着世界的表现形式。这实际上已构成总体的意识形态概念的雏形，尽管它在这时尚不具备那些历史的和社会学的含义。

在这个阶段，世界被看作是一个结构性的统一体，而不再被看作是多种多样毫无联系的事件构成的复多状态，它似乎就处于客观秩序被破坏而引起混乱那样一种过渡状态。这种结构性统一体完全与一个主体相关联，但在这种情况下，主体并不是一个具体的个人，而可以说是虚构的“意识本身”。按照这种曾被康德特别明确表示的观点，精神层次应当与心理层次明确区分开来。这就是那种认为“世界”是独立于我们而存在的固定的明确形式的本体论教条主义瓦解的第一阶段。

总体的意识形态概念发展的第二阶段是在人们以历史的视角来看总体的超越时间的意识形态概念时所达到的。这主要是黑格尔和历史学派取得的成就。历史学派，尤其是黑格尔，都以这样一个假设为出发点，那就是，世界是一个统一体而且只有与主体相关联才是可以设想的。现在正是在这一点上，这一概念又增加了在我们看来是决定性的新的成分，那就是，这种统一体处于持续不断的历史变化的过程之中，并且趋于在更高层次上不断恢复它的平衡。在启蒙时期，人们总是把作为意识统一性承担者的主体看作是完全抽象的，超越时间的并且是超越社会的存在物——“意识本身”。在这一时期，“民族精神”开始代表历史上分化的意识成分，黑格尔则把这些成分整合成为“世界精神”。显然，这种类型的哲学日益增进的具体性是由于人们更加直接地关注来自社会的相互作用的观念以及把各种历史的政治的思想潮流整合到哲学领域的结果。然而，从此以后，人们便不再按照表面价值来接受日常生活的经验了，而是要深入思考这些经验包含的全部意蕴，并且探寻它们的先决条件。但是，应当注意的是精神在历史上不断变化的性质主要不是由哲学发现的，而是由于政治的审察深入到这个时期的日常生活而发现的。

60 继法国革命时期的非历史的思想之后出现的反冲过程使这种历史视角重新获得了活力并且给予它新的推动力。归根结底，这种从一般的、抽象的、世界统一的主体（“意识本身”）向更加具体的主体（有民族区分的“民族精神”）转变在很大程度上还不是一种哲学上的成就，而是表达了在各种经验领域中对世界的反应方式的转变。这种变化也许可以追溯到拿破仑战争期间和以后民众情绪方面的根本转变，当时，民族情感实际上已经产生了。无论是对历史的视角还是民族精神，我们都可以找到更加久远的先驱，但这一事实并不会减损上述看法的有效性。①



① 为了将来进行参考，我们在这里可以说，知识社会学不同于正统的观念史，它的目的并不是要追溯各种观念的久远的历史原型。因为如果人们决心要为那些类似的思想动机找到最终的起源，那么他们总是有可能为任何一种观念找到它们先前的“雏形”。没有什么说过的话以前没有人说过。我们研究的应有的主题就是要观察一个既定的历史时刻的理智生活与当时存在着的社会的和政治的力量是以什么方式、采取什么形式联系起来的。参见我的研究论文“保守主义思想”，同上引文，第 103 页，注 57。

创造这种总体的意识形态概念的最后的和最重要的步骤同样来自这个历史—社会过程。当阶级作为历史上演化的意识承担者取代了“民族”或“国家”时，我们在前面已经提到过的同样的理论传统便吸引了通过这种社会过程同时成长起来的意识，也就是，社会结构和相应的各种理智形式都随着社会阶级之间的关系的变化而变化。

正如在以前历史上分化的“民族精神”取代了“意识本身”那样，现在阶级意识这个概念或更确当地说阶级意识形态概念又取代了仍然过于宽泛的“民族精神”概念。因此，这些观念都按照两方面的趋势发展：一方面，意识概念通过一种综合的和整合的过程在一个无限多变的世界中提供了一个统一的中心；另一方面，人们又不断地力图使这个统一的概念变得更具灵活性和适应性，以免在综合过程中对它做过于僵化和过于刻板的表述。

这种双重趋势的结果就是，我们所取得的概念不是某种无时
间性的和固定不变的“意识本身”这样一种虚构的统一体（实际上 61
它从来都不是可证明的），而是随着历史时期、民族和社会阶级的不同而发生变化的概念。在这种转变的过程中，我们虽然继续坚持意识的统一性，但是现在这种统一性是动态的，处在不断生成的过程之中。这就说明了，人们虽然放弃了静态的意识概念，但他们由历史研究所发现的不断增加的材料，并不是一堆不连贯的、间断的、互不相关的偶然事件。这种最近形成的意识概念为人们理解历史性实在提供了一种更适当的视角。

这种意识概念产生两种结果：首先，我们清楚地看到，人类事务不可能通过孤立地考察它们的各种成分而得到理解，一个历史时期中每一事实和事件只能根据意义才能加以解释，而一种意义又总是涉及另一种意义。因此，任何一个时期的统一体概念和意义相互依赖的概念总是构成那个时期解释的基础。其次，这种相互依赖的意义系统中的各个部分和系统总体都是随着一个历史时期到另一个历史时期的变化而发生变化的。因此，对那种连续一贯的意义变化进行新的解释，就成为现代历史科学的主要工作。虽然在强调对既定的历史经验中的各种意义成分必须加以整合这个方面，黑格尔所做的工作可能比任何其他人都多得多，但他是以一种思辨的方式来进行这种整合的，而我们现在已经达到能够把哲学家提供的构成性概念转变成经验性研究的发展阶段。



对我们来说有重要意义的是，虽然在我们的分析中把分别导致特殊的意识形态概念和总体的意识形态概念的两种思潮分开来，但这两种思潮具有大体相同的历史根源，现在我们开始使它们更密切地互相接近了。特殊的意识形态概念和总体的意识形态概念更密切地相互接近，融为一体了。这一点通过以下方式对观察者显得更加清楚了：从前，一个人的对手，作为某种政治—社会地位的代表，被谴责为有意或无意地弄虚作假。然而现在这种批评变得更彻底了，由于我们证明了对手的意识总体结构不可置信，因而，我们就认为他再也没有能力进行正确的思考了。根据对思想
62 的结构分析，这种简单的看法意味着，先前试图发现错误的根源时，只是通过指出理智偏见的个人根源在心理的层面上揭露了歪曲。现在这种揭露之所以更为彻底，是因为进攻是在精神学层面上进行的，而且通过指出对手的理论只是普遍流行的社会情境的某种功能，从而消除这些理论的效用。由此，也许在思想方式的历

史上已经达到了一个新的最具决定性的阶段。然而，若要论述这一发展，首先必须分析它的某些根本性的意蕴。总体的意识形态概念提出了一个以前往往被忽略的问题，而这个问题现在开始第一次获得了更广泛的意义，这个问题也就是关于“虚假意识”是怎么可能产生的，也就是关于完全歪曲了的精神使得进入其范围的一切事物都通通被歪曲这样的事情是怎么会产生的问题。正是由于认识到不同于具体细节的总体观点可能被歪曲，因而才使总体的意识形态概念对于理解我们的社会生活具有特别重要的意义和特别重要的关系。我们在目前的理智情境中所感到的深深的忧虑，就是从这种认识中产生的，不过，从这种认识中也产生了无论如何都是富有成果和激励人奋发的东西。

## 第四节　客观性和偏见

自古以来人们就有一种怀疑，认为可能存在“虚假意识”这样的东西，对它的所有认识都必然是错误的，那是灵魂中的谎言所在之处。这种怀疑有其宗教方面的根源，并且作为古代的一部分知识遗产传给了我们。每当一位先知的灵感或远见的真实性受到他的会众或者他本人的质疑时，这种疑问都会作为一个问题表现出来。①

在这里，我们似乎有了一个例证，表明一个古老的观念构成了

① “亲爱的弟兄们，不要随便哪一种圣灵都相信，而要察试一下这些圣灵是不是出于上帝，因为已经有许多假先知到处出现了。”(《圣经·新约·约翰书》)

现代认识论观念的基础，而且人们总是想要断定，这种新的看法的本质已经在比较古老的陈述中表现出来了；新的东西只在于它的形式。但是，我们在这里正如在别的地方一样，同那些总是企图从
63 过去推导出一切的人相反，我们必须坚持的看法是，取得现代形式的观念远比它的起源重要得多。其实，以前那种认为可能存在着“虚假意识”这样一种怀疑，只是陈述了已经观察到的事实，而在今天，由于运用了经过明确界定的分析方法，我们已经完全能够从根本上解决有关意识的问题。以前只是以传统的方式进行诅咒的东西，在我们的时代则转变为建立在科学证明基础上的方法论的研究程序。

甚至具有更重大意义的变化是我们将要讨论的。由于这个问题已经完全脱离了纯粹的宗教语境，因而不仅证明一种见解真假的证明方法发生了变化，而且用来衡量正确与谬误、实在和非实在的价值尺度也发生了深刻的变化。当一位先知怀疑他的预言的真实性时，这是因为他感到被上帝抛弃了，他的忧虑是建立在一种先验的根本标准基础上的。相反，当我们在今天开始批判地对待我们自己的观念时，那是因为我们担心这些观念不符合某种更具现世性的标准。

若要确定这种新的定义取代先验标准的实在性标准的确切性质，我们就必须对“意识形态”这个语词的意义也在这方面进行准确的历史分析。在这样一种分析的过程中，如果我们被引向关注日常生活的语言，这只是表明思想史不只是局限于书本上文字记载，而且还从日常生活的经验中取得它的主要意义，甚至在对不同领域的实在性的评价方面出现的主要变化，也像它们在哲学中表

现的那样，最终都回到日常生活世界的变化着的价值。

首先，“意识形态”这个词本身并没有固有的本体论意义，它并不包含对于不同实在领域中的价值的决定，因为这个词语最初只是表示观念论。正像我们所知道的那样，意识形态学者们[①]在法国都是某个哲学群体的成员，他们按照孔狄亚克的传统拒斥形而 64
上学，并且力求把人文科学建立在人类学和心理学的基础上。

现代意识形态概念的诞生，正是在拿破仑发现这个哲学家群体在反对他的帝国野心，就把他们轻蔑地称为“意识形态学者”的时候。因而，这个词就带有某种贬义，而且它就像“教条主义者”这个语词一样，一直把这样的贬义保持至今。然而，如果考察一下这种轻蔑称呼包含的理论含义，那么就会发现，这里所涉及的这种轻蔑态度，实际上带有认识论的和本体论的性质。受到贬低的是对手的思想的有效性，因为对手的思想被认为是不现实的。但是如果进一步问，依据什么是不现实的？那么回答可能就是：依据实践是不现实的。如果把这种思想同政治舞台上发生的那些事件相对照，它就是不现实的。从那时起，被称为“意识形态”的所有思想在被付诸实践的时候，都被认为是无效的，唯一可靠的接近现实的途

① 参见皮卡韦：《意识形态，关于1789年以来法国的观念史和科学理论、哲学理论以及宗教理论》(巴黎，阿尔康，1891)。

上面提到的这个学派的奠基人德斯蒂·德·特拉西把这种观念科学定义如下：“如果只考虑题材，可以把这种科学称为意识形态；如果只考虑它的方法，则可把它称为普通语法；如果只考虑目的，则可称它为逻辑。无论给它起什么名字，它都必须有这三个分支，因为若不同时研究另外两个，就不可能恰当地研究其中的一个。在我看来，意识形态似乎是通称，因为观念科学包括观念的表达和观念的起源这两个方面。”参见《意识形态的要素》(巴黎，1801年，第1版)，对我来说唯一能找到的是该书的第3版(巴黎，1817年)，上文引自该书第4页注。

径应当在实践活动中去寻找。如果以实践行动为标准来衡量,仅仅对一种既定情境的思考或反思结果是毫无意义的。这样就可以清楚地看到,意识形态这个用语的新的意义怎么会带有那些制造这个用语的人也就是那些进行政治活动的人的立场和观点的印记。这个新词包含了政治家们的具有现实性的特殊经验,[①]并且对实践的非理性给予支持,这种实践的非理性对于思想作为把握现实的工具几乎毫无肯定的评价。

在19世纪,这种意义上的"意识形态"用语得到广泛的流行。这种情况表明,政治家对现实的感受远远超过并且取代了学者们的那种苦思冥索的思想方式和生活方式。从此以后,意识形态这个用语中隐含的问题——什么才是真正实在的?——再也没有从地平线上消失。

但是,对这种转变必须加以正确的理解。关于构成实在的东
65 西是什么的问题绝不是一个新问题;但是这个问题应当在公共讨论的场所提出来(而不是仅仅在孤立的学术圈子里),似乎表明了一个重要的变化。意识形态这个词由于政治家根据经验对它做了重新界定而获得的新的含义,似乎表明了在系统表述实在本质的问题上发生了决定性的转变。因此,如果我们想要实现分析现代思想的需要向我们提出要求,我们就必须能够使社会学的观念史关注现实的社会思想,而不是仅仅关注在僵化的学术传统中精心制作的以为可以永久长存的自满自足的思想体系。如果在以前对

① 从本书第三章的结论就可以更确切地根据政治家占据的社会地位来确定我们在这里讨论的世界观点和本体论属于何种类型的政治家,因为并不是任何一种政治家都习惯于这种非理性的本体论。参见本书第三章,第二节。

错误知识的检验是通过诉诸永远正确地显示真理与实在的神谕，或者通过纯粹的沉思默想，据说真观念可以由此发现，那么现在，主要是通过来自政治经验的某种本体论来发现实在性的标准。从拿破仑到马克思主义的意识形态概念的发展历史，尽管在内容方面有所变化，但却一直保持着同样的有关实在的政治标准。这个历史的实例同时也表明，在拿破仑对他的对手发出的严酷指责中，已经隐含着这种实用主义的观点。的确，我们可以说，实用主义已经在某些方面成为现代人可谓不可避免的和适合时宜的观点了，而且在这种情况下，哲学只是借用了这种观点，并从中做出了合乎逻辑的结论。

我们曾经要求大家注意拿破仑使用意识形态这个词语时在意义上的细微差别，目的是为了清楚地表明，普通的话语常常比各种学术争论包含更多的哲学内容，而且对于进一步陈述问题具有更大的意义，而这些学术争论往往由于不能认识到学术围墙之外的世界而变得枯燥贫乏。[1]



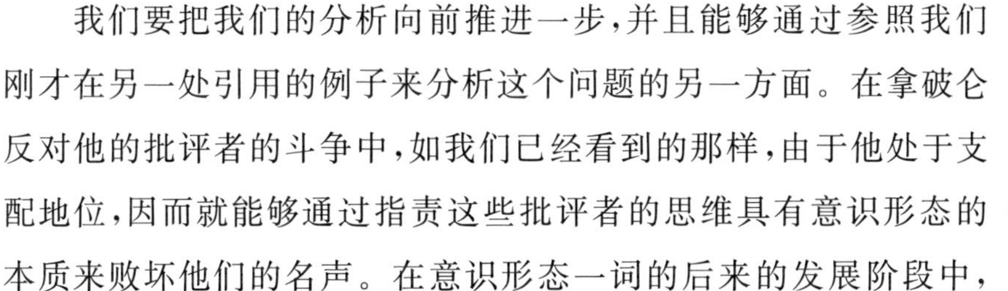

我们要把我们的分析向前推进一步，并且能够通过参照我们刚才在另一处引用的例子来分析这个问题的另一方面。在拿破仑反对他的批评者的斗争中，如我们已经看到的那样，由于他处于支配地位，因而就能够通过指责这些批评者的思维具有意识形态的 66
本质来败坏他们的名声。在意识形态一词的后来的发展阶段中，

① 关于学术思想的结构和特征以及就那个问题来说都享有独占的地位的每一种思想类型，参见作者向苏黎世德国社会学学会第六次代表大会提交的论文“竞争在精神领域所具有的意义”，载《苏黎世德国社会学代表大会文集》(J. C. B. 摩尔，蒂宾根，1929 年)。

无产阶级曾利用它作为反对统治集团的武器。简言之，由意识形态观念所提供的揭示思想基础的见识从长远观点看，是不可能作为一个阶级独占的特权保持下来的。但是，正是由于意识形态手段的这种扩展和蔓延，最终导致一个关节点，这时一种观点和一种解释指责另外的观点和解释是意识形态时，再也不可能使它本身免予同样被指责为意识形态的挑战的地位。就这样，我们就自然而然地在一般的思想分析中达到一个新的方法论阶段。

的确，运用意识形态分析来揭露对手的隐蔽的动机，有些时候看来似乎是富有战斗精神的无产阶级特有的权利。公众会很快就忘记我们刚才指出的意识形态这个用语的历史起源，而且这也并非毫无道理，因为人们虽然以前对这种思想的批判手段有所认识，但是最先对它加以强调并且从方法论上加以系统发展的是马克思主义。正是马克思主义首先把特殊的意识形态概念和总体的意识形态概念整合起来。正是马克思主义理论首先对阶级地位和阶级利益在思想中的作用给以应有的重视。很大程度上由于马克思主义源于黑格尔主义这个事实，所以它能够超越单纯心理分析的层次而把这个问题置于更加广泛全面的哲学背景之中。通过这种方式，使“虚假意识”[①]这个概念获得了新的意义。



马克思主义把政治实践与对事件的经济学解释结合起来，具有极为重要的决定性意义，因而使这两者成为最终的标准，用以理清纯粹的意识形态成分和思想中更直接与实在相关的那些成分。

---

① “虚假意识”这个表达本身起源于马克思主义。参见弗兰茨·梅林：《德国社会民主党史》，第1卷，第386页；还可参见萨洛蒙，同上引书，第147页。

因此，意识形态概念通常被看作是马克思主义的无产阶级运动整体的组成部分，甚至把它与无产阶级运动等同起来，这就毫不奇怪了。

然而，在最近的思想和社会的发展过程中，这个阶段已经过去了。追寻资产阶级思想的意识形态基础并使之失去信誉，这已不再是社会主义思想家的独具的特权了。现在持任何一种立场的群 67
体都使用这个武器来反对所有其他群体。所以，我们正在进入一个社会和思想发展的新时代。

在德国，在这个方向上，如果只提这种发展的更加杰出的代表人物，那么就是由马克斯·韦伯、桑巴特、特罗尔兹做出最先的开端。随着时间的推移，马克斯·韦伯所说的这段话的真理性就会变得越来越清楚了："不应当把唯物主义的历史观与人们可以随意上下的计程车相比，因为人们一旦掌握了唯物主义的历史观，即使那些革命者本人也不可能随便离开它。"[①]按照意识形态对思想和观念进行的分析在应用上如此广泛，而作为一种武器又如此重要，因而它就不可能被任何一个党派长久地垄断。没有什么东西能够阻止马克思主义的反对者们利用这种武器并且把它用于马克思主义本身。

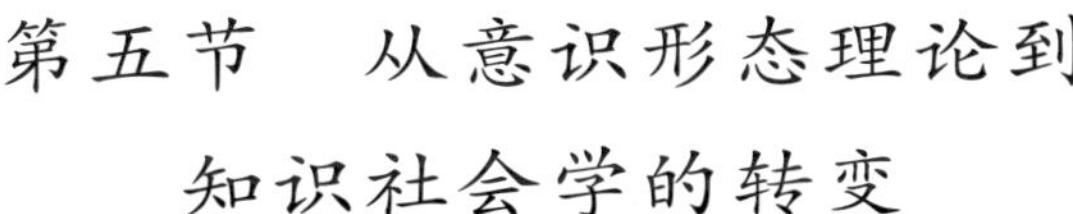

## 第五节　从意识形态理论到知识社会学的转变

我们在上一章探讨的过程中，可以从社会史和思想史上找到

① 参见马克斯·韦伯：《政治使命》，载《政治论文集》(慕尼黑，1921 年)，第 446 页。

大量的例证。在发展一种新观点的过程中，一个党派发挥先锋作用，而其他党派为了在竞争中取得对付对手的优势，本身也必然会利用这种观点。意识形态概念的情况就是如此。马克思主义只是发现了一种理解的线索和一种思想方式，而整个 19 世纪，人们都在逐步完善充实它们。对这种观念的完整系统的阐述不只是任何一个单独的群体的功绩，也不能只是与任何一个单独的思想和社会立场联系在一起。马克思主义在这一过程中所起的作用在思想史上应当具有很高的地位，决不应低估。然而，使意识形态方法逐步得到普遍使用的过程就在我们眼前不断继续，因此，我们可以对它进行经验的观察。

有趣的是，我们看到由于意识形态概念的扩展，结果却逐步产生了一种新的理解方式。这种新的理解方式不只是在已经起作用
68 的现象中构成一定程度的变化。在这里我们见到的是真正辩证过程的一个实例，对这一过程人们常常出于学术的目的加以错误的解释——因为我们在这里确实看到一个从量的差异变为质的差异的过程。因为一旦所有的党派都能够按照意识形态来分析其对手的观念，那么意义的所有成分就会发生质的变化，意识形态这个词也因此而获得全新的意义。在这个过程中，我们在对这个用语做历史分析时所涉及的全部因素都会发生相应的转化。“虚假意识”的问题和实在本性问题都由此而具有不同的意义。这种观点最终会迫使我们承认，我们的各种公理，我们的本体论以及认识论，都发生了深刻的转化。下面，我们只限于指出意识形态概念的意义在这种转化过程中经历了什么变化。



我们已经描述了从特殊的意识形态概念到总体的意识形态概

念的发展过程。这种发展趋势还在不断地加强。现在，这种趋势已不是仅仅满足于指出对手在心理的或经验层面上造成的各种幻觉和歪曲，而是要对他的整个意识和思想的总体结构进行彻底的社会学的分析[①]。

如果一个人并未对他自己的立场提出质疑，而是把它看作是绝对的，同时却把他的对手的观念解释成只是他们占据的社会地位表现出的作用，那么，这时，他的决定性的一步还没有向前迈出。当然，在这种情况下，总体的意识形态概念的确也在运用，因为他关注的是在总体上分析他的对手的心理结构，而不只是抽出少数几个孤立的命题进行分析。但是，在这种情况下，由于他只关注从社会学角度分析对手的观念，那么他就决没有超出一种受到高度局限的，或者我想把它称之为特定的理论表述。如果他不仅敢于对他的对手的观点进行意识形态分析，而且敢于对所有的观点包括他自己的观点进行意识形态分析，那么这时他的分析所运用的便是与这种特定的理论表述不同的总体的意识形态概念的一般 69
形式。[②]

就当前阶段我们的理解来说，几乎不可能避免总体性意识形

① 这样说并不意味着特殊的意识形态概念不适用于日常生活斗争的某些方面。

② 在这里我们要对以前关于“特殊的意识形态概念和总体的意识形态概念”的区分再补充另一种区分，也就是“特定的意识形态观念和一般的意识形态观念”的区分。前一种区分虽然涉及应当把单个孤立的观念还是把整个精神看作意识形态的问题，以及社会情境只是制约着各种概念的心理表现还是进一步深入到各种精神学意义之中的问题，但是，就特定的意识形态与一般的意识形态观念的区分来说，关键问题在于，是所有群体的（包括我们自己的）思想，还是仅仅是对手的思想才被认为是由社会决定的。

态概念的这种一般表述，按照这种一般表述，一切时代的所有政党的思想都具有某种意识形态特征。几乎没有任何一种思想观点在历史上没有发生任何变化，而且即使在当前也没有一种思想观点不是以多种不同的形式表现出来，马克思主义对这种规则也不例外。马克思主义也有许多不同的表现。但是，对于一位马克思主义者来说，认识到它们的社会基础并不是很困难。

随着对总体的意识形态概念的一般表述的出现，单纯的意识形态理论便发展成知识社会学。曾经是一个党派思想武器的东西，[1]也被转变成对社会史和思想史进行一般研究的方法。首先，一个特定的社会群体发现了对它的对手的各种观念的“情境决定”。然后，对这个事实的认识被详细制定为一个无所不包的原则，按照这一原则，任何一个群体的思想都可以被看作是来自它的生活条件。[2] 这样，不带党派偏见地分析实际存在的社会情境中可能影响思想的一切因素，就成了社会学的思想史的任务。这种社会学主导的观念史就一定会为现代人提供关于整个历史过程的修正了的观点。

因此，很清楚，意识形态概念在这方面获得了一种新的意义。从这种新的意义中产生了两种意识形态研究的方法。第一种研究方法只限于指出在所持有的思想观点和所占据的社会地位之间到处存在的相互关系。这就包含着放弃揭露或揭示自己所不赞成的
70 那些观点的任何意图。

① 参见马克思主义关于“锻造无产阶级的思想武器”的表述。

② 我试图用“社会情境决定认识”这个说法把意识形态概念的科学社会学的内容同宣传鼓动的内容区分开来。

一个人在试图揭露他人的观点时，他必须使自己的观点显得全然无误和绝对正确，如果是在做一项特别的非评价性的研究，那么这种做法是应当完全避免的。然而，第二种可能的研究方法则要把这样一种非评价性的分析同一种确定的认识论结合起来。从这第二种研究方法的角度来看，对于什么构成可靠的知识这个问题就有两种互相独立、各不相同的解决方法——一种解决方法可以叫作相关主义，另一种解决方法可以叫作相对主义。

相对主义是现代历史—社会学方法的产物，这种方法依据一切历史性思维都与思想者的具体生活地位联系在一起的那种认识。但是相对主义还把这种历史—社会学的见解与一种更陈旧的知识论联系起来，这种知识论还不知道生存条件与思想方式之间的相互作用，而是按照静态的模型(也许可以用 2×2=4 这样的命题为例)来形成知识。这种陈旧的思想类型把这个例子当作一切思想的模型，它必然会导致排斥一切形式的依赖于认知者主体立场和社会情境的知识，也就是完全相对的知识。因此，相对主义的存在是由于对实际思想过程所获得的见识同还没有注意到这种新的见识的知识论之间的差异而造成的。

如果我们想要摆脱这种相对主义，我们就必须在知识社会学的帮助下力求弄清，相对主义并不是任何绝对意义上的认识论，而是与那种以社会情境为取向的思想类型相冲突的历史转变类型的认识论。实际上，认识论是和我们的整体性思维一样紧密地与社会情境过程交织在一起，而且它将做出的进步，能够达到掌握变化着的思想结构产生的复杂情况的程度。

现代的知识论关注的相关性特征不同于一切历史性知识单纯

的相对性特征，它必须从这样一个假定出发，认为存在着那种不可能设想有不依赖于主体的价值和地位并且与社会背景没有任何关
71 联的绝对真理在其中存在的思想领域。就连神仙也不可能像表述 2×2＝4 那样表述一个关于历史性主体的命题，因为对于在历史中可以理解的东西，只有依照那些本身也是从历史的经验之流中产生的问题和概念构造才能表述出来。

一旦我们认识到所有历史性知识都是相关性的知识，而且只能依照观察者的地位加以表述，那么我们就再一次地面对在这样的知识中辨别真伪的任务。于是便产生了这样一个问题：哪一种与历史相关的社会立场能够为达到最恰当的真理提供最好的机会呢？在这个阶段，无论如何都必须放弃那种企图发现一种不依赖于历史和社会决定的意义定位形式的妄想。当我们达到这个结论的时候，问题绝没有解决；但是我们现在至少可以更好地以更加不受限制的方式来陈述那些实际发生的问题。在下面的论述中，我们必须在区分意识形态概念的一般总体的层次上产生的两种类型的意识形态研究方法；第一种研究方法的特征在于摆脱了价值判断，第二种研究方法的特征则在于从认识论和形而上学取向上进行规范性研究。目前，我们且不提出在后一种方法中是不是涉及相关主义或相对主义的问题。

非评价性的一般总体的意识形态概念，可以首先在那些为了问题简化起见对观念的正确性暂不做判断的历史性研究中发现。这种研究只限于发现某些心理结构及存在于其中的生活情境之间的关系。我们必须经常地问自己，一定类型的社会情境是怎样导致一定的解释的。因此，从这个层次上来看，人的思想中的意识形

态成分，总是与思想者现存的生活情境联系在一起的。按照这种观点，人的思想并不是在某种社会真空中，而是一种研究的社会环境中产生并发挥作用的。

我们不必把一切思想都是这样地生根成长这样一种看法看作是错误的根源。正如某个人由于和其他人一道参与某种极为重要的复合的社会关系，因而有机会获得对同伴更加准确和深入的理 72
解那样，一种既定的观点和一套既定的概念由于它们都同某种社会实在有紧密的联系并从这种社会关系中产生，因而也会通过与这种社会实在的紧密接触为揭示其意义提供更充分的机会。我们在前面引用的例子表明，无产阶级的社会主义观点对于发现它的对手思想中的意识形态成分是处于一种特别有利的地位。然而，这种使思想与产生思想的社会和生活情境相联系的环境既造成了种种障碍又创造了许多机会。如果观察者或思想者只局限于社会中某个既定位置，他显然不可能获得对种种问题的总体的包容性见识，例如，正如我们在前面所指出的那样，社会主义的意识形态观念是不可能自行发展成一种知识社会学的。对一种观点造成局限的那种狭隘性和制约性往往可以通过与其他相反观点的冲突和碰撞而得到纠正，这似乎是内在于历史过程本身的现象。试图摆脱价值判断的意识形态研究的任务，就是要理解每一种个别观点的狭隘性以及在整个社会过程中各不相同的态度之间的相互作用。在这里我们遇到了一个不可穷尽的课题。问题就是要表明，在整个思想史中，某些理智立场是怎样与某些经验形式相联系的，而且还要探索在社会变迁和思想变化的过程中，这二者又是怎样发生相互作用的。例如，在道德领域，不仅必须表明人类的行为的

连续不断的变化，而且要表明人们用来判定这些行为的不断变化的种种规范。如果我们能够表明道德和伦理本身是受到某些确定的情境制约的，而且表明像义务、失德、罪过这样一些概念并不总是永久存在的，而只是作为与某些独特的社会情境相关联而产生的现象，①那么我们就能够对这个问题达到更深刻的领悟。流行的哲学观点在小心翼翼地承认行为内容是由历史决定的同时，又坚持要保留一些永恒的价值形式和一套形式的范畴，这种哲学观点再也不能维持下去了。把行为的内容和形式区分开来并得到承
73 认，这个事实本身就表明对历史社会学研究方法的重要认可，这种研究方法使得那种把当代的价值确立为绝对价值的观点越来越难以成立了。



在达到这种认识时，我们还必须记住，我们按照价值观谈论社会生活和文化生活，这本身就是我们这个时代特有的一种看法。“价值”这个概念来自经济学，并从经济学开始扩展开来，在经济学中，对价值的自觉选择是理念的出发点。后来，这种价值观念被转移到伦理学、美学和宗教领域，在用来描述这些领域中人类的实际行为的过程中，这个概念发生了扭曲。当一位个体根据对价值的自觉选择不假思索地欣赏一部艺术作品时，或者按照从小就反复灌输给他的伦理模式行动时，如果把这说成是对他的真实态度的描述，那么再大的错误也莫过于此了。

那种认为全部文化生活都以客观价值为取向目标的观点，只

---

① 参见马克斯·韦伯：《经济与社会：社会经济学大纲》，第 3 部分，第 794 页，论述了作为道德发生的必要的社会条件。

不过是对一种完全忽视支配着人与世界相互关系的非理性机制的现代理性主义的又一个典型的实例。按照客观价值来解释文化，远非永久有效，它实际上只是我们这个时代思想独具的特征。但是，即使我们暂且承认这一观点有某种值得称道的地方，某些形式领域的价值及其独特结构的存在，也只有依照它们与之相关联并在其中发生效用的具体情境才能得到理解。[①] 因此，任何一种规范都不可能拥有形式的有效性，也不可能从不断发生历史性变化的内容中抽象出来成为永久不变的普遍性形式。

今天，我们的认识已经达到这样一种程度，即能够清楚地看到不仅在不同历史阶段的思想方式存在着差异，而且在不同文化中的思想方式也存在着差异。我们逐渐认识到，不仅思想的内容在发生变化，而且思想的范畴结构也在发生变化。只是在最近人们才有可能研究这样一个假设：无论过去还是现在，当着以支配性的思想方式为特征的群体的社会基础在社会变迁的冲击下遭到解体或发生变革的时候，这些支配性的思想方式就会被新的范畴所取代。 74

如果只是因为在文化领域中意义和着重点的转变相互依赖，没有任何别的地方能够像在思想本身中那样明显、那样精确地加以确定，那么知识社会学的研究或许有可能达到一个精确的阶段。因为思想是对社会和文化变化的一种特别敏感的指针。词义的变化和每一概念的多种含义都反映了隐含在这些意义的细微差异中

---

① 参见 E. 拉斯克：《哲学逻辑与范畴学》（蒂宾根，1911 年），他使用“趋于有效”这个用语是为了说明范畴形式本身并不是有效的，而只有在参照它们的不断变化的内容，这些内容不可避免地影响它们的性质，这样才使这些范畴具有有效性。

的互相对立的生活方式的根本差异。[①]

然而，在社会生活的领域中任何地方我们都不会见到像语词的意义那样可以清楚描述的相互依赖以及对意义变化和不同的着重点的敏感性。语词和赋予它的意义的确是一种共同性的实在。整个思想体系中最细微的变化也会通过个别语词和它带有的意义上的细微差异反映出来。语词把我们和整个过去的历史紧紧地联系起来，同时又反映出整体的现在。当我们在与他人进行交往的过程中要寻求一种共同的理解水准时，我们可以使用语词来消除意义的个体差异。但是，在必要时，语词也可以成为一种强调意义差异和每一个体独特经验的工具。这样，语词就可以用来作为一种对文化史的过程中产生的原有和新增成分的探测手段，从而为人类经验的水平增加以前未曾感到的价值。在所有这些研究中，将会在非评价意义上使用总体的一般的意识形态概念。

## 第六节　非评价性的意识形态概念

进行上述历史研究的研究者无须去关注什么是终极真理的问题。无论是当今的还是历史上的那些相互关系，现在已经变得非常明显，而在以前，则绝不可能有如此透彻的分析。认识到这一事
75 实的全部细节，会给现代研究者带来极大的便利。他再也用不着提出关于争论的党派中哪一方拥有真理的问题，而是要在历史发

① 由于这个原因，社会学的意义分析将会在下面的研究中起到非常重要的作用。我们在这里可以提出，这样一种分析可以发展成为一种基于以下原则的症状学：在社会领域中，如果我们善于仔细观察，我们就能够看到，我们所分析的情境每一成分都包含着整个情境，并且有助于更清楚地说明整个情境。

展的复杂的社会过程中出现了近似真理的时候，就把自己的注意力转向这种真理。对现代的研究者来说，如果有人指责他回避了什么是真理的问题，他就可以回答说，通过社会历史间接地探究真理，终究要比直接地通过逻辑方法处理真理问题更富有成果。即使他没有发现“真理本身”，他也会发现文化背景和许多至今尚未认识与发现真理有关的“环境”。事实上，如果我们相信，我们已经拥有了真理，我们就会没有兴趣去获得帮助我们接近理解这种情况的见识。正是由于我们的不确定性才使我们比过去相信绝对的时期有更大可能去接近实在。

现在已经十分清楚，只有在一个迅速而深刻地变化着的理智世界中才会使以前被认为是固定不变的观念和价值，受到真正彻底的批判。在任何其他情境下，人们都不可能有足够的机智去发现各种思想过程中的意识形态成分。当然，在过去人们确实在和他们的对手的观念作斗争，但他们这样做很大程度上只是为了更加顽固地坚持自己的观点才是绝对的观点。现在，有许许多多具有同等价值和威望的观点，每种观点都在表明其他观点的相对性，因而可以容许我们采取任何一种立场，并认为它是不可动摇的和绝对的。只有这种社会性解体的理智状况才使这种认为每一种观点都是一定社会情境所特有的见解成为可能，而这种见解直到如今一直被总体稳定的社会结构和实际可行的传统规范所掩盖。[①]也许，为了进行工作，我们确实需要某种程度的自信和理智上的自

① 我们用社会稳定性并不是意指平静无事的状态或个体的人身安全，而是指现存的总体性社会结构的相对固定性，它保证了主导地位的价值和观念的稳定性。

尊。但同样也可能确定的是，正是这种被我们用来表现思想的表达形式，总是会把某种绝对的语调加在思想上。然而，在我们这个时代，历史性研究的功能（而且，正像我们所看到的，是那些应从中
76 增加研究的学者的社会群体的功能）恰恰就是要分析构成我们的自信和自尊对于在直接、具体情境下的行动是必不可少的各种成分，还要消除可能从我们作为个体当作理所当然的情况所产生的偏见。通过这种努力，我们观点中的片面性就可得以消除，而相互冲突的思想观点在实际上可能互相补充。

在目前这个转变时期，我们必须利用我们时代占主导地位的理智曙光，在这种曙色微光之中，各种价值和观点都以真正的相对性表现出来。我们必须彻底地认识到，构成我们世界的各种意义都只是一种历史地被决定的并使人们得以在其中发展不断演变的结构，而绝不是绝对的东西。



在历史的这一时刻，所有与人相关的事物以及历史本身的结构和各种成分都突然以一种新的面目展现在我们面前，我们应当通过我们的科学思维而成为这种情势的主人，因为正如以往的历史常常出现的情况那样，这种景象可能会消失，这种机会可能会失去，而且这个世界也会再一次地呈现出一种静态的、均一的、不可改变的面貌，并非我们一有怀疑就是不可想象的。

这个第一种对历史的非评价性的见解并不是不可避免地导致相对主义，而是会导致相关主义。从总体的意识形态概念来看，知识绝不是虚幻的经验，因为就意识形态的相关性概念来看，它绝不是等同于幻觉。从我们的实际生活情境的经验中产生的知识，虽然不是绝对的，但却仍然是知识。从这样的实际生活情境中产生

的各种规范，并非存在于某种社会真空之中，而是像对行为的实际制裁一样的有效。相关主义的意思只是指在某种既定的情境下的意义的所有成分都是彼此相关的，而且从特定的思想框架中的这种相互关系中产生它们的重要意义。这样一种意义系统只有在既定类型的历史存在中才是可能的和有效的，它在一定时间内可以为这种类型的历史存在提供适当的表达。当这种社会情境发生改变时，先前从它产生的规范系统便不再与之协调一致。同样的不协调的疏离状况也发生在与知识和历史视角相关的方面。所有知 77
识都指向某种对象，而且这些知识的研究方法都要受到知识所关注的对象本性的影响。但是，对所认识的对象的研究方式则取决于认知者的本性。首先，对于我们的知识达到质的深度来说，情况确实如此（尤其是当我们试图要达到对某种事物的“理解”，而所要达到的理解的深度又以理解者和被理解事物在精神上的或理智上的密切关系为先决条件的情况下）。其次，对于从理智上表述我们的知识的可能性来说，情况也是如此，特别是为了把知觉转变成知识，对每一个知觉就要而且必须加以有序安排并组织成范畴。然而我们能在多大程度上把我们的经验以这样一种概念形式加以组织和表达则取决于在一个特定的历史时刻随时可能利用的参照框架。我们所拥有的概念，我们所活动的领域以及对这些概念进行加工处理遵循的方向，都在很大程度上要依靠群体中思想上勤奋的和认真负责的成员所处的历史—社会的情境。因此，我们把所有局部性知识及其他的各种组成成分，与更大的意义范围以及最终与历史实在的结构的关系作为这种非评价性意识形态研究的主题。如果我们不是充分地考虑这种见解及其含义，而是对它漠不

关心，那么我们就会把历尽艰辛而赢得的思想成就弃之不顾了。

因此，试图在生活之流中发现固定不变的观念或绝对的东西，这究竟是不是一个真正值得认真研究的理智问题，已经变得大有疑问了。也许，学会动态地和从各种关系中思考问题而不是静止地看问题，这也许是一个更有价值的理智任务。在我们当代的社会和思想的困境中竟然会发现，那些自称找到了一种绝对的人通常正与那些自视高于他人的人是同样的一些人，当今世上，再没有别的比这更令人惊讶的了。在我们这个时代，可以发现有些人试图招摇过市，并向他人兜售他们声称发现了某种“绝对的”灵丹妙药和神奇的妙招，这种情况只是一种迹象，表明不能直接面对生活的广大的人群感到失去了而又迫切需要思想和道德的确定性。也很可能是，为了能在像我们这样的世界上继续生活和工作，人们迫
78 切需要寻求一种摆脱多重选择带来的不确定性的方法；因此，人们很可能趋于接受某种直接的目标，把它当作似乎是绝对的东西，他们希望借此使问题变得具体而真实。但是，寻求这种绝对的和不可改变的事物的主要不是行动着的人，而是因为在他们现有的生活条件下感到舒舒服服而自鸣得意的人，他们想要引诱其他人坚守现状。那些满足于事物的现存秩序的人很可能是为了使某种事物保持稳定并尽量减少生活中的风险因而把暂时出现的偶然情境确定为绝对的和永恒不变的东西。然而，他们如果不求助于各种幻想的观念和神话，就无法做到这一点。因此，我们便面对现代思想中令人震惊的奇怪的倾向，以前曾经被当作与神圣相交流的手段的绝对，现在变成了那些从中获利的人用来歪曲、滥用和掩盖现存事物意义的工具。

# 第七节　从非评价性意识形态概念到评价性意识形态概念的转变

因此，看来这个过程是这样的：我们从非评价性意识形态概念开始，主要用来把握连续变动的实在之流，这样被不知不觉地引向评价性的、认识论的研究，最后被引向一种本体论的形而上学的研究。在我们达到如此程度的论述中，这种非评价性的、动态观点已在不经意中变成了反对某种思想立场的武器。原先只是作为一种方法论技术的，最终显示为一种世界观和一种使非评价性世界观得以产生的工具。在这里，也同许多其他情况一样，我们只是在活动的最后才终于开始认识到最初促使我们把每一个已经确立的价值投入运动，把它看作是总体的历史运动一部分的那些动机。

于是，我们便看到，我们已经在运用以前一直没有意识到的形而上学的、本体论的价值判断。[①] 但是，只有那些深受上一代的实

① 当然，我们部分无意识地、部分有意识地使用的这种类型的价值判断和本体论，代表了在完全不同层次上的一种判断，而且这种本体论是一种完全不同于我们在批判那些企图重建(以德国的浪漫主义学派的精神)历史的废墟时谈到的那种绝对主义倾向的本体论，这种成了我们行动基础的不可避免隐含的本体论，即使我们并不想相信它，它也不是我们靠浪漫主义的渴望就可达到的、可以由我们随意加在实在上的东西。它标志着我们的现实世界所处的视界范围，它是不可能通过贴上意识形态标签简单地加以处置的。在这里，我们看到了"解决"我们的问题的一线希望，尽管在本书任何别的地方我们都没有试图提供这种解决。揭示思想中的意识形态的和乌托邦的成分对于消除那些我们并不十分认同的观念是非常有效的。因此，人们可能会问，当我们在某些情况下通过意识形态分析来消除某些观念的有效性时，是否同时也树立了一种新的构造——是否在我们对旧的信念进行质疑的方式当中并没有无意识地包含新的决定——正如一位智者说过的那样："当某个人来向我求救时，我常常在听他说话中了解他是怎样劝导他自己的。"

79 证主义偏见之害、而且仍然相信有可能完全摆脱他们思想中那些本体论的、形而上学的和伦理学的预设前提的人才会对这种认识感到担心。[①] 事实上，一个人为了进行真正的经验研究越是认识到这些贯穿于他的思想之中的预设前提，他就会越清楚地看到，只有依据某些超经验性的、本体论的和形而上学的判断以及从这些判断产生的预断和假设，这种经验研究的程序（至少在社会科学中）才能进行下去。一个人如果不做任何决定，他就不会提出任何问题，甚至也不能做出一个试探性的假设使他能够确定一个问题并从历史上为之寻求解答。幸好实证主义毕竟还承认某些形而上学的和本体论的判断，尽管它有反形而上学的偏见并且自称持与形而上学相反的观点。实证主义在特定情况下进步的信念以及它的朴素实在论，都是体现这种本体论判断的实例。正是这些预设的前提，使实证主义做出许多重要的贡献，其中有些贡献，是在将来也必须加以考虑的。这些预设前提的危险不仅仅在于它们存在着或先于经验知识而存在。[②] 毋宁说，这种危险在于通过传统流传下来的本体论会阻碍新的发展，尤其是阻碍基本思想方式的新
80 发展，而且只要常规性的理论框架的特殊性没有受到质疑，我们就仍然处于一种静态思维方式的罗网之中，这种思想方式完全不适合于我们现今的历史和理智发展阶段。因此，我们所需要的是，随



① 有一种多少带有更多批判色彩的实证主义显得更温和一些，而且希望只承认“最低限度的必要假设”。可能提出的问题是，这种“最低限度的必要假设”是不是就不会变成等同于包含在我们的生存条件之中的基本的不可归约的本体论。

② 如果一种本体论不是先于经验知识而存在，那么这种经验知识则是完全不可想象的，因为只有在我们能够提出明智的和有启示性的问题时，我们才能从某种既定的实在中，抽取出客观化的意义。

时都要自觉地承认，每一种观点都是某种确定的情境所特有的，而且要通过分析弄清这种特殊性是由什么构成的。清楚明白地承认这些隐含的、构成这种经验知识基础并使之成为可能的形而上学的预设前提，要比那种口头上否认这些预设前提存在同时又暗中从后门承认它们的做法更有助于澄清问题和推进研究。

## 第八节　在非评价性意识形态概念中蕴含的本体论判断

我们一直在本体论①和实证主义的范围内游览，因为这对于正确地理解思想史上最近阶段的思想运动看来是必不可少的。我们作为一种从非评价性方法到评价性方法的隐性转移来描述的，不仅是表现了我们自己的思想特征，它还是整个当代思想发展的典型特征。我们的结论作为这一分析得出的结果就是，在这个时期的历史的和社会学的研究最初都是由这种非评价性观点所主导的，从这种观点中发展出另外两种可供选择的有重要意义形而上学方向。在当前的情境下，在这两种可供选择的取向之间进行的选择可解析为如下方面：一方面，当人们相信真正重要的东西既不在于变化本身，也不在于构成那种变化的事实时，他们就可能把历史事件的转瞬即逝的特征作为一个事实来接受。按照这种观点，一切历时性的事物，一切社会性的事物，所有集体性神话，以及通

① 参阅作者的《认识论的结构分析》，载《康德研究补编》（柏林，1922 年）第 57 期第 37 页注①；第 52 页注①。

常被归于历史事件的所有意义和解释的内容，都是可以忽略的，因
81 为人们感到，除了使有序的历史的连续系列从中产生的丰富多样的具体细节以外，还存在着超越历史并与历史的具体细节无关的终极的永恒真理。因而，有一种思想认为，应当有一种直观的、富于启示的历史的源泉，而实际的历史本身只是不完全地反映这一源泉。熟悉思想史的人都会认识到，这种观点直接来自神秘主义。神秘主义者早已认为，存在着超越时间和空间的真理和价值，而时间和空间以及所有在时空中发生的事物，若与神秘主义的极乐之境经验的实在相比，都不过是一些虚幻的现象而已。但是，神秘主义者在他们那个时代并不能证明他们陈述的真理性。他们接受日常事件的秩序作为一种稳定而具体的事实，而把异常的事件则看成是上帝的任意所为。在一个虽然充满了各种事件但只承认一种固定解释这些事件的方式的世界中，传统主义是至高无上的。而且，传统主义并不接受纯粹形式的神秘主义启示；而是按照这些启示与超自然的上帝的关系来解释它们，因为这种极乐之境的经验被看作是与上帝的一种交往。同时，所有意义要素和它们的历史的相对性普遍的相互依存已经被人们非常清楚地认识到，所以它几乎成了普遍视为当然之理的常识性真理了。以前曾经作为少数传授者的神秘知识的东西，如今已经能够从方法上向一切人加以具体证明。这种讲究方法已经变得非常流行，以至于使社会学的解释也同历史的解释一样在某种情况下被那些把实在看作处于历史之外，处于极乐的和神秘经验领域的人用来否定日常经验的实在性。

另一方面，还有另一种研究方式可以用来引导社会学的和历

史的研究。这种研究方式来自这样一种观点：事件和观念之间的关系发生的变化并非故意安排和任意设计的结果，这些关系无论是同时性的还是按历史顺序的都必须看作是遵循某种必然规律的，这种必然规律虽然表面上并不明显，但的确存在而且也是可以理解的。

我们一旦理解了历史的内在意义并认识到任何一个历史阶段都不是永恒的和绝对的，而是本质上的历史过程在提出一种未决的和不断进行挑战的问题，那么我们就再也不会对神秘主义者自鸣得意地把历史当作“微不足道的历史”而不屑一顾的态度感到满 82
意了。人们可能会承认，人类生活总是比我们在任何历史时期或者在任何特定的社会条件下所发现的情况要丰富得多，而且，即使在对这些情况做了说明以后，也还存在着一个永远不可能完全归于历史本身，而且使历史和社会经验具有意义的超越历史的永恒的精神领域。我们不应当由此得出结论，认为历史的功能就是提供一个不是关于人的记录，而应当把它看作是表达人的根本本性的基础。人类从历史的无名小卒上升到具有崇高威望的人的前进过程中，对人类的各种规范、形式以及劳动成果的变化过程，各种制度和集体目标的变化过程，对人类的各种假定和观点的变化过程逐渐变得可以理解了，而且每一个社会历史的主体只有根据这些变化过程才能了解他自己，并对他的过去获得理解。当然，也有越来越多的人想要把所有这些现象看作是一种征兆，并且把它们综合为一种体系，理解这种体系的统一性和意义应当成为我们的任务。即使人们承认神秘经验是揭示人的终极本性的唯一合适的手段，但仍然必须承认，作为神秘主义者追求目标的不可言喻的成

分也必然与社会的和历史的实在有某种关系。归根到底，构成历史和社会实在的因素也会以某种方式决定人自身的命运。也许，在人类经验中的痴迷的成分虽然按其本性绝不能直接显示和表达出来，它的意义也绝不能充分地交流，但却能够通过它在历史的长途中留下的踪迹来发现它从而向我们揭示出来。

这种无疑是基于对历史和社会实在的特殊态度的观点，对于理解历史和社会生活既显示出可能性，也显示出固有的局限性。由于神秘主义观点轻视历史，从某种出世的立场来看待历史，因而就会冒着忽视历史必然提供的任何重要教训的风险。我们不可能指望从一种贬低历史实在重要性的观点获得对历史的正确理解。对各种事实进行更加周密细致的考察就会表明，尽管从历史过程中不会出现最终明确的结果，但在历史领域中的确会发生具有深
83 刻意义的事情。历史上的每一事件和每一种意义成分都必定有一种时间的、空间的和情境的地位，因而，曾经发生过的事不可能永远发生，历史上的事件和意义都是不可逆的，简言之，我们在历史上找不到任何绝对情境，这种情况表明，历史只有对那种不希望从它学得任何东西的人才是沉默无语和无意义的，而且就历史学的情况来说，比其他任何学科更为明显的是，那种像神秘主义者那样认为历史是“微不足道的历史”的立场，注定是毫无意义的。

对思想史的研究可以而且必须以这样一种方式进行：主要是要看到连续的和共存的现象，而不只是看到偶然的关系，而且要力求在历史的整体的复合中发现每一组成成分的作用、价值和意义。我们所认同的正是这种研究历史的社会学方法。如果这种见解是

通过研究具体细节逐步达到的而不是使它停留在纯粹思辨的基础上，如果每一个进展都是在可以利用的具体材料的基础上做出的，那么，我们最终就会达到一个可以供我们使用社会学技巧、用于诊断某一时期文化的学科。我们在前面的篇章中试图表明意识形态概念对于分析当代思想状况的价值，力图以此接近这个目标。在分析意识形态的不同类型时，我们的目的并不只是列举这一用语意义的各种毫无联系的情况，而是旨在通过这个用语一系列不断变化的意义表现出我们时代的总体的思想和社会具有代表性的情况。这样一种诊断时代的方法，虽然开始时是非评价性的，但并非总是这样。我们最终将不得不采取某种评价性的立场。向评价性观点的转变之所以一开始就是必不可免的，就是因为历史的某些方面除非与其他方面相对照而得到强调，否则历史仅仅作为历史是无法理解的。这种对历史的总体性某些方面的选择和着重可以看作是走向最终导致一种评价性方法和本体论判断的第一步。

## 第九节　虚假意识问题 84

通过历史的辩证过程，必然会使非评价性的、总体性的、一般的意识形态概念逐步向评价性的意识形态概念转变(参见本章第七节第一段)。然而，我们现在所说的评价，完全不同于以前所了解和描述的评价。我们现在不再把某一特定时期价值当作绝对的东西来接受，而且，自此我们绝不会离开各种规范和价值都是由历史和社会的条件所决定的这种认识了。现在本体论的着重点已转移到另一些问题上了。它的目的在于从一个特定历史时期中同时存在的规范、思想方式和行为模式中把真的和假的、真实的和虚假的区分开来。现在,“虚假意识”的危险并不在于它不能把握绝对不变的实在,而是在于它妨碍人们对一种实在的理解,这种实在是对构成我们的世界的心理过程进行不断整理的结果。因此,我们不难理解,在思维的辩证过程的作用下,为什么我们必须把更大强度的注意力集中在决定既定情境中流行的各种观念哪些是真正有效的这样一个任务上。从我们在当前的思想危机中所面临的问题来看,我们是在一种新的环境下遇到“虚假意识”这个问题的。“虚假意识”这个概念在它脱离了同先验的宗教因素的关联,把寻求实在性标准的努力转移到实践领域,特别是政治实践的领域(这种方式使人想到实用主义)的时候,它就已经以一种最具现代性的形式出现了。但是与它的现代性的表述相比,它还是缺乏历史感。思维和存在仍然被看作是固定的朴素分离的两极,在一个没有变化的宇宙中,只有一种静态的相互关系。只是到了现在,这种新的历史感才开始得到理解,动态的意识形态概念和实在概念才成为可以设想的。



因此,从我们的观点来看,一种伦理态度如果按照规范确定方向,而处于一个特定的历史环境中的行动即使抱有最好的意向,也不可能遵守这些规范,那么这种伦理态度就是无效的。因此,当个体的非道德的行为再也不能被设想成由于他自己的个人违反规范,而是必须把它设想为由于某种错误地建立起来的道德公理的
85 强制时,这种伦理态度就是无效的。如果通过传统的思想方式和生活观念的力量,并不包括调节思想和行动适应新的变化了的情

境，因而最终在实际上掩盖和妨碍了人们的这种调节和转变，那么这种道德说明就是无效的。所以，如果一种理论在某种特定的实际情境之下使用的一些概念和范畴，假如认真地运用，就会妨碍人们在那个历史阶段对自己进行的调节，那么这种理论就是错误的。一些过时的、不适用的规范、思想方式和理论很可能退化为意识形态，其作用只是掩盖而不是揭示行为的实际意义。在下面几段论述中我们将举一些刚刚描述过的有关最重要的几种意识形态思维的典型例子。

也许可以把反对通过借贷获利的禁忌发展史[①]作为有关过时的伦理规范发展成一种意识形态的一个例子。只有在一个无论在经济上还是在社会上都是以亲密无间和睦邻友好的关系为基础的社会中，人们才能把无息借贷的规则付诸实践。在这样一种社群关系的世界中，“无息借贷”之所以成了人们毫无困难地信守不渝的习惯，是因为它是一种与这种社会结构根本一致的行为形式。在一个亲密无间和睦邻友好关系构成的世界中产生的这种规则就被基督教会吸收到它的伦理体系中并加以定型化。现实的社会结构变化越大，这种伦理规则表现出来的意识形态特征就越多，因而在实际上也不能为人们在实践中接受。在资本主义兴起的时代，这一伦理规则的随意性和非世俗性已经变得很明显，这时，由于它的功能已经改变，因而就可以被基督教会用来作为反对突现的资本主义经济力量的武器。在资本主义完全出现的过程中，这种规

① 参见马克斯·韦伯：《经济与社会：社会经济学概论》，第三部分第801页以下，关于这个例子的历史文献。

范只能被规避而不能被服从的意识形态性质已经变得非常明显，甚至连基督教会也要放弃它了。

作为“虚假意识”，以对一个人自我和他的作用做错误解释的形式表现出来的例子，我们可以引述下面这些情况。这些情况表明，人们力图掩盖他们与自己、与世界的“真实”关系，而且通过把
86 人类生存的基本事实神圣化、浪漫化或理想化，简言之，通过逃避自我又逃避世界的手段，并以此虚构出对经验的虚假解释，从而向他们自己证明人类生存的基本事实是虚假的。因此，当我们想要通过求助于一些绝对的东西(按照这种绝对的东西，就不再可能有生命的活力)来解决各种冲突和焦虑时，我们就有了一个意识形态性歪曲的实例。这个实例表明的情况就是，当我们在创造“神话”，崇拜“至上本身”，公开表示忠于“理想”时，而在实际行动中却在追求另外的利益，还试图假装一种无意识的正直来掩盖这种利益，只是这种无意识的公正太容易识破。

最后，第三种类型的意识形态性歪曲的例子可以在意识形态作为一种知识形式不再适合于理解现实世界时的情况中看到。我们可以用一位土地所有者来具体说明这种情况，这位土地所有者的地产已经变成了一种资本主义的企业，但他仍然企图用一些很像封建家长制秩序的范畴来解释他和企业中的劳工的关系以及他自己在这种企业中的职能。如果我们采取一种总体的观点来看所有这些个别情况，那么我们就可以看到这种“虚假意识”的观念有了某种新的意义。从这种立场来看，当知识不能考虑到适用于一种情境的新的现实时，当它试图以不适当的范畴来思考这些现实从而掩盖它们时，这种适应就是被歪曲的，成了意识形

态性的知识了。[①]

这种意识形态概念（乌托邦概念将在第四章加以论述），[②]可以表征为评价性的和动态性的。它之所以是评价性的，是因为它预设有关观念实在性和意识结构的某些判断为前提；而它之所以是动态性的，是因为这些判断总是要由不断流动的实在来衡量。[③]

尽管乍看起来这些区分可能显得很复杂，但我们相信，它们没有任何人为做作的成分，因为这些区分只不过是对现代世界的日 87
常语言中已经包含的含义所做的确切的表述和合乎逻辑地寻求这些含义的明确尝试。

这种意识形态（和乌托邦）概念坚持认为，除了人们通常认识到的那些错误根源以外，我们还必须考虑到扭曲的思维结构的影响。它认识到，我们未能理解的“实在”可能是一个动态的实在；而且，在同一个历史时期和同一社会中可能有几种扭曲的内在思维结构类型，其中有一些是由于直到现在尚未完全形成，而另一些则是由于已经超越了现在。然而在这两种情况中，需要得到理解的实在都受到了扭曲和掩盖，因为这种意识形态和乌托邦概念所涉及的实在都只是在具体的实践中展现自身的实在。无论如何这种

① 一种知觉可能由于它先于某种情境也可能由于落后于某种情境而成为错误的和不合适的。我们将在第四章论述乌托邦精神时更确切地研究这个问题。对我们来说，现在只要指出，这些知觉形式可能先于某种情境，也可能落后于某种情境就够了。

② 我们希望在下一章论述乌托邦精神时具体论证这种超越现在、指向未来的乌托邦观点并不是那种根据过去理解现在从而掩盖现在的意识形态观点的单纯的否定性实例。

③ 这种意识形态概念只有在一般的总体类型的意识形态层次上才是可以想象的，并且还构成了第二种评价性类型的意识形态，我们在前面把它同第一种或非评价性的意识形态概念相区别。

包含在动态的、评价性的意识形态概念中的所有设想，都是建立在这样一些经验基础上的，人们至多只能以一种不同于这里所提出的方式来理解这些经验，但无论在什么情况下都不能对它们弃之不顾。

## 第十节　通过意识形态和乌托邦的分析寻求实在

那种避免发生意识形态的和乌托邦的歪曲的企图，归根到底，就是寻求实在性。这两种概念为一种合理的怀疑主义提供了基础，而且我们还可以从积极方面把它们用来避免我们的思维把我们引入可能犯的错误。具体地说，可以把它们用来在我们的理智生活中消除把思想和实在世界分离开来的倾向，使思想掩盖实在或超越实在界限的倾向。思想应当包含不多不少正好就是思想以之为中介在其中活动的实在。一种优美的文学风格的真正的美就在于正好确切地表达所要表达的东西——不多不少地传达了所要传达的东西，同样，在我们知识中的有效成分也是取决于与所要理解的实在相一致而不是相脱离。

在考虑意识形态和乌托邦这两个概念时，实在的本质问题再一次地突现出来。这两个概念都包含这样一个绝不可少的要求：每一观念都必须根据它是否与实在相一致来进行检验。然而我们的实在概念本身也同时一直受到修正和质疑。在社会中所有发生
88 冲突的群体和阶级在他们的思想和行动中都在寻求这种实在，因而，毫不奇怪，这种实在对于这些群体和阶级中每一个都显得有所

不同。[1] 如果有关实在本性的问题是一个纯粹思辨的凭想象的产物，那么我们就会很容易忽视它。但是，随着我们对问题的研究逐步展开，我们就会越来越清楚地看到，正是因为有多种多样的实在性概念，才产生了我们的多种多样的思想方式，而且，我们所做的

---

① 关于按照不同的社会地位来区分各种本体论，参见我的《保守主义思想》，同上引书，第二部分。此外，也可参见 P. 埃普斯坦，《按照历史唯物主义中的实在性提出问题》，该文载《社会科学和社会政策文库》，第 9 卷(1928 年)，第 449 页以下。

细心的读者也许会注意到，从这以后，评价性的意识形态概念会再一次地趋于采取非评价性的形式，而这种情况当然是由于我们要发现一种评价性的解决方法的意向造成的。这种概念界定上的不稳定性是研究技巧问题，这种研究技巧可以说已经臻于成熟，因而它拒绝使自己受任何一种特定的、可能会限制它的观点的立场的控制。这种动态的相关主义，提供了一条走出某种世界情境的唯一可能的道路，在这种世界情境中，我们所见到的是多种互相冲突的观点，其中每一种观点虽自称具有绝对有效性，但实际上却表明，它们都分别与某种特定的立场相联系，并且只适合于相应的特定立场。对于一位研究者来说，除非他吸收了全部至关重要的动机和观点，其中包含的内在矛盾，可以说明我们目前的社会一政治的紧张状态的原因，否则，他是不可能得出适合于我们目前生活情境的解答的。如果研究者不是立即采取某种明确的立场，而是把每一种矛盾的和互相冲突的倾向都结合到他的视野之中，那么，他的思想就可能是灵活的和辩证的，而不是僵化的和教条主义的。这样一种概念上的灵活性和坦率承认存在着许多调和不了的矛盾的做法，并不一定像通常实际上经常发生的那样，使研究者的看法发生混乱。的确，发现至今尚未解决的矛盾，应当看作是激发当前情境所需要那种思想类型的原动力。正如我们在前面所指出的那样，我们的目标是通过持续不断地指出我们的思维中常常受到掩盖和精心伪装的成分，把当代理智生活中所有那些模糊不清和有疑问的成分，都纳入明显的意识和控制的范围之内。这样一种研究程序将导致一种动态的相关主义，这种相关主义如果是由那些特定的和分散的成分系统化引起的，而这种系统化的局限性已经显得非常明显，那么它宁可没有一种封闭的系统也能成立。此外，我们还可能会问，一种封闭的或开放的体系存在的可能性以及人们对它的需要是不是不会随着一个时代向另一个时代，一种社会立场向另一种社会立场的变化而变化。即使是很少的一些评论意见，也应当使读者明白，无论我们在思维中使用什么样的表述类型，它们都不是随意的创造，而是理解和掌握存在和思想的不断变化的形式或多或少恰当的手段。关于各种思想“体系”社会学含义的一些评论，参见《保守主义思想》。

每一种本体论判断，必然会导致一些深远的结果。如果我们考察一下不同群体用来对待我们的多种类型的本体论判断，就会开始
89 怀疑，每一个群体似乎都在一个分离的和独特的观念世界中活动，这些不同的常常互相冲突的思想体系最终都可以归结为体验“同一”实在的不同方式。

当然，我们也可能像在日常的实际生活中一般所做的那样忽视我们的理智生活中的危机，在日常生活过程中，我们都愿意把各种事物和关系当作仅仅在当下的特定环境中的朴素分离的事件来对待。[①] 只要我们只是从某种特定的立场来看我们经验中的事物，只要我们的概念工具足以对付一个非常有限的生活领域，我们也许永远不会意识到需要探究现象的总体性相互关系。在这种情况下，我们最多只会偶尔碰到某些模糊不清难于理解的东西，不过在通常的实践活动中是能够克服它的。因此，日常经验在很长时间内是运用类似魔术一样的解释系统来发挥作用的；而且直到历

① 下列认证是最空洞无意义的和错误的论证：由于每一种历史的和政治的思想形式都在一定程度上以一些元理论的假设为依据，由此可知，我们不可能相信任何一种观念或任何形式的思想，因此，在既定的情况下使用什么样的理论论据是一个无关紧要的问题。因此，我们中的每一个人都应当依靠他的本能，依靠他个人的和私自的直觉，或者依靠他自己的私自的兴趣，这些东西中无论其观点有多大的偏颇，就都可以心安理得地坚持它，甚至还会为此而感到沾沾自喜。为了维护我们的分析，防止有人企图把它用于这样宣传的目的，请允许我说，下面这两个方面存在着根本的区别：一方面是来自纯粹心理放纵的盲目的偏袒和非理性主义，认为理智活动中只有个人随心所欲的判断和宣传；另一方面的探究类型是认真地关注客观的分析，而且在排除了所有有意识的评价之后才开始认识到所有思想结构中内在地包含着一种不可归约的评价性剩余。（更详细的论述，参见我的论文《竞争在精神领域中的意义》中结束时的论述以及我对 W. 桑巴特在同一会议上关于方法论的论文的评论，载《德国社会学第六次代表大会论文集》）同上引书。

史发展的某个阶段以前，这些解释系统一直是适合于人们从经验上对待它们所遇到的那些早期的生活情境。关于早期的和我们这个时代的问题，可以陈述如下：在什么条件下我们才可以说，一个群体的经验领域已经发生了如此根本性的变化以致使传统的思想方式和新颖的经验对象（应当运用哪种思想方式来理解的？）之间的差别变得非常明显了呢？假定人们之所以放弃这些古老的解释是出于某种理论上的原因，这种解释可能是过于书生气了。但是，在这些较早的时期正是社会经验方面的实际变化才导致人们去消 90
除某些与新的根本经验不相一致的解释态度和方式。

各种具体的人文科学如果从它们的特殊性观点来看，也并不比日常的经验知识有更优越之处。这些文化学科在观察知识的对象和表述它们的问题时，也是从它们的具体环境中抽象和分解这些问题的，有时这些学科也会按照它们所遇到的实际的有机联系来对问题进行融贯一致的表述，而不是仅仅因为这些问题属于某个学科领域。但是，常常在到达某个阶段时，这种有机的、融贯的秩序往往会突然消失。各种历史问题总是专题记述性的，这种情况或者是因为构想主题的方式受到局限，或者是因为研究的专门化。对于历史来说，这种情况的确是必要的，因为学术分工必然带来某种限制。但是，当经验性的研究者以拒绝超出他的学科传统所规定的专门化观察领域而自豪时，尽管这些学科传统有很大的包容性，他还是在利用某种防护机制以保证他的那些预设的前提免受质疑。

尽管这种研究从不超越它的专门化的界限，但它也可以增加我们的材料，丰富我们的经验。也许，在某个时代，甚至这种观点也是确当的。但是正如自然科学在它们的假说和设想所依据的事实一旦出现差异，就必须对这些假说和设想提出质疑，也正如更深入的经验研究只有在普遍的解释准则经过了修正时才有可能，同样，我们现在的人文科学也达到了这样一个时刻，即我们的经验材料迫使我们对预设的前提提出质疑。经验研究把自己局限于特殊领域，长期以来它与常识处于同样地位，也就是说，由于总体性情境从未进入人们的视野，因而经验研究的理论基础的概然性质和不融贯性质仍然被掩盖着。有一种看法认为人的头脑能够用最模糊的概念做出最清晰的观察，坚持这种看法是合理的。但是，当人们试图对这些观点进行反思，对有关学科的基本概念进行界定时，就会遇到某种危机。这种观点的正确性可以通过下面的事实来证
91 明：在某些学科中，当人们对这门科学的基本概念和问题展开一场真正的论战时，经验性的研究却一直平稳顺利地进行着。



但甚至这种观点也是有局限性的，因为它是在科学命题的幌子下进行表述的，意在取得普遍的意义，这只是一个特定时期科学情境的特征。当这些观念大约在本世纪之初开始得到系统表述时，这种危机的征兆只是在研究的外围，在有关原则和定义的讨论中表现出来。如今这种情境已经发生了变化——这种危机甚至已经深入到经验研究的中心了。多种可能的出发点和定义以及各种观点之间竞争甚至改变了人们对以前似乎是单纯的并不复杂的关系的知觉。

没有人会否定经验研究的可能性，也没有任何人认为事实不存在。（在我们看来，再没有什么理论比魔术师式的知识理论更错误的了。）我们虽然为了证明也要求助于“事实”，但关于事实的本

性问题本身却是一个值得重视的问题。对于心灵来说,这些事实总是存在于一定的理智和社会的背景之中。如果说它们能够被理解和被表述,那么这种说法已经隐含了某种概念架构的存在。而且,如果这种概念架构对于一个群体的所有成员都是相同的,那么构成那些个别概念的预设前提(也就是各种可能的社会和理智的价值),就绝不可能被感觉到。这样,存在于历史稳定时期的关于真理问题的梦幻似的确定性就成为可以理解的了。然而,这种一致性一旦被打破,①被人们用来使经验具有可靠性和融贯性特征的固定的范畴就不可避免地会遭到解体。于是便产生了各种互相分歧和冲突的思想方式(思维主体并不知道),它们把相同的经验事实整理成不同的思想体系,并使它们通过不同的逻辑范畴加以理解。

这种情况导致的结果就是我们的概念赋予我们的独特视角,使同一对象按照我们用来观察它的一套概念的不同而显得不同。因此,我们对"实在"的知识由于越来越多地吸取了这些不同的看法,就会变得具有更多的综合性和包容性。以前似乎只是一种不 92
可理解的边缘现象,无法归于某种既定的概念,现在则引起了一种补充性的,有时是对立性的概念,通过这样的概念,就可以获得关于对象的更加丰富的知识。

即使在经验研究中,我们也能越来越清楚地认识到,我们的基本观点中具有一致性还是缺乏一致性是一个多么重要的问题。对

① 关于这种解体的社会学原因的进一步详细论述,参见作者的论文《竞争在精神领域中的意义》,同上面所引书。

于那些已经认真地思考过这个问题的人来说，这个通过多种多样的观点表现出来的问题，已由每一个定义特有的局限性清楚地显示出来了。例如，马克斯·韦伯就认识到了这种局限性，但是，他却根据推动人们进行研究的特殊利益决定研究者所要使用的具体定义这样的理由来证明特殊性观点的合理性。

我们对概念的界定取决于我们的立场和观点，而这种立场和观点又转而受到我们思维中许多无意识行动的影响。思想者对他所面对的概念的局限性和模糊性的第一个反应就是尽可能阻止人们对这个问题做系统的和整体的表述。例如实证主义就不遗余力地使自己看不到所有特殊性思想背后的深渊。这样做一方面对于促使它稳妥可靠地连续不断地寻找事实是必要的，但另一方面这种拒绝涉及这个问题的做法也常常会导致有关“整体”问题上的含糊不清和歧义重重。

有两种典型的教条特别容易阻碍我们提出根本性问题。第一种教条就是直接把形而上学、哲学和其他一些边缘性问题看成是无意义的问题的理论。按照这种理论，只有那些具体化形式的经验知识才能提出有效性要求，甚至连哲学也被当作一门特殊的学科，它的首要的合法关注的领域是逻辑。阻碍人们形成整体视角的第二种教条是试图通过把研究领域分成两个互相独立的分别由经验科学和哲学占据的区域——前者为那些特殊的和直接的问题提供无可辩驳的确定的解答，而对那些普遍的问题和有关“整体”的问题，则要求助于“更高深的”哲学思辨，以此来达到折中的解
93 决。这对于哲学来说则意味着放弃使它的结论都建立在普遍有效的证据基础上的要求。

这样的一种解决方法非常奇怪地类似于那些君主立宪制的理论家们的一句名言："国王进行统治，但不治理国家。"这样，哲学就得到了所有的荣誉。在某些情况下，思辨和直觉被看作是更高级的认识手段，但只有在它们不干预实证性的、民主决定和普遍有效的经验研究的条件下，才是如此。而这样一来，就再一次地避开了"整体"问题。经验科学把这个问题抛在一边，而哲学又不能重视这个问题，因为它只对上帝负责。哲学的论据只有在思辨的领域内才有效，而且只能通过纯直观加以确证。这样一种两分法的结果就是，本来应当把整体情境下澄清观察者自己的心灵作为根本任务的哲学，却没有能够做到这一点，因为它已失去了与整体的联系，使自己只限于一个"更高级"的领域。同时，专门家根据传统的（特殊性的）观点，则觉得不可能达到具有更大综合性和包容性的视野，而这种视野只是目前的经验性研究必不可少的。为了掌握每一种历史情境，就需要有某种思想结构，这种思想结构可以应对所遇到的各种实际的、真实问题提出的要求，而且能够把各种互相冲突的观点中的相关成分加以整合。在这种情况下，也必须找到一种像公理一样不证自明的根本出发点，找到一种可能对总体情境进行综合的立场。那种可怕的、毫无确定性的掩盖矛盾和缺陷的方法，同极左和极右的方法一样，都不可能使我们摆脱这种危机，这两种极端的方法为了美化过去或将来，都利用这种危机进行宣传。而他们在这样做时却忘记了他们自己的立场也会受到同样的批判。同样，如果把对手观点中的片面的和局限的性质解释为只是对这种危机出现在他的阵营的另一种证明，这样做也没有什么帮助。只有在一个人的方法没有受到其他任何一个人的挑战

时,因而,只有在一个人意识不到他自己的观点有局限性时,这种做法才是可行的。

只有当我们彻底地认识到每一种观点的有限范围,我们才开始踏上了寻求全面理解整体的正确道路。思想上的危机并不只是
94 影响某种单一的理智立场的危机,而是整个世界在理智发展上已经达到某个阶段的危机。如果能够更清楚地看到我们的社会生活和理智生活已经陷入的混乱状态,那么这意味着我们的认识的丰富而不是缺失。理性能够更加深刻地渗透到它自身的结构之中,这并不是理智丧失的表现。当视角极大的扩展使我们必须彻底地修改自己的基本概念时,我们也不应当把这种情况看成是我们理智的无能。思想是一个由各种实际的社会力量决定的过程,它不断地质疑自己的发现,纠正自己的研究方法(因此,纯粹由于胆怯而拒绝承认已经完全清楚的东西,那是可悲的)。然而,目前情境最有希望的方面在于,我们绝不可能满足于狭隘的视角,而是不断地从更加广阔的背景去寻求对特殊见解的理解和解释。

兰克甚至在他的《政治对话》中通过弗里特利希之口说出这样一段话:"你们绝不可能仅仅靠听信各种极端的陈述就获得真理。真理总是存在于可能找到错误的地方之外。即使把各种形式的错误都集中到一起,也不可能从中抽出真理。我们必须为了真理本身并在真理的领域中追求和发现真理。世界上各种异端邪说都不能教你们基督教是什么,只有从《福音书》上才能懂得基督教的意义。"[1]像这样一些单纯质朴的观念以其纯粹性和质朴性使人想起

① 兰克:《政治对话》,罗特舍尔编(哈雷,1925年),第13页。

某种理智的伊甸园，这种伊甸园对人类的堕落以后的知识剧增一无所知。只是常常可以发现，与那种包括整体的保证同时存在的综合，结果却表明是最狭隘的保守观念的表达；而且，对现有的任何一种观点毫不怀疑地加以信奉，也是阻碍人们获得如今可能达到更加广泛更加全面理解的一种方法。

在我们所设想的意义上总体性，并不是只有神的眼光才会有的那种直接的和永远有效的对实在的看法。它并不是一种自足的和稳定的观点。相反，总体性观点既包括吸收各种特殊观点的局限性，也包括超越这些局限性。它显示了知识扩展的连续过程，而且它的目的并不是要达到超越时间的有限性，而是要尽最大可能扩大我们的视野。 95

如果要从追求某种总体观点的日常经验中抽出一个简单的例证，我们也许可以以一个处于既定生存地位的个体为例，这个个体关注他所面对的那些具体的个别问题，然后，他突然认识到应当发现那些决定他的社会存在和理智存在的根本条件。在这种情况下，一个不断关注自己的日常事务的人就不会对他自己和他的地位采取质疑的态度，然而这样一个人尽管他很自信，但直到他遇到导致他的幻想破灭的危机出现以前，他仍然受到某种特殊性和局部性的观点的制约。直到他第一次认识到他自己是一个更大的具体情境中的一部分的时候，在他的内心中才唤醒了一种冲动，在整体的背景中来看他自己的活动。诚然，他的视角可能因其经验范围的狭窄而受到局限；也许，他对自己的情境的分析，并没有达到超越他在其中活动的小城镇或有限的社会圈子的程度。然而把事件和人当作类似于发现自己在其中的环境的一部分来对待，完全不同于仅仅对某种刺激或某种印象做出直接反应。一旦这种个体掌握了使自己在这个世界中确定取向的方法，他就必然会超越他自己所在城镇的狭窄的视界，学会把自己当作一个国家情境的一部分，后来又当作一个世界情境的一部分。他也能够以同样的方式理解他自己那一代人的地位，他本人在他所生活的时期的直接情境，又把这个时期理解为整个历史过程的一部分。

在一个人的情境的结构轮廓中，这种取向以缩影的形式代表了我们说到的向总体概念不断扩展的现象。虽然在这种重新确定的取向中所涉及的材料与构成经验研究的个体观察中所涉及的是同样的材料，但这里的目的却完全不同。情境分析是每一种超出日常水平的经验形式都具有的自然的思维方式。这种研究方法的可能性之所以还没有被专门学科充分利用，是因为它们的研究对象通常总是由这些专门化的观点所确定的。然而，知识社会学的
96 目标却是把我们思想中的危机也看作一种情境，然后我们便力图把它看作是更大整体的一部分。

如果在一个同我们自己所处的情境同样复杂和我们的情境一样预先经过一种理智发展上的分化的情境中，出现了一些新的思想问题，人们必须学会重新进行思考，因为人是一种必须不断地使自己重新适应变化着的历史的生物。直到现在，我们对待我们的理智过程的态度（尽管也有合乎逻辑的要求）与那些天真质朴的人没有多大区别。也就是说，人们习惯于在他们没有清楚理解的情境中进行活动。但是，正如在政治史上曾经有过行动的困难极其巨大，若不对环境本身进行反思就无法克服那样一个时刻，也正如人必须越来越善于首先根据有关情境的外部印象，然后再对情境

进行结构分析，才能学会如何行动那样，我们同样也可以认为，人实际上是在解决在思维过程中出现的危急情况，并且力图更清楚地看到这种危机的本性，这是一种自然的发展趋势。

危机的克服不是靠少数几个匆促而紧张的尝试就能把新产生的、令人伤脑筋的问题压制下去，也不是靠躲到死寂的过去寻求安全的避难所来解决问题。只有通过逐步扩展和深化所获得的见识，通过在控制的方向上小心谨慎地向前推进，才能找到出路。

97

# 第三章　科学政治学前景

## ——社会理论与政治实践的关系

### 第一节　为什么没有政治学科学

在我们的学术视阈中，各种问题的产生和消失，受制于某种我们尚未充分认知的原则。甚至那些整体性的知识体系的产生和消失，最终也可归因于某种特定的因素，并因此变得可以解释。在艺术史上，有人曾试图揭示诸如雕刻、浮雕等造型艺术或其他艺术形式缘何以及何时产生，并在某一时期成为主流艺术形式。同样，知识社会学也应当着力探寻使各种问题得以产生和消失的条件。从长远看，社会学家不应仅仅把一些问题的出现和解决归因于某些天才人物，而必须做得更好。在某个特定的时间和地点，为什么会出现某些特定的问题，这些问题之间有着怎样复杂的联系，必须依据产生这些问题的社会结构背景来认识和理解，尽管这样做并不总是能够使我们明了每个细节。那些闭目塞听的思想家或许会认为，他们得出的重要思想完全是他们自己想出来的，与他们所处的社会环境没有什么关系。一个生活圈子狭小而有限的人，很容易把自己所触及的事件看成是孤立的，并将其归因于命运的安排。

然而，社会学不能满足于以这种直截了当和鼠目寸光的方式来认识这些问题和事件，因为那样做会遮蔽这些问题和事件之间的重要联系。要理解这些表面上看来没有什么关联的孤立的事实，就必须把它们置于其所处的那种常态的、同时又在不断变化的经验形态之中。只有在这种承启关系中，它们才能获得意义。如果这种分析方法能够给知识社会学带来某种程度的进展，那么，许多至今尚未解决的问题，至少那些在起源方面尚未找到答案的问题，将会得以澄清。这种进展还能够使我们明白，为什么社会学和经济学的产生只是近些时候的事，为什么它们在一个国家可以得到高 98
度发展，而在另一些国家却受到许多障碍的阻滞和困扰。同样，这样的进展还有可能解决一个至今未能解决的难题，即为什么我们至今还未能看到政治科学的发展？在一个充满理性主义精神特质的世界中，正像在我们自己的世界中一样，这一事实体现出一种显而易见的反常现象。

几乎没有哪个生活领域中，我们既不具有某种科学知识，也不掌握交流这些知识的公认的方法。那么，我们是否可以设想，由于人类活动的领域是那么难以驾驭，而我们的命运又取决于对它的控制，因此连科学研究也无法揭示其奥秘？对于这个令人忧虑和困惑的问题，我们绝不能置之不理。很多人一定会想到下列问题：这仅仅是一种暂时的、以后可以克服的状态呢？还是我们对这一领域的认知已经达到了永远无法逾越的极限？

赞同前一种可能性的人也许会说，社会科学尚处于蒙生阶段。这可能会导致这样的结论：更具基础性的社会科学的不成熟解释了“应用”科学受阻的原因。如果真是这样，那么，克服这种落后状态就只是一个时间问题，可以期待通过进一步的研究获得控制社会的能力，就像我们已经获得的控制物理世界的能力一样。

与之相反的观点则在下述含糊不清的感觉中找到了依据：政治行为本质上不同于人类任何其他类型的经验，要想对其做出合理性的解释，会遇到比其他知识领域更难以克服的障碍。人们因此假定，由于这些现象具有如此独特的特性，所有对这些现象进行科学分析的尝试都注定要失败。

甚至正确地陈述这个问题，也可能是一个有价值的成就。认识到自己的无知，会使我们感到相当程度的轻松，因为这有可能让我们认识到，为什么在这个问题上不可能有真正的知识和交流。所以，首要的任务是对这个问题做出精确的界定，即：当我们提出“政治科学是否可能成立”的问题时，我们的意思是什么呢？

99 就某些方面而言，政治是可以直接地理解和传达的。一位经验丰富且训练有素的政治领袖不仅应当了解本国的历史，也应当了解与自己的国家直接相关的、构成周围政治世界的国家的历史。因此，至少那些历史方面的知识和有关统计数据对他的政治行为是有用的。此外，政治领袖还应当对与之相关的国家的政治制度有所了解。最为重要的是，对他的培训不应仅局限于司法方面，还应包括社会关系方面的知识，因为这些社会关系是制度结构的基础，制度结构则通过社会关系而起作用。他还必须及时了解那些培植了他生活于其中的那种传统的政治观念。同样，他不能对自己的对手的政治观点一无所知。还有一些更为深远的问题，尽管不那么直接，但在我们这个时代，人们已对其进行了十分详尽的阐述，这就是操纵民众的技巧。如果没有这种技巧，就不可能在大众民主政体方面取得进展。很多其他学科，如历史学、统计学、政治理论、社会学、思想史、社会心理学等，对于政治领袖来说都代表着非常重要的知识领域。如果我们有兴趣为政治领袖设置培训课程，上述研究范围无疑必须包括进来。然而，上述学科只能提供实际的知识，如果一个人偶然成为政治领袖，它们或许是有用的。这些学科即使加在一起，也不能产生政治科学，充其量只能成为政治学的辅助性学科。如果我们仅仅把政治学视为对政治行为有用的各种实际知识的总和，那么，这种意义上的政治学无疑是存在的，而且是可以向人们传授的。这样，教学方法上的唯一难题就是从无数的储备材料中选择那些与政治行为目的最为相关的事实。

然而，从这种略带夸张的说法中显然可以看出，“政治科学在何种情况下能够成立以及怎样讲授？”这个问题并没有涉及上面提到的实际的信息本身。那么，这个问题究竟由什么构成呢？

上面提到的各个学科只有在论及社会和国家时才在结构上存在关联性，仿佛它们都是以往的历史的最终产物。然而，政治行为涉及的是尚在形成过程中的国家和社会。政治行为面对的是这样 100
一个过程，在这个过程中，每个时刻都创造着一个独特的情境，都力图摆脱这种具有某种持久性的永恒的力量之流。于是，问题就变成了“是否存在一种关于这种生成过程的科学，一种关于创造活动的科学？”

这样，我们对这个问题的描述就进入了第一个阶段。就社会领域而言，对已经形成的事物和正在形成的事物进行比较有什么意义呢？

奥地利社会学家和政治家艾伯特·舍夫勒(Albert Schäffle)[①]曾经指出，社会政治生活在任何时刻都有两个方面是可以识别的——首先，一系列社会事件形成了一种固定的模式并且有规律地重复发生；其次，对于那些还处于生成过程的事件，在某些个别情况下，人们不得不做出的决定会导致新的和独特的情境出现。他把第一个方面称为“国家的例行事务”(laufendes Staatsleben)，把第二个方面称为“政治”。对于这种区分的意义，只需用几个例子就可以阐明。按照舍夫勒的观点，当一个官员在习以为常的生活中按照现有的规章制度处理日常事务时，我们所处的就是“行政”领域，而不是“政治”领域。在这种行政管理领域中，我们可以通过具体例证来理解舍夫勒所说的“国家的例行事务”。只要我们是以一种已经定型的方式处理某种新情况，我们所面对的就不是政治，而是社会生活中固定和重复出现的方面。舍夫勒通过一个行政管理方面的鲜活的表述对他的区分做出了说明。他用源于拉丁文 simile 一词的德语词 Schimmel[②] 来表示那种仅仅参照已有成规(也就是根据先例)便可解决的案例，意思是说，当前的情况可以用一种与先例相似的方式来处理。当外交使节与其他国家签订以前从未签订过的条约时，当议会代表通过新的税收政策时，当发动起一次竞选活动时，当某些对立群体准备造反或组织罢工



① 参见阿·舍夫勒：《论科学的政治概念》(Über den wissenschaftlichen Begriff der Politik)，载《国家学说总汇杂志》(Zeitschrift für die gesamte Staatswissenschaften)，第 53 卷(1897)。(舍夫勒，1831—1903，德国经济学家、社会学家，曾任奥地利贸易和农业部长，著有《人类经济的社会体系》、《社会主义精髓》、《社会机体的构成和生命》等。——译者注)

② 德语中 Schimmel 一词的意思是“铸模”。——英译本注

时，——或者上述这些情况受到压制时，我们便处于政治领域 101
之中。

必须承认，这两个领域之间的界限是相当灵活的。比如，在一个长期的过程中，行政管理方面的程序在处理一系列具体情况时会逐渐发生变化，这些变化的累积实际上可以导致新的原则的出现。或者，举一个相反的例子，一个独特的社会事务，如一种新的社会运动，也会深深地渗透着“陈规”的和正在变成成规的因素。不过，这种“国家的例行事务”和“政治”之间的对比提供了两极对立的状态，这又可以提供一个富有意义的出发点。如果更多地从理论角度来考虑这种二分状态，那么我们就可以说：每一种社会过程都可以分为理性化领域和非理性化领域，理性化领域由人们处理那些以有条不紊的方式重复出现的情况时所使用的定型化和常规化的程序组成，非理性化领域则是一个围绕着理性化领域的领域。①

① 为准确起见，必须做如下补充说明：“固定化因素”只是一种比喻性的表述。即使是那些最为形式化和僵化的社会特征，也不能被视为存放在阁楼的储藏室里可以在需要时随时拿出一用的东西。各种法律、规则、习俗，都只是存在于对它们有着持续不断的需求的生活经验之中。这种固定化只是意味着社会生活尽管进行着持续不断的自我更新，却又遵循着已内在于其中的规则和形式过程，而这些过程本身也以周期性的方式不断重现。同样，“非理性化的领域”这一表述也必须从更宽泛的意义上理解。它既可以指一种理论的、理性的研究方法，如进行理性计算和理性决策时运用的技术；它也可以在“理性化”的意义上使用，从这种意义上说，顺次发生的事件遵循某种规则，某种可以预期的(可能的)进程，就像是惯例、习俗或风俗的情况那样，这些顺次发生的事件没有得到充分的注意，但是它们的结构中似乎有着某种固定的特性。这里或许可以使用马克斯·韦伯在较为宽泛的意义上使用的“陈规”这个术语，这样就可以区分“陈规”这种倾向的两个下层范畴：(a)传统主义，(b)理性主义。由于这种区分与我们当前的目的无关，我们将在更广泛的意义上使用“理性化结构”这一概念，马克斯·韦伯也是在这一意义上使用“陈规”这个概念的。

因此，我们要对“理性化的”社会结构与“非理性的”模式进行区分。在这一点上，还有更多的观察结果。现代文化的主要特征，一方面是倾向于把尽可能多的事物纳入理性王国，使之处于行政控制之下，另一方面则尽可能减少“非理性的”因素，使之趋近于零。

一个简单的事例就可以阐明这个论断的意义。150 年前的旅行者可能会遇到成百上千的不测事件。而在今天，旅行中的一切
102 事情都是按照时间的流程进行。各种费用都可以精确计算，一系列完整的管理措施使旅行成为一种可以进行理性控制的事情。对理性化流程及这种流程运作于其中的非理性背景之间的区别的认识，提供了界定“行为”这个概念的可能性。

一位正在以某种预定程式处理卷宗的小官员的行动，或者一位发现一个案例符合某项法律条款的规定并且据此处理这个案例的法官的行动，或者最后，一位按照预定的技术制造出一种螺丝钉的工人的行动，都不包含在我们对“行为”的定义中。就此而言，一位为达到一个既定目的而把某些一般的自然法则结合在一起的工程师的行动，也不包括在界定之下。所有这些行为方式都只能被看作“再现性的”，因为它们都是在一个合理性的框架内按照某种明确的规定进行的，而不需任何个人的决定。我们在这里所使用的“行为”，只是在理性化尚未渗透其中，而且我们毫无规章可循的情况下做出决定时才会发生。正是在这些情境中，才会产生有关理论与实践的关系的全部问题。根据我们已经做出的分析，现在可以大胆地对这种问题做出进一步的评论。

毫无疑问，我们的确具有关于社会生活的某个组成部分的知

识。在这个组成部分之中，每一种事物，甚至生活本身，已经被理性化了和规则化了。在这里，理论和实践之间的冲突并不是争论的问题，实际上，仅仅用一般性的法则来处理个别案例的做法，很难称之为政治实践。尽管我们的生活似乎已经理性化了，但是迄今为止发生的所有理性化过程都只是局部性的，因为即使到现在，我们的社会生活中那些最重要的领域仍然停留在非理性之中。虽然就技术方面而言，我们的经济生活已经达到了广泛的理性化，某些有限的联系已经可以合理地推算，但是从总体上讲，还没有构成计划经济。尽管存在各种形成联合和组织的趋势，自由竞争仍然起着决定性作用。我们的社会结构是依据阶级划分而建立的，这就意味着不是客观的实验而是社会竞争和争斗决定着个体在社会中的地位和作用。在国家生活和国际生活中，人们通过斗争而获取统治地位，而这种斗争本身是非理性的，机会在其中起着重要作 103
用。社会中的这些非理性力量构成了没有组织化的和非理性化的领域，行为和政治在这种生活领域中变得不可或缺。社会结构中的非理性主义的两个主要来源（不受控制的竞争和强权统治）构成了没有组织化的社会生活领域，在这个领域中，政治必不可少。围绕着这两个中心，其他那些更加深刻的非理性因素聚集起来，我们通常把这些因素叫作情绪。从社会学的立场来看，在不受控制的竞争和强权统治盛行的没有组织化的领域和对各种情绪反应的社会整合之间，存在着某种联系。

因此，我们必须提出这样一个问题：关于这个社会生活领域以及在其中发生的行为类型，我们具有，或者说可能具有什么样的知

识呢?[1] 但是,我们最初的问题现在能够以最充分发展的形式提出了,它似乎还可以在这种形式下得以自明。在确定了政治领域从哪里开始,以及真正意义上的行为从哪里开始以后,我们就可以指出理论与实践之间的关系中存在的各种困难了。

这个领域的科学知识面临的巨大困难产生于这样一个事实,即我们在这里所研究的不是客观的和固定的实体,而是一些处于不断流变状态的趋势和竞争。进一步的困难是,这些相互作用的力量处于持续不断地变化之中。不论在什么情况下,如果是这些特征不变的相同的力量相互作用,而且它们的相互作用又遵循某种规律性的过程,我们就有可能系统地阐述某些一般的法则。如果不断有新的因素加入这种系统并逐渐构成一些难以预见的组合,要进行系统地阐述就不那么容易了。此外还有一个困难,这就是观察者本人并非置身于非理性领域之外,而是参与了各种力量的冲突。这种参与通过他的评价和利益会不可避免地使他受制于某种派别的观点。并且,最重要的是,政治理论家之所以成为参与



104 者,不仅在于其价值观和利益,还在于问题在他面前呈现出来的特定方式,他的最普遍的思维方式,甚至还包括他所使用的范畴,都与普遍性的政治潜流和社会潜流紧密联系在一起。这一点是确凿无疑的,因此在我看来,我们必须意识到政治思想领域和社会思想

① 有必要在这里重申,当"政治的"这个概念与理性化的结构和非理性的领域这两个相互关联的概念一起使用时,它只代表"政治的"这个术语的多种可能概念中的一种。尽管这一概念特别适用于理解某些关系,但绝不能认为它是绝对唯一的。至于"政治的"这一术语的相反概念,可参见 C. 施密特(C. Schmitt):《论政治的概念》(Der Begriff des Politischen),载《社会科学与社会政策文库》(Archiv für Sozialwissenschaft und Sozialpolitik),第 58 卷(1928)。

领域中思维方式之间的实际差异——这些差异甚至会延伸到逻辑领域本身。

毋庸置疑，这正是政治科学所面临的最大障碍。因为按照通常的预期，只有当思想的基本结构独立于被研究的各种行为的不同形式时，才可能产生一门关于行为的科学。即使观察者是这种斗争的参与者，他的思想基础，也就是他用以进行观察的设施，以及用来解决思想差异的方法，也必须超越这种冲突。要解决这个问题，不能遮掩问题的困难，而是要尽可能鲜明地、断然地陈述这些难点。因此，我们的任务显然是确立下列论题：在政治领域，对某个问题及与之相关的逻辑技巧的陈述随着观察者政治立场的变化不同。

## 第二节　决定知识的政治因素和社会因素



现在，我们将力图通过一个具体例子表明，政治—历史的思想会由于政治潮流不同而呈现出不同的形式。为了不离题太远，我们将主要集中于对理论与实践关系的探讨。我们将会看到，甚至是关于政治行为科学的最一般、最基本的问题，在不同的历史—政治派别那里也存在不同角度的理解。

纵观 19 世纪和 20 世纪的各种政治思潮和社会思潮，我们可以很容易地看到这一点。下面我们列举几种最重要的也是最具代表性的理想类型：

一、官僚主义的保守主义

二、保守的历史主义

三、资产阶级的自由民主思想

四、社会主义—共产主义观念

五、法西斯主义

我们首先考查官僚主义的保守主义这种思想方式。所有官僚
105 主义思想的基本倾向是把一切有关政治的问题都转化为行政问题。因此，德国政治科学史上大多数论述政治的著作实际上（de facto）都是在论述行政。如果我们细想一下官僚体制一直以来所发挥的作用，特别是在普鲁士国家中发挥的作用，并且思考一下知识分子在多大程度上来源于官僚阶层，那么，德国政治科学史上的这种片面性就很容易理解了。

官员的活动领域只存在于已经得到系统阐述的法律的界限之内，这一事实可以用来解释那种把所有政治问题都掩盖在行政的名义之下的企图。这样，法律的起源或发展就超出了官员的活动范围。由于官员的社会视野受到局限，因此他认识不到出台的每一种法律的背后，都存在着经过社会塑造的利益和某个特定的社会群体的世界观。他想当然地认为，具体的法律所规定的特殊秩序等同于一般的秩序。他不明白，任何一种理性化的秩序都不过是使社会上那些冲突的非理性力量得以调和诸多形式中的一种。

行政管理方面那种循规蹈矩的思想有着特殊的理性类型。当那些迄今为止尚未受到控制的力量发挥作用时，比如，当集体的能量在一场革命中爆发时，它只能把它们看成是暂时性的混乱。因此，这就不难理解为什么官僚制在面对任何一场革命时，总是试图从武断的法令中寻求补救办法，而不是站在自己的立场上去处理政局。在官僚制中，革命被看成是一个井然有序的系统中发生的

一件麻烦事，而不是社会赖以生存、维持和发展的各种基本社会力量的鲜活表达。这种与法律有关的行政管理观念只能构造出封闭的、静态的思想体系，因而总是要面对不得不把新的法律纳入其体系的任务，这一任务是自相矛盾的，因为这些新的法律是各种活生生的力量在体系之外的互动过程中产生的，它们似乎都只不过是对原来的体系的进一步详细阐述。

各种有关“背后一刀”的传说（Dolchsiosslegende），是军事—官僚式思维的一种典型表现，这些传说都把革命的爆发视为对那经过周密计划的策略的严重干扰。军事官僚关注的只是军事行动，如果军事行动是按照计划进行的，那么，生活的其他一切领域 106
也就秩序井然了。这种心理使我们想起了医学界的一个专家的笑话，这位专家因为说过下面这句话而名声远扬：“手术极其成功，不幸的是，病人死了。”

因此，每一种官僚制度，都特别强调其立场，而与此相一致，都倾向于将其特殊经验普遍化。但它们却忽略这样一个事实：行政领域和有序运转的秩序领域，都只不过代表了全部政治现实的一个组成部分。官僚主义思想虽然并不否认存在一门政治科学的可能性，但却将这种科学等同于行政科学。这样，那些非理性的因素就被忽略了。不过，当这些力量本身突显出来时，它们又被按照“国家的例行事务”来处理。下面这句源自这个圈子的格言就是对这种立场的经典表述：“出色的行政机构胜过最好的宪法”。[1]

---

① 参见法学家贝克（Bekker）给伯劳（Böhlau）写的讣告。该文载《储蓄基金杂志》（Zeitschrift der Savigny-Stiftung），第 8 卷，第 6 页及其后文字。

除了这种在很大程度上支配着德国、特别是支配着普鲁士的官僚保守主义以外，还存在着与官僚保守主义并行发展的第二种类型的保守主义，这种保守主义也许可以称为历史保守主义。这种保守主义是贵族和知识分子中的资产阶级这些社会群体所特有的，这些人是国家的思想上和实际上的统治者，但他们与官僚保守主义之间一直存在某种程度的紧张关系。这种思维方式带有德国大学的烙印，尤其是带有处于主导地位的历史学家群体的特征。甚至在今天，这种思想仍然能够在很大程度上在这些圈子中找到支持。

历史保守主义的特点是，它实际上意识到了国家生活中存在着无法用行政来管理的非理性领域。它认识到存在一个没有组织化的和无法估计的领域，这个领域是政治领域固有的组成部分。历史主义几乎把注意力完全集中在那些为国家和社会的进一步发展提供真正基础的由冲动造成的非理性的因素上。它认为这些力量完全超出了认识的范围，并由此推断人的理性本身对于理解或控制这些力量无能为力。在这里，只有承袭于传统的本能，那种“默默地发挥作用的”精神力量，即从无意识的深层汲取力量的“民
107 族精神”(Volksgeist)，才有助于塑造未来。



早在18世纪末，伯克(Burke)就表达了这种观点。他的如下陈述令大多数德国保守主义者印象深刻且奉为样板：“建立、更新，或者改造联邦的科学，如同其他任何一门实验科学一样，是不能被演绎式地(a priori)讲授的。它也不是一种可以在实践科学方面为我们提供指导的短暂性经验”。[①] 这一观点的社会学根源是显

① 伯克：《论法国革命》(Reflections on the Revolution in France)，F. G. 塞尔比编，伦敦，麦克米伦出版公司1890年版，第67页。

而易见的。它表达了在英国和德国居于支配地位的贵族的意识形态，并且为使他们对于国家领导地位的要求合法化提供支持。政治中的这种“我不知道什么”(je ne sais quoi)的因素，只有经过长期的体验才能获得，而且只对那些世世代代都参与了政治领导的人才表现为一种规律，贵族阶层打算用它来为政府辩护。这就解释了一种行为方式，即一个特定群体的社会利益使这个群体的成员对社会生活的某些方面保持敏感，而那些处于另一种地位的人则对其无动于衷。官僚阶层由于其行政偏见而对情境的政治方面视而不见，贵族阶层则与相反，他们从一开始就对这个领域驾轻就熟。从一开始，贵族阶层就把注意力集中到了国内和国际领域中权力争斗的舞台。在这个领域，教科书小册子中提供的知识让我们茫然无措，而解决的办法也不可能从前提中机械地推导出来。因此，解决问题不能凭借个体的智慧，相反，每一个事件都是由那些实际存在的政治力量的合力造成的。

历史保守主义理论从本质上说表达的是封建传统[①]，它成为了自我意识，关注的主要是那些超出了行政领域的问题。这个领域被认为是完全非理性的，不能用机械的方法来建构，只能自动地生成。这种观点把所有事物都与“按照设计方案进行建构”和“任其自然成长”这个具有决定性的二分法联系起来。[②] 对于政治领袖来说，仅仅拥有正确的知识，掌握某些法律和规则是不够的。除此之外，他还必须拥有与一种天生的本能，这种本能经由长期的经 108

① 参见《保守主义思想》，在前述引文中第89、105、133页及以下文字。

② 同上书，第427页，注129。

验而变得敏锐，能够引导他找到正确的答案。

两种类型的非理性主义共同造就了非理性的思维方式：一方面是前资本主义的、传统主义的非理性主义（例如，这种非理性主义把法律思维看成是一种感知事物的方式，而不是机械的计算），另一方面是浪漫的非理性主义。由此，便创造出一种思维方式，它把历史看成是先于和超越于理性力量的统治。甚至历史学派的最杰出的代表兰克（Ranke），也是从这种学术观点出发来界定理论和实践的关系的[①]。在他看来，政治学并不是一门可以讲授的独立的科学。政治家确实可以通过研究历史而从中获益，但与其说他是为了从中获取行为规则，不如说是因为这样做有助于使他的政治本能更加敏锐。这种思想方式可以说是一些政治群体的意识形态，从传统意义上讲，这些政治群体处于某种支配地位，但它们却很少参与行政官僚机构的活动。

如果将上述两种解决办法进行对比，可以明显地看出，官僚倾向于掩盖政治领域，而历史主义者虽然把历史事件和行为主体中的传统因素挑出来加以强调，其用意却是更为尖锐和独到地把这一领域看作是非理性的。至此，我们可以看出这种理论的主要对立面——正像前文中已经指出的那样——最初是从贵族的封建思想观念中产生的，换句话说，就是自由—民主的资产阶级及其理论。[②]

① 参见兰克：《政治对话》（Das politische Gespräch，1836），罗特克尔出版社，哈雷和萨勒，1925 年版，第 21 页及以下。另见同一主题的其他文章：《反思》（Reflexionen，1832）、《论理论的影响》（Vom Einfluss der Theorie）、《论历史与政治的关系和区别》（Über die Verwandtschaft und den Unterschied der Historie und der Politik）。

② 为简明起见，我们没有区分自由主义和民主，虽然从历史和社会角度看，两者是有很大差别。

资产阶级的兴起伴随着一种极端的理智主义。这里所说的理智主义是指这样一种思维方式，它要么看不到生活和思想中存在着以意志、兴趣、情感和世界观为基础的因素，要么即使意识到了这些因素的存在，也把它们等同于理智，并且相信理性能够掌握和控制它们。这种资产阶级的理智主义明确要求科学的政治学，并且实际上已着手创建这样一门学科。正像资产阶级建立了把政治斗争
引入其中的第一批制度（先是议会和选举体制，后来又有了国际联 109
盟）那样，它也为这种新的政治学科创造了系统化的位置。资产阶级社会在组织上的反常现象也体现在其社会理论中。资产阶级试图使世界彻底理性化，但这种尝试在遇到某些现象时不得不停顿下来。通过承认自由竞争和阶级斗争，它甚至还创造了一个新的非理性领域。同样，这种思维方式仍然不可能清除现实存在的非理性残余。而且，正如议会是一种形式上的组织，它只是在形式上把政治冲突理性化而没有解决冲突一样，资产阶级理论也只不过是在表面上和形式上把内在的非理性因素理智化了而已。

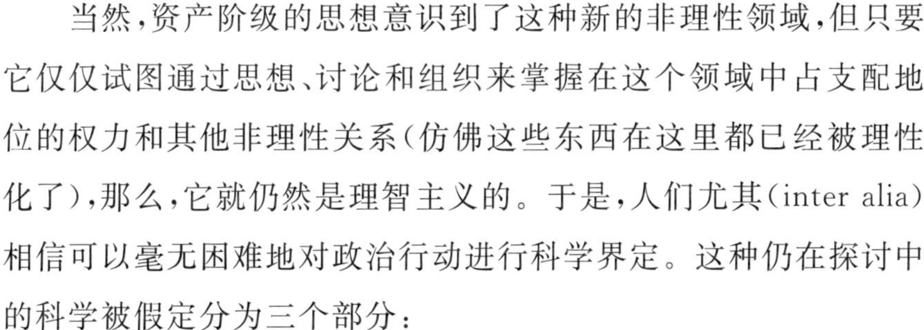

当然，资产阶级的思想意识到了这种新的非理性领域，但只要它仅仅试图通过思想、讨论和组织来掌握在这个领域中占支配地位的权力和其他非理性关系（仿佛这些东西在这里都已经被理性化了），那么，它就仍然是理智主义的。于是，人们尤其（inter alia）相信可以毫无困难地对政治行动进行科学界定。这种仍在探讨中的科学被假定分为三个部分：

首先，关于目的的理论，即关于理想国家的理论。

其次，关于现实国家的理论。

第三，“政治学”，即关于现存国家转化为完美国家的方式的

描述。

作为这种思维类型的一个例证,我们可以提一下费希特(Fichte)的“封闭的商业国家”的结构,海因里希·李凯尔特(Heinrich Rickert)[①]近来在这种意义上对这种结构进行了非常深刻的分析,但李凯尔特本人完全接受了这种观点。这样,便存在一门关于目的的科学和一门关于手段的科学。与之相关的最引人注目的事实是理论与实践的完全分离,有关理智的领域与有关情感的领域的完全分离。不承认由情感决定的思维和评价性思维的倾向,是现代理智主义的特征。不过,当理智主义遇到这种类型的思想(从本质上说,所有政治思想都处于某种非理性的背景中),又会
110 做出尝试,去解释评价性因素将显现为可以分离和仍然存在纯理论残余的现象。在这里,甚至没有提及情感因素在某些情况下是否并不与理性因素交织在一起,以至于甚至把范畴结构本身也包括进去,并使得把评价性因素分离出来的要求实际上(de facto)无法实现的问题。但是,资产阶级的理智主义并不对这些困难感到忧虑。它以不屈不挠的乐观主义姿态去征服一个完全清除了非理性的领域。

至于说到目的,这种理论教导我们说,政治理论有一套现在还没有发现,但是可以通过讨论而达到的正当目的。因此,正像卡尔·施密特(Carl Schmitt)已经非常清楚地表明的那样,议会制的最初设想,就是建立一个讨论型社会,在这个社会中,可以通过理

① 参见海因里希·李凯尔特:《论作为科学的理想主义政治。论国家哲学的问题史》(Über idealistische Politik als Wissenschaft. Ein Beitrag zur Problemgeschichte der Staatsphilosophie),载《科学院》(Die Akademie)第4期,埃尔兰根。

论的方法求得真理。[①] 这种思想方式的自欺性在哪里，我们完全清楚，而且能够从社会学角度理解。如今我们认识到，任何一种理论背后都存在代表群体目的、群体权力和群体利益的集体力量。因此，从最终达到某种客观真理的意义上讲，议会的各种讨论根本不具有任何理论性，因为它们所关注的都是由利益冲突决定的非常现实的问题。这个问题留给了随后作为资产阶级的反对者而兴起的社会主义运动，它特别详细地阐述了关于现实问题争论的这个方面。

在我们对社会主义理论的研究中，暂时没有把社会主义和共产主义区别开来，因为我们在这里关注的与其说是数量庞大的历史现象，倒不如说是那些聚集在对立的两极周围并从根本上决定了现代思想的趋势。在与其资产阶级对手进行斗争的过程中，马克思主义重新发现，在历史事件和政治事件中，不存在任何“纯粹的理论”。可以看出，在任何一种理论背后，都存在群体的观点。这种根据利益、社会环境和生存环境展开集团思维的现象，马克思称之为意识形态。

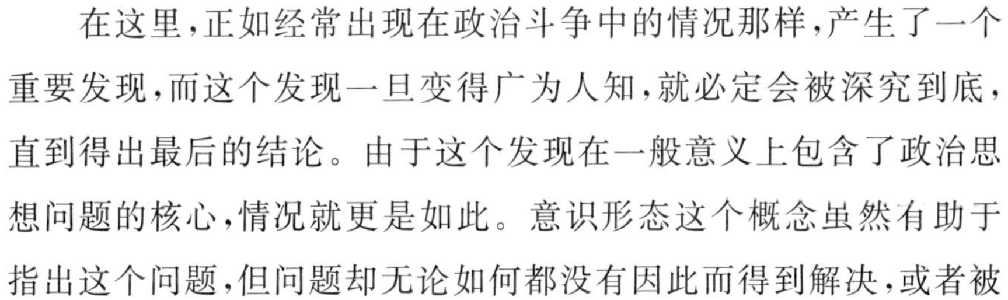

在这里，正如经常出现在政治斗争中的情况那样，产生了一个重要发现，而这个发现一旦变得广为人知，就必定会被深究到底，直到得出最后的结论。由于这个发现在一般意义上包含了政治思想问题的核心，情况就更是如此。意识形态这个概念虽然有助于指出这个问题，但问题却无论如何都没有因此而得到解决，或者被 111

① 参见卡尔·施密特：《当代议会制的精神史状况》(Die geistesgeschichtliche Lage des heutigen Parlamentarismus)，第2版，莱比锡，1926年版。

澄清[①]。只有摆脱原先观点中固有的片面性,才有可能彻底澄清这个问题。因此,出于研究目的的需要,首先必须做两个修正。第一,可以轻而易举地指出,那些用社会主义和共产主义术语进行思考的人,只是在他们的对手的思想中洞察意识形态的因素,同时却认为他们自己的思想与任何意识形态的污点无关。作为社会学家,我们没有任何理由不把马克思主义自己发明的观点运用于它自身,并通过一个个具体例证指出其意识形态特征。此外,应当说明的是,"意识形态"这个概念在这里并不是当作一个具有否定色彩的价值判断使用的,不是暗示它是一种存有故意的政治谎言,而是打算用它来表示某种与一定的历史环境和社会环境、世界观以及与世界观相一致的思想方式不可避免地联系在一起的观点。意识形态术语的这个与思想史有密切关系的含义,必须与它的其他含义明确地区别开来。当然,我们并不否认,在其他情况下,意识形态也有助于揭露那些故意的政治谎言。

在这一探讨过程中,意识形态概念中任何对科学研究具有积极价值的成分都没有被丢弃。它所提供的重要启示是,历史和政治思想的任何一种形式在本质上都取决于思想家及其所属群体的生活状况。我们的任务是,去除包裹着这一真知灼见的那层片面的政治外壳,并系统而详尽地阐述下列论点:一个人如何看待历史,如何依据一些给定事实来解释总体情境,都依赖于他在社会中



---

① 接下来要讨论的问题,可参考本书第二章,这里只重复这一问题的基本方面。与前文所描述的一样,这里所运用的,是关于总体的一般的和非评价性的意识形态概念。本书第四章将讨论评价性的意识形态和乌托邦概念。因此,下文中使用的概念取决于研究的直接目的。

所处的地位。从任何一份历史的和政治的文献中，都有可能确定对客体的观察是从什么样的有利地位出发的。然而，我们的社会地位决定我们的思维这一事实并不一定是错误的根源。相反，它常常是得出政治方面的真知灼见的途径。在我们看来，意识形态
概念包含的重要内容，就是发现了政治思想与社会生活在总体上 112
是密不可分地联系在一起的。这就是下面这句经常被引用的话的本质含义："不是人们的意识决定他们的存在，相反，是他们的社会存在决定他们的意识"。[①]

但是，马克思主义思想中还有一个与此密切相关的重要特征，也是一种关于理论与实践关系的新概念。与资产阶级理论家用专门的章节来阐述他们的目的，而且总是从某种规范的社会概念出发相反，马克思所采取的最重要的步骤之一是攻击社会主义中的乌托邦因素。他从一开始就拒绝制定一套详尽无遗的目标。他认为不可能获得与过程本身相分离的规范："对于我们来说，共产主义既不是一种将要建立的条件，也不是一种使现实必须顺应的理想。我们称之为共产主义的，是那种废除现状的实际运动。这种运动得以进行的条件，源自那些现存的状况"。[②]

如果我们今天问一位受过列宁主义训练的共产主义者，未来的社会实际上将是什么样子，他会回答说这个问题是违反辩证法

---

① 见卡尔·马克思：《〈政治经济学批判〉导言》，N. I. 斯通译，芝加哥 1913 年版，第 11—12 页。（中译文可参见人民出版社 2009 年版《马克思恩格斯文集》第 2 卷，第 591 页："不是人们的意识决定人们的存在，相反，是人们的社会存在决定人们的意识。"——译者注）

② 见《马克思—恩格斯文库》，D. 里扎诺夫（Ryazanov）编，法兰克福，第 1 卷，第 252 页。

的,因为未来本身是在它实际的辩证的形成过程中得以确定的。但是,这种实际的辩证过程是什么呢?

它表明,我们无法事先估计一个事物应当是什么样子、将会是什么样子。我们只能影响这个形成过程的一般趋势。对于我们来说,始终存在的具体问题只能是下一步的前提。政治思想的任务并不是确立某种关于应然的绝对方案。理论,甚至包括共产主义理论,都是这个形成过程所具有的一种功能。理论与实践的辩证关系就在于这一事实:首先,从某种明确的社会驱动力中产生出来的理论可以阐明这种情境。而在阐明的过程中,现实也发生着变化。我们因此便进入了某种新的情境,从中又会产生新的理论。因此,这个过程可以这样表述:(1)理论是现实的一种功能;(2)这
113 种理论可以导致某种行动;(3)行动改变现实,或者即使行动失败了,它也会迫使我们对以前的理论进行修正。由行动导致的实际情境的变化,又导致了新的理论的产生①。

这种关于理论与实践的关系的观点,使对这个问题的讨论具有了某种高级阶段的特征。人们注意到,在这种观点之前存在着极端的理智主义和彻底的非理性主义的片面性,而这种观点必须避免各种资产阶级和保守主义的思想和经验中已经显露出来的全

---

① “当无产阶级通过阶级斗争改变自己在社会上的地位从而改变整个社会结构时,在认识到改变了的社会形势即它自身的同时,它发现自己不仅面对需要理解的新目标,还改变了自己作为认识主体的地位。这种理论有助于使无产阶级意识到它的社会地位,即是说,它能使无产阶级看到自身在社会过程中既是主体又是客体。”——格奥尔格·卢卡奇:《历史和阶级意识》,柏林,1923年版。

“这种意识反过来又成为新的行为的动力,因为理论一旦被群众掌握便成为一种物质力量。”(马克思—恩格斯《遗著》第1卷,第392页)

部危险。这种解决方法的优点在于，它吸收了以往阐述这个问题的基本观点，并且意识到了通常使用的思想方式在政治领域中将会无所建树这个事实。另一方面，由于这种观点受到求知欲的强烈驱使，因而不会陷入诸如保守主义之类的彻底的非理性主义。这两种思潮的冲突的结果，是产生了一种非常灵活的理论观念。“深入而后知”[1]，拿破仑这句令人印象深刻的格言所表达的源于政治经验的基本教训，在这里找到了方法论上的根据[2]。的确，政治思想不可能通过外部的推测而得到发展。相反，只有通过行动和作为，以及伴随这些行动和作为的思想，对具体的情境进行深入洞察，思想才能得到阐明。 114

这样，社会主义—共产主义理论，就成了一种直觉主义和以极端理性的方式理解现象的坚定意愿的整合。说这种理论中有直觉主义，是因为它否认人们有可能在各种事件发生之前就对其进行精确计算。而说它包含有理性主义倾向，则是因为它力图使任何



---

① 甚至列宁和卢卡奇这两位辩证法的代表人物都从这条格言中为自己寻求根据。

② “革命理论是世界各国工人运动的概括。如果它不与革命实践相联系，自然就失去了其精髓，正如假如没有革命理论为实践照亮道路，实践便只在黑暗中摸索。但是如果理论和革命实践有着不可分割的紧密联系，理论就能够成为工人运动中最伟大的力量，因为只有这种理论能给予运动以自信、指导和力量，使之理解事物之间的内在关系，而且也只有这种理论能够帮助实践澄清现在和将来的阶级运动的方向和进程。”——约瑟夫·斯大林：《列宁主义的基础》，修订版，纽约和伦敦，1932 年，第 26—27 页。（中译文可参见人民出版社 1979 年版《斯大林选集》上卷《论列宁主义基础》，第 199—200 页：“理论是概括起来的各国工人运动的经验。当然，离开革命实践的理论是空洞的理论，而不以革命理论为指南的实践是盲目的实践。可是，理论如果是在和革命实践密切联系中形成的，那么它就能成为工人运动的极伟大的力量；因为理论，而且只有理论，才能使运动具有信心，使它有确定方针的能力，使它能了解周围事变的内部联系；因为理论，而且只有理论，才能使实践不仅了解各阶级在目前如何行进和向哪里行进，而且了解这些阶级在最近的将来会如何行进和向哪里行进。”——译者注）

时刻出现的新奇事物都适合于某种合理性的框架。任何行动都不能没有理论指导，而在行动过程中产生的理论较之先前的理论则将处于不同的层次上。[①] 特别是革命，创造了某种更有价值的知识类型。如果生活在非理性中的人们意识到了这一点，但并未对理性地解释非理性的努力感到绝望，那么就有可能进行一种整合。马克思主义思想与保守主义思想的相似之处在于，它既不否认非理性领域的存在，不像官僚思想那样试图掩盖它，也不像那些自由一民主思想家们那样以某种纯粹理智的方式对待它，好像它本身就是理性的。不过，马克思主义思想与保守主义思想有明显区别，这就在于它认为可以通过新的理性化方法来理解这种相对的非理性[②]。这是因为，即使在这种思想类型中，非理性领域也不完



① 革命在实践中创造出有利于产生重要知识的良好形势："一般来说，历史，尤其是革命的历史，总是比最好的党派、比最先进阶级的最觉悟的先锋队所设想的更加丰富、更多样化、更至关重要和'灵活多变'。这是自然的，因为最优秀的先锋队所表达的意识、意志、热情和想象，只属于成千上万的人，而革命的到来却标志着这样一个时刻：亿万人的所有能力——意识、意志、热情想象，在最激烈的阶级斗争的激励下，都得到格外地高扬和发挥。"——列宁：《"左派"共产主义：一种幼稚病》，托伊勒尔出版社，第76—77页。还有纽约和伦敦，1934年版。（中译文可参见人民出版社2009年版《列宁专题文集》"论无产阶级政党"卷《共产主义运动中的"左派"幼稚病》，第259—260页："全部历史，特别是历次革命的历史，总是比最优秀的政党、最先进阶级的最觉悟的先锋队所想象的更富有内容，更形式多样，更范围广阔，更生动活泼，'更难以捉摸'。这是不言而喻的，因为最优秀的先锋队也只能体现几万人的意识、意志、热情和想象；而革命却是在人的一切才能高度和集中地调动起来的时刻，由千百万被最尖锐的阶级斗争所激发的人们的意识、意志、热情和想象来实现的。"——译者注）

从这种观点进行下述观察是有趣的：革命似乎既不是对人们固有热情的加强，也不是仅仅不理智；这种热情的价值只是在于它可以把经实验证明的、汇集起来的理性融入千百万人的个体经验中。

② 这样，命运、机会、每一种突如其来和预料不及的东西，以及由此产生的宗教观念，都被想象为等级的作用，在这种等级中，我们对历史的理解还没有达到理性阶段的程度。

全是非理性的、主观随意的或者不可理解的。的确，这种创造性过程既不遵循静止固定的和明确的静态法则，也不会出现任何精确 115
地循环发生的事件序列，但是同时，在这里出现的事件在数量上又是有限的。而这一点，终究是需要加以考虑的决定性因素。即使在历史发展中出现新的因素时，它们也并不仅仅构成一系列意想不到的事件；政治领域本身渗透着各种趋势，即使这些趋势受制于各种变化，它们仍然通过其自身的存在在很大程度上对各种可能性产生决定性的影响。

因此，马克思主义的首要任务，就是分析所有对情境的特征产生影响的趋势，并且使之理性化。马克思主义理论已经从三个方向上详尽地论述了这些结构性趋势。首先，它指出，既定社会中的政治领域是建立在当时占统治地位的生产关系的基础上并通过其来表征的。[①] 生产关系不是被静态地看作不断反复出现的经济循环，而是被动态地看作是一种结构性的相互联系——这种互相联系本身是随着时间的变化而持续不断地改变的。

其次，它认为，这种经济因素中的变化与阶级关系的变革密切相关，同时还包含着权力类型的变化和不断变化的权力分配。

但是，第三，它还认为，理解在任何一个时期支配人们的观念体系的内在结构是可能的，而且有可能从理论上确定这种结构的

① “物质生活的生产方式，决定社会生活、政治生活和精神生活过程的一般特征。”——马克思：《政治经济学批判导言》，N. I. 斯通译，芝加哥，1913 年版，第 11 页。（中译文可参见人民出版社 2009 年版《马克思恩格斯文集》第 2 卷《〈政治经济学批判〉序言》，第 591 页：“物质生活的生产方式制约着整个社会生活、政治生活和精神生活的过程。”——译者注）

任何变化或方向调整。

更加重要的是下面的事实：这三种结构模式不是被相互独立地考虑的。正是它们的相互关系构成了一组问题。意识形态结构
116 的变化并不是独立于阶级结构之外的，而阶级结构的变化也不独立于经济结构之外。而且，正是因为从经济、社会和意识形态这三个方面对问题进行的系统表述相互联系和相互交织，使马克思主义思想获得了非同寻常的敏锐特性。只有这种整合力量，才使它能够不断地重新阐述社会结构整体的问题，不仅能阐述过去的，而且能阐述未来的。这里的悖论在于如下事实，马克思主义认识到了相对的非理性，而且从未忽略它。但是与历史学派不同，它本身并不满足于仅仅接受这个非理性的领域。相反，它试图尽可能地用一种新的理性化的努力来消除这个领域。

在这里，社会学家再次遇到了关于存在的一般的历史—社会形式与特定情境问题，马克思主义的特有思维方式是从后者中产生的。我们该如何解释马克思主义的独特性呢？它把极端的非理性主义和极端的理性主义结合起来，从这种融合的方式中产生了一种新的“辩证的”理性。

从社会学角度看，这是一种正在上升的阶级的理论，这个阶级并不关心暂时的成功，因此它不会采取“暴动”的方式夺取政权，但是，由于其固有的革命倾向，它必定始终对存在于这种情境之中的种种无法预见的因素保持敏感和警觉。任何一种产生于阶级地位并基于有组织的历史群体而不是基于不稳定的大众的理论，都必然是有远见的。因此，它需要一种彻底理性化的历史观点，以这种历史观为基础，它就能够在任何时刻反问自身：我们现在在哪里，

我们的运动本身目前发展到了什么阶段。①

在前资本主义时期产生的群体中，共有因素占主导地位，这些群体凭借传统或者共同的情感就可以维系在一起。在这种群体中，理论性的反思仅仅具有第二位的重要意义。另一方面，在那些主要不是由共同体生活的有机纽带紧密结合在一起，而是仅仅在社会—经济体系中具有相似地位的群体中，严密的理论化是凝聚 117
力的一个先决条件。从社会学的角度看，这种对理论的迫切需要是一个阶级社会的表现，在这个阶级社会中，不是由于地域的接近，而是由于在广泛的社会领域中有着相似的生活境遇使人们维系在一起。情感的纽带只能在有限的空间地带中发挥作用，而理论化的世界观则是一种超越遥远地域的统一的力量。因此，理性化的历史观念对于在空间里相隔甚远的群体来说，是一种社会性的统一因素，同时给予那些在相似的社会条件下不断成长起来的人们提供代际连续性。就各个阶级的形成过程而言，社会秩序中的相似地位和统一的理论具有头等重要的意义。随后产生的情感纽带只不过是对既成情境的反映，并且总是或多或少地受到理论的制约。尽管无产阶级的立场中内含着极端理性化的倾向，但这个阶级的理性局限，却是由与它相反的，显然是被赋予的革命地位界定的。

革命的目的可以防止理性变成绝对的东西。在现代社会，理性化的趋势在如此广泛的范围内进行，以致最初不过是非理性暴

① “没有革命的理论，就不会有革命的运动。”——列宁：《怎么办》，纽约和伦敦，1931 年版。（中译文可参见人民出版社 2009 年版《列宁专题文集》“论无产阶级政党”卷《俄国社会民主党人的任务》，第 39 页。——译者注）

发的反叛，[1]也得以在这一层次上按照官僚制的方式组织起来，即使如此，在我们的历史观念和生活规划中，仍然在某个地方为那基本的、与革命相伴随的非理性留有一席之地。

革命意味着在理性化的社会结构中的某处，存在着打开缺口的预期和意图。因此需要保持警惕，以便抓住必须冒险进击的有利时机。如果整个社会和政治领域都被设想成彻底理性化的，这就会暗示我们不必再煞费苦心地密切注意这样一种缺口。然而，这种时机只不过是存在于“此时此地”的非理性因素，而每一种理论，因其具有普遍化的倾向的优点，而把这种因素弄得模糊不清。118 不过，只要人们需要并且希望革命，他们就不能错过这种打开缺口的有利时机，所以，在理论描述中就产生了一个断裂，它表明应如实评价非理性因素的价值，从本质上说是来评价它的非理性方面。

这种辩证思维的起点，是把在历史—保守主义看来完全是非理性的东西理性化；然而，它在理性化的趋势方面并没有走得太远，以至于给正在生成过程中的东西描绘了一幅静态的图景。

这种非理性因素具体体现在辩证转化这个概念中。在这里，政治领域中居于支配地位的趋势并没有被解释为数学上可以计算的各种力量的联合，而被视为这样一种可能性，即当它们被抛离最初的运行轨道时，会在某一个特定点上发生突然的转化。当然，这

① “武装起义是政治斗争的一种特殊形式。它有其自身的发展规律，这些必须要了解。卡尔·马克思极其生动地表达了这一点，他写道：‘起义像战争一样是一种艺术。’”——《列宁选集》，维也纳，1925 年版，第 448 页。（中译文可参见人民出版社 1995 年版《列宁选集》第 3 卷《局外人的意见》，第 328 页：“武装起义是受特殊规律支配的一种特殊的政治斗争形式，必须仔细考虑这些规律。卡尔·马克思把这个真理说得非常清楚，他说武装‘起义也正如战争一样，是一种艺术’。”——译者注）

种转化从来都不可预见，相反，它总是取决于无产阶级的革命活动。因此，理智主义在任何一种情况下都绝不会被认为是正确的。恰恰相反，人们似乎必须唤起直觉才能理解如下两种情境。首先，要确定革命性变革的条件是否成熟，总是不可能通过计算，只能求助于政治直觉；其次，历史事件从来都不可能被预先精确确定，因此用行动来改变它们完全是多余的。

马克思主义思想似乎是试图使非理性的东西理性化。这种分析的正确性可从下列事实得到证明：马克思主义的无产阶级群体上升为权力群体后，便摆脱了他们理论中的辩证因素，开始用寻求实现普遍法则的自由主义的和民主的一般方法进行思维，与此同时，那些出于地位原因仍然不得不诉诸革命的人，则坚持辩证的因素（列宁主义）。

辩证思维实际上是理性的，但它在非理性主义那里达到了顶点。它一直致力于回答下面两个问题：首先，当前我们在社会进程中所处的地位是什么？其次，当前的要求是什么？行动从来都不只是由冲动引领的，而是以对历史的社会学理解为指导。但是不能由此假定，通过对情境和瞬时发生的事件进行逻辑分析，就可以完全消除非理性的冲动。只有通过在情境中行动，我们才能针对它提出问题，而我们所得出的答案则始终以行动的成功或失败的形式存在。理论不应当脱离其与行动的本质联系，行动是阐明理论的媒介，所有理论都通过行动而得到检验和发展。 119

这种理论的积极贡献在于，它从自身的具体的社会经验出发，越来越令人信服地表明，政治思想在本质上与其他形式的理论化不同。这种辩证思维方式的更进一步的意义在于，它把资产阶级的理性主义和历史主义的非理性主义的问题都结合到了自身之中。

它从非理性主义那里得出了如下洞见,即历史—政治领域并不是由一些没有生命的客体组成的,因此,如果一种方法仅仅追求法则,那它必定会失败。此外,这种方法充分认识到了那些在政治领域居于支配地位的趋势所具有的全部能动特征,并且,由于它意识到了政治思维与生活经验之间的联系,因而它不会容忍人为地把理论和实践割裂开来。另一方面,它从理性主义那里吸收了理性地看待情境的取向,甚至是那些人们原先对理性阐释提出挑战的情境。

我们要提及的第五种现代思潮,是在我们这个时代首次出现的法西斯主义。法西斯主义有其特有的关于理论和实践关系的观点。从整体上看,它是激进主义的和非理性的。出于偏好,它使自己与最现代的非理性主义哲学和政治理论联系起来。它尤其对柏格森(Bergson)、索雷尔(Sorel)和帕累托(Pareto)的路线进行了适当修改,将其结合到自己的世界观中。法西斯主义理论与实践的核心,是对直接行动的神化,对决定性行为以及领导精英首创精神的重要意义的信仰。政治的本质是认识和把握当前的要求。重要的不是纲领,而是对一位领袖的无条件的服从。[①] 历史既不是由大众创造的,也不是由各种观念,或者那些"默默发挥作用的"力量



---

① 墨索里尼说:"我们的纲领非常简单;我们想统治意大利。人们总是问我们有什么纲领。纲领已经太多。拯救意大利不能依靠纲领,而要依靠人和强烈的意志。"——墨索里尼《讲演录》,H. 梅耶尔编辑,莱比锡,1928 年版,第 105 页。同时可参见第 134 页及其后相关段落。

创造的，而是由时常表现自己的权威的精英创造的。[①] 这是一种彻头彻尾的非理性主义，不过从其特征看，它还不足以成为保守主义者所熟知的那种非理性主义，同时也不是那种超理性的非理性， 120
不是民族精神（Volksgeist），不是那些悄然发挥作用的力量，不是对长时期的创造性的神秘信仰，而是一种关于行为的非理性主义，它甚至否定可以对历史进行解释。“青春焕发意味着能够忘却。当然，我们意大利人都为我们的历史感到自豪，但是我们没有必要使它成为我们行动的自觉的指南——它是作为我们生理构造的一部分存在于我们之中的”。[②]

① 墨索里尼（同上书，第 13 页）：“你们知道，我并不是大众这类新神的崇拜者。无论如何，历史证明，社会的变化最初总是源于少数人，一小撮人。”

② 摘自布洛德罗（Brodrero）1927 年 10 月在海德堡举行的第四届知识分子合作国际代表大会上的发言。把法西斯主义的观念组合成一种连贯的学说相当困难。除了它本身的发展还不成熟外，法西斯主义并不特别强调完整而严谨的理论。它的纲领不断变化，这取决于它为哪个阶级讲话。就这种情况，而不是就绝大多数其他情况而言，把单纯的宣传与真实态度区别开来，对于理解它的本质特性是至关重要的。它的本质特性似乎存在于它的绝对的非理性主义和它的激进主义之中，这也解释了法西斯主义理论所具有的摇摆不定和反复无常的理论特征。关于社团国家（corporative state，也可译为总体国家或组合国家，是法西斯国家的一种形式——译者注）、专业组织等制度的思想，我们在这里有意略去不提。我们的任务是分析对理论和实践的态度问题以及对由此而来的历史观。基于这个原因，我们发现有必要在一定程度上不时地关注法西斯主义理论的先驱，即柏格森、索雷尔和帕累托。法西斯主义的历史可以区分为两个阶段，每一阶段都有独特的意识形态反响。第一个阶段持续了大约两年时间，在这个阶段，法西斯主义还只是一场运动，其显著特征是将激进主义的直觉因素渗透进了关于理智一精神的观点中。这一时期，工团主义理论找到了进入法西斯主义的入口。第一批“法西斯”（fasci）分子就是工团主义者，而墨索里尼那时被认为是索雷尔的信徒。在始于 1921 年 11 月的第二个阶段，法西斯主义稳定了阵营，并且发生了向右翼的决定性转向。这一时期，民族主义观点站到了前沿。关于法西斯主义理论随着阶级基础的变化而转变的方式，尤其是大金融业和大工业与法西斯主义联盟以后变化的原因，可参见 E. V. 贝克拉特（Beckerath，E. V.）：《法西斯主义国家的形成与本质》（Wesen und Werden des fasci stischen Staates），柏林，1927 年版。

要想弄清楚各种历史观的不同含义，必须进行一项专门的研究。阐明不同的学术潮流和社会潮流具有不同的历史观念是很容易的。布洛德罗在其言论中所包含的历史观念既不能与保守主义的或自由一民主派的历史观念相提并论，也不能与各种社会主义的历史观念相提并论。所有这些理论，尽管在其他情况下彼此对立，却共享如下假定，即历史具有某种明确的和可以查明的结构，在这种结构中，可以说每个事件都有其适当的位置。并不是每一
121 种事物都适合于任何情境。[①] 这种不断变化和循环的框架必定是可以理解的。经验、行动、思维方式等，只是在特定的地点和时期才是可能的。参考历史、研究历史或社会是有价值的，因为在行政和政治活动中，对它们的取向能够而且必定会成为一种决定性因素。

无论保守主义者、自由主义者和社会主义者从历史中得出的图景多么不同，他们都一致认为，历史是由一组可以理解的相互关系组成的。人们最初认为，历史揭示了非凡神意的计划，后来又认为它揭示了某种从动态的、泛神论的角度想象的精神的更高级意图。这些只不过是对一种极其富有成果的假说所做的形而上学探索，这种假说认为，历史不仅是一些时间上连续的异质事件，而且是一些具有最重要意义的因素进行的连贯的相互作用。人们之所以寻求对历史内在结构的理解，是为了从中获得衡量自己行为的尺度。



① 与此相反，墨索里尼说："就我个人来说，我对这些理想（也就是说，和平主义）没有很大的信心。不过，我并不排斥它们。我从不排斥任何东西。任何东西都是可能的，甚至最不可能、最无意义的东西也是如此。"——参见前引著作，第 74 页。

在自由主义者和社会主义者仍然相信历史结构完全可以理性化，前者坚持认为历史的发展是渐进的和单向度的，后者则认为它是一种辩证运动的时候，保守主义者则寻求以一种形态学的研究方法直觉地理解历史发展的整体结构。这些观点虽然在方法上和内容上各不相同，但它们都把政治活动理解成在某种历史背景下进行的，并且一致认为，我们这个时代要想实现政治目的，就必须把自己置身于他们恰巧处于其中的总体情境。在法西斯主义把行为神圣化的非理性面前，这种把历史视为一种可以理解的图式的观念就消失了。从某种程度上来说，法西斯主义的工团主义先驱索雷尔[①]就是这种情况，他已经在某种类似的意义上否定过进化的观念。保守主义者、自由主义者和社会主义者一致假定，在历史中显示出各种事件和结构之间存在某种相互关系，通过这种相互 122
关系，每个事物都因其所处的位置而获得意义。并不是任何一个事件都有可能在任何一种情境中发生。法西斯主义认为，对历史的任何一种解释都只不过是一种凭想象进行的建构，当某一时刻

① 关于墨索里尼与索雷尔的关系：索雷尔在 1914 年之前便认识墨索里尼，而且据说甚至在 1912 年这样谈起过他：“墨索里尼不是一般的社会主义者。请记住我的话：总有一天你们将发现他成为一个神圣军团的首领，向意大利国旗致敬。他是有着 15 世纪风格的意大利人，一个真正的雇佣军兵队长。人们现在还不了解他，但他是唯一能够以其积极行动来治愈政府弱点的人。”——摘自加埃唐·皮鲁（Pirou，Gaëtan）：《乔治·索雷尔（1847—1922）》，巴黎，马塞尔·里维埃（（Marcel Rivière）出版社，1972 年版，第 53 页。还可参阅恩斯特·波斯（Ernst Posse）的书评，载《社会主义与工人运动史文库》（Archiv für die Geschichte des Sozialismus und der Arbeiterbewegung），第 13 卷，第 431 页及其后文字。

的行为突破了历史的暂时性模式，这些解释便注定会消失[①]。

我们正在这里研究的理论认为，历史是毫无疑义的，这并没有因为下述事实而有所改变：在法西斯主义意识形态中，尤其是当它转向右翼以后，可以找到有关“民族战争”的观念和“罗马帝国”的意识形态。除了这些观念从一开始就被有意识地当作神话，亦即虚构的东西来体验这一事实外，我们还应当明白，从历史角度确定取向的思想和活动，并不意味着把过去某个时期或某种事件浪漫地理想化，而毋宁说在于意识到一个人在历史进程中所处的位置，而这个位置所处的结构能够被清楚地描述。正是对这种结构的清楚描述，使一个人在这种过程中的参与变得可以理解。

所有政治的和历史的知识作为(qua)知识而具有的学术价值，在这种纯粹直觉的方法面前消失了，这种方法只注重那些知识的意识形态和神话方面。思想在这里之所以有意义，只是因为它揭露了那些徒劳无益的历史理论的虚幻特征，并且揭穿了其自欺性。就这种激进主义者的直觉主义而言，思想只不过为那摆脱了幻觉的行为扫清了道路。优等人，也就是领袖，知道所有的政治和历史观念都是神话。他自己完全不受这些制约，但是他看重它们——

① 参见 H. O. 齐格勒(Ziegler, H. O.)的论文《意识形态学说》(Ideologienlehre)，载《社会科学和社会政策文库》(Archiv für Sozialwissenschaft und Sozialpolitik)，1927 年版，第 57 卷，第 657 页及其后文字。这位作者从帕累托、索雷尔等人的观点来着手推翻“历史的神话”。他否认历史中包含任何可以确定的连续性，并且指出了这一非历史性探讨的各种当代思潮。墨索里尼以政治—修辞的形式表达了同样的思想：“我们不是那种心惊胆颤地等待未来将给我们带来什么的歇斯底里的女人。我们并不等待历史的命运和的启示。(同上引书，第 129 页)他还说：“我们不相信历史会重复出现，不相信它会遵循预定的路线前进。”

这正是他的态度的主要方面——因为它们(从帕累托的意义上说)都是一些激起人们心中热情、调动人的非理性的“残余”的“派生 123
物”,而且是导致政治活动的唯一力量。[①] 这种做法是把索雷尔和帕累托在他们关于神话的理论中所表述的观点转化为实践,[②]而这又产生了他们关于精英和先锋的作用的理论。

这种产生于直觉方法的对科学,尤其是对文化科学的深刻的怀疑态度并不难理解。马克思主义对科学怀有一种近乎宗教般的信仰,而帕累托在科学中只看到一种形式上的社会机械学。在法西斯主义中,我们看到,这种资产阶级时代后期的代表所具有的冷静的怀疑态度与一种尚不成熟的运动所表现出的自信联系在一起。帕累托对可知事物的怀疑态度虽然没有改变,但这种态度同样已经被对行为及其自身活力的信念所补充。[③]

当历史上每一个特殊的事件都被视为不能用科学来解释时,留给科学研究的就只有探索那些对于任何人和任何时代都没有区别的最一般规律。除了社会机械学以外,只有社会心理学得到了人们的承认。对于那些领袖人物来说,社会心理学知识的价值纯粹在于它是一种操纵大众的技巧。所有的人内心深处那些最原始

① 参见乔治·索雷尔:《暴力论》(Rèflexions sur la violence),巴黎,1921年版,第4章,第167页及其后文字。

② 帕累托的社会学观点的简明陈述可以在布斯凯(Bousquet)的《维尔弗雷多·帕累托社会学概要》(Prècis de sociologie d'après Vilfredo Pareto)中找到,巴黎,1925年版。

③ 墨索里尼曾在一次讲话中说:“我们创造了一个神话。这个神话是一种信仰,一种高贵的热情。它不必一定是现实(!),它是一种冲动、希望、信念和勇气。我们的神话是国家,是我们希望把它变成具体现实的伟大国家。”——摘自卡尔·施密特:《当代议会制的精神史状况》,第89页。

的东西是相同的，无论我们研究的是当今时代的人还是古罗马时期或文艺复兴时期的人。

在这里我们发现，直觉主义已经在突然间与当代资产阶级对一般规律的寻求融合在一起了。其结果是，为了建立一种普及化的社会学，历史哲学在以孔德(Comte)为代表实证主义中逐渐被抹去了一切痕迹。另一方面，一种标志着有益的神话的意识形态概念的开端，在很大程度上可以追溯到马克思主义那里去。不过，如果我们仔细考察，这里还是存在一些本质的区别。

马克思主义试图揭露“编织的谎言”、“神秘化”和“虚构”，并在这个意义上提出了意识形态问题。然而，它并没有把解释历史的每一种尝试都纳入这个范畴，而只是纳入了那些与它对立的尝试。
124 并不是每一种思想类型都被贴上了“意识形态”的标签。只有那些需要伪装的和从其历史、社会情境中不会也不能认识到实际存在的真正的相互关系的社会阶层，才必然会成为这些欺骗性经验的受害者。但是，每一种观念，甚至是正确的观念，从它能够被构思出来这个事实看，似乎都与某种历史—社会情境联系在一起。这一切思想都与某种历史—社会情境有关这个事实，并不会剥夺思想达到真理的全部可能性。另一方面，法西斯主义理论则反复自我标榜直觉方法，把知识和理性化能力都设想成不是很确定的东西，并且认为的观念都只具有次要的意义。[①] 它认为人们只能获得关于历史或政治的有限的知识，也就是上面提到过的包含在社会机械学和社会心理学中的知识。



---

① 墨索里尼说过：“是气质而不是思想把人区别开来。”前引书，第55页。

对于法西斯主义来说，马克思主义把历史看作是一种对经济力量和社会力量的结构性整合的观念，归根结底不过是一种神话。正如历史过程所具有的特征会在时间的进程中瓦解一样，社会的阶级概念同样也被拒斥。并不存在无产阶级，存在的只是各种各样的无产阶级。[①] 这种思想类型和生活方式的特点在于认为历史把自身分解成了一些短暂的情境，其中，有两种因素是决定性的：一方面是伟大的领袖人物和先驱者或精英们所具有的热忱(èlan)，另一方面则是对一种知识类型的掌握，这种知识类型是唯一一种被认为有可能获得与大众心理学和操纵大众的技巧有关的知识类型。因此，政治学只有在某种有限的意义上作为一门科学才是可能的，也就是说，它只有在为行动扫清道路的意义上才是可能的。

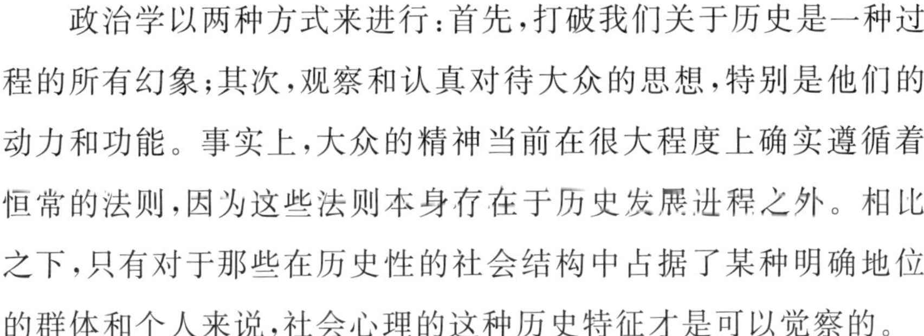

政治学以两种方式来进行：首先，打破我们关于历史是一种过程的所有幻象；其次，观察和认真对待大众的思想，特别是他们的动力和功能。事实上，大众的精神当前在很大程度上确实遵循着恒常的法则，因为这些法则本身存在于历史发展进程之外。相比
之下，只有对于那些在历史性的社会结构中占据了某种明确地位 125
的群体和个人来说，社会心理的这种历史特征才是可以觉察的。

这种政治理论归根结底根源于马基雅维利(Macchiavelli)，他已经确定了这种理论的基本原则。有关美德(virtù)的观念预示了伟大领袖的热忱(èlan)。在他的著作中，还可以找到一种摧毁了所有偶像的使人觉醒的现实主义，以及不断诉诸对受到极度藐

---

① 参见 E. V. 贝克拉特的前引书，第 142 页。另可见墨索里尼的前引书，第 96 页。

视的大众进行心理操纵的技巧，尽管这些在细节上可能与法西斯主义的观念有所不同。最后，马基雅维利同样预示了下列倾向，即对历史中存在着某种计划的否认和对行为进行直接干预的理论的赞同。甚至资产阶级也经常在自己的理论中给这种关于政治技巧的学说留有余地，并且正如斯塔尔(Stahl)非常正确地看到的那样，将它与发挥规范功能的自然法观念相并列，[①]但并不将二者相联结。资产阶级的理想和与之相应的历史观，越是通过资产阶级获得权力而得到部分的实现或由于幻想破灭而部分瓦解，这种不对各种事实的历史背景进行任何考虑的理性计算就越是会被理解为政治知识的唯一形式。在最近一段时期，这种完全被分离出去的政治技巧与否认历史可知性的激进主义和直觉主义联系在一起。它变成了那些偏好直接的剧烈冲突而不是渐进性革命变迁的群体的意识形态。这种态度表现为多种形式——最初是巴枯宁(Bakunin)和蒲鲁东(Proudhon)的无政府主义，之后是索雷尔的工团主义，最后则是墨索里尼的法西斯主义。[②]



从社会学的观点看，这是那些由知识分子领导的“盲动主义者”群体的意识形态，对于自由资产阶级和社会主义领导阶层来说，这些知识分子都是局外人，他们希望利用转型时期不断困扰现代社会的各种危机来获取权力。这个转型时期，不论它导致的是社会主义的还是资本主义的计划经济，都具有如下特征，即它为使用暴动策略提供了间歇性的机会。就它本身包含着现代社会生活

① 参见F. J. 斯塔尔：《法哲学》(Die Philosophie des Rechts)第4版第1卷第4册第1章《新的政治》(Die neuere Politik)。

② 参见施密特：《议会政治》第4章。

和经济生活所具有的非理性因素而言，它对现代思想中的那些爆 126
发性的非理性因素具有吸引力。

这种意识形态作为特定社会阶层的表达，其正确性的阐释可以从如下事实得到证明，即从这种观点出发对历史做出的解释，都以我们上面提到的非理性领域为取向。由于心理学和社会学方面的制约，他们只能洞悉社会发展中那些无序的和非理性化的东西，而社会的结构性发展和整体框架则隐藏在他们的视野背后。

在求助于有机的或有组织的群体这种思维类型和对历史进行系统连贯的解释之间，几乎完全有可能建立一种社会学的相关关系。另一方面，在那些没有社会根基并松散地整合在一起的群体和历史直觉主义之间，也存在根深蒂固的密切联系。有组织的和有机的群体越是遭到瓦解，它们就越容易丧失历史是连贯有序的观念，就越会变得对无法估量的和偶然发生的事情敏感。当那些自发组织起来的盲动主义群体变得更稳定时，它们也会变得比较愿意接受历史是长期的和社会是有序的观点。虽然这个过程中时常出现各种复杂的历史情况，但是我们应当记住这种图式，因为它勾画出了各种趋势，并且提供了卓有成效的假说。一个阶级或类似的有机群体从来不把历史视为由转瞬即逝的和互不联系的偶然事件组成的；只有从它们内部产生的那些自发性群体才会持这种观点。即使行动主义所设想并希望加以利用的非历史性时刻，实际上也已经脱离了它那更加广阔的历史脉络。在这种思想模式中，实践的概念同样是盲动主义技巧的一个组成部分，而那些社会整合程度更高的群体，即使在反对现存社会秩序时，也把行动看成

是一种实现其目标的持续运动。[1]

作为一方的伟大的领袖人物和精英们所具有的热忱与作为另一方的群氓所具有的热忱的对比，揭示了知识分子意识形态特征所具有的各种标志，与其说这些知识分子想要得到来自外部的支
127 持，不如说更想为他们自己进行辩护。较之那种自称表达了更广泛社会阶层利益的机构的领导阶层的主张，这是一种相反的意识形态。自以为是“人民”的机构的保守主义的领导层，[2]自以为体现了“时代精神”(Zeitgeist)的自由主义者，以及自以为是具有阶级意识的无产阶级的代理人的社会主义者和共产主义者，都是例证。

这种自我辩护方法上的差异或许可以表明，那些以领袖—群众两分法来运作的群体都是一些正在上升的精英，他们具有社会独立性，也可以说，还不得不为自己创造某种社会地位。他们的主要兴趣不在于推翻、改革或者维护社会结构，他们所关注的，主要是用另外一些人取代当前处于支配地位的精英。一个群体认为历史是精英复精英的循环，而其他群体则认为历史是历史—社会结构的转化过程，这绝不是偶然的。每一个群体主要关注的，都不过是通过其意图而导向的社会的和历史的整体的那个方面而已。



---

① 墨索里尼本人曾令人信服地讲到盲动主义者在获得权力后发生的变化。“当一个一贯游荡不定、自由散漫的士兵成为代理人或城镇官员时，他所发生的变化简直令人难以置信！他换了一副面孔。他开始倾向于市政预算必须加以研究，而不能强制推行。”(参见前引书，第166页)

② 萨维尼(Savigny)在这个意义上为进化的保守主义创造了虚构，即：法学家作为民众精神的代表占据着特殊的地位。——《论立法与法学的当代革命》(Vom Beruf unserer Zeit zur Gesetzgebung und Rechtswissenschaft)，弗莱堡，1892年版，第7页。

在现代社会的转型过程中，正如已经提到的那样，存在一些时期，在这些时期中，资产阶级为了进行阶级斗争而设计的机制（如议会制）被证明是不充分的。在某些时期，进化过程出现了暂时中断，危机也变得尖锐起来。阶级关系和阶层划分变得紧张和异常。相互冲突的群体的阶级意识变得混乱不堪。在这样一些时期，很容易出现各种转瞬即逝的组织，群众开始形成，个体则丧失了或者说忘记了他们的阶级取向。在这样一些时刻，就可能出现专政。法西斯主义的历史观及其为直接行动做了准备的直觉方法，把一种只不过是某种局部的情境变成了一种社会的总体性观点。

随着危机过后平衡状态的恢复，有组织的历史—社会力量又变得有效。即使在危机中走上巅峰的精英，也能够使自己很好地适应新的情境，而社会生活的动力仍然以旧的方式重新表现自身。128
社会结构并没有发生变化，只不过是进行了改组——各种社会阶层在不断发展的社会进程框架内进行人员转换。现代历史上，拿破仑的例子就是对这种专政进行一些修正的范例。从历史的角度看，这只不过表明了某些精英的崛起。从社会学的角度看，它表明了正在上升的资产阶级的胜利，他们知道怎样利用拿破仑的帝国主义来实现自己的意图。

那些还没有理性化的智力因素在一个更加稳定的社会结构中有可能重新变得明确。也可能，这种非理性哲学所处的地位还不足以理解历史和社会发展的宏大趋势。然而，这些为时甚短的爆发，引导人们注意那些至今尚未被理解的非理性的深层，而且通常的历史方法也无法理解它。在这里，尚未理性化的东西与非历史的东西以及不能归结为历史范畴的生活因素联系在了一起。我们

所做的观察，也不会干扰完成常规的任务”。他在一个脚注中又补充说：“人们时常可以注意到，美国和英国的宗派主义者的宗教热情受到天启神话的支撑，但在许多情况下，他们依然是非常实际的人”。[①] 因此，尽管人在思维，但他也能够进行活动。

人们常常坚持认为，甚至在列宁主义中也带有某种法西斯主义的色彩。但是，在强调相似之处时如果忽视差异，就会使人误入歧途。这两种观点的共同之处，仅仅局限于少数具有攻击性的人的活动上。正因为列宁主义最初是关于少数人决心毫不妥协地通过革命手段夺取权力的理论，因此关于领导群体及其决定性力量的重要意义的理论才表现出来。但是，这种理论从未遁入彻底的非理性主义。布尔什维克主义群体只不过是日益觉醒的无产阶级的阶级运动中的一个活跃的少数派群体而已，因此，它的主张中的那些非理性的行动方面，都可以通过对历史进程的理性可知性的假设不断得到支持。

从已经掌权的资产阶级的精神中，可以部分地推导出法西斯主义的非历史精神。一个已经上升到社会高层的阶级，往往会根据一些没有联系的孤立事件来设想历史。只有在审视历史事件的同时，还期待从中得到某种东西的阶级，才会把历史事件看成是一个过程。只有这些期望才会一方面导致乌托邦，另一方面又导致过程观。然而，阶级斗争的胜利会消除乌托邦成分，并且将长远观点置于幕后，更加注重将权力用于当前的任务。结果是，以前那种把各种趋势和总体结构都考虑在内的关于整体的观点，被纯粹由 130

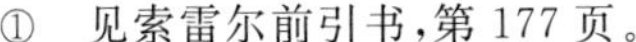

① 见索雷尔前引书，第 177 页。

直接的事件和不相关联的事实组成的图景所取代。关于“过程”的观念和关于历史结构可以理解的观念,变成了只是一个神话。

法西斯主义发现自己能够从容而方便地接收资产阶级对历史是一个结构和过程的观点的批判,因为法西斯主义本身就是资产阶级群体的代言人。因此,它并不打算用另一种社会秩序取代现存的社会秩序,而只想在现存的阶级框架内用一种统治群体来代替另一种统治群体。[1] 法西斯主义取得胜利以及为其历史理论进行辩护的机会,有赖于一些关键时刻的到来,在这样的关键时刻,一场危机极其深刻地瓦解了资本主义—资产阶级的秩序,以致进行利益冲突的更为渐进的手段不再有效。在这样的时刻,只有那些知道如何利用这种时刻以必要的活力激发具有积极性的少数派发起进行攻击的人,才有机会获得权力。

## 第三节 对作为政治社会学问题的各种观点的综合

在前面的论述中,我们试图具体说明同一个问题,也就是理论与实践的关系,如何会由于研究它时所采取的政治立场不同而呈现出不同的形式。这个适用于任何科学政治学的基本问题,对所有其他的特殊问题同样有效。所有情况表明,观察者的社会地位

① 关于墨索里尼对资本主义的态度,可参见下列说法:“……现在,资本主义的真正历史即将开始。资本主义不只是一种压迫制度——恰恰相反,对于最有天赋的人来说,它代表着对最合适的人的选择,代表着机会均等,代表着一种发展得更加充分的个人责任感。”(见前引书,第96页)

不同，不仅会导致根本取向、评价和思想内容的不同，而且会导致陈述问题的方式、方法路径的类型，甚至对经验进行收集、整理和归纳的范畴的不同。

如果政治斗争的进程已明确表明，政治决策和思想观点这二者在本性上存在着密切的关联，那么，似乎可以由此推论，不可能存在一门关于政治的科学。但是，正是在这个难题变得最明显的地方，我们到达了一个转折点。 131

正是在这个结合点上，出现了两种新的可能性，而且正是在规范化地论述这个问题的这一阶段上，我们看到了可以采取的两条道路。一方面，或许可以说，由于在政治领域中我们仅有的知识都受到我们所处的地位的限制，由于从结构上看政党的形成是政治中的一种根深蒂固的因素，那么就可以得出这样的结论，即政治只能从某个政党的观点出发来研究，只能在某个政党的学校中进行讲授。实际上，我相信这将证明是一条可以立即见效的道路。

但是，有一点已经变得很明显，并且还会变得更加明显，即由于当代社会的复杂性，那些用以培养后代政治领袖的方法（它们迄今为止在很大程度上具有偶然性），不再适合于为当今的政治家们提供必要的知识。因此，各个政党都会发现，有必要日益关注和精心设计其党校的发展。这些党校不仅要向未来的政治领袖们提供实际知识，以使他们能够对具体问题做出规范化的实际判断，而且要反复灌输用以整理和把握经验的各种观点。

任何一种政治观点都同时隐含着对一组无可争议的事实的单纯肯定或否定。它还隐含着一种涉及面相当广泛的世界观。政治领袖们对后者的重视，通过所有政党都不仅努力从党派立场出发，而且努力从世界观方面来塑造群众的思想表现出来。政治教学意味着一种对于世界的特殊态度的传播，这种态度渗透于生活的所有方面。今天的政治教育还意味着某种明确的历史观、某种解释事件的方式和一种以明确的方式寻求哲学取向的趋势。

自 19 世纪初以来，这种存在于思维方式和世界观方面的分歧，这种由于政治地位的不同而日益增加的分化，一直以越来越大的强度发展着。各种党校的形成将加剧这种趋势，并且将它引向一种合乎逻辑的结论。

但是，各种党校的形成和政党理论的发展，只不过是当前情境
132 所必然产生的后果之一。这个后果将对某些人具有吸引力，这些人因为在社会秩序中占据某种极端的地位，因而必须坚持他们的党派立场，必须把各种对抗都看成绝对的东西，并压制任何关于整体的观念。

当前的情境还提供了另一种可能性。可以说，它建立于政治取向这一基本党派特征的反面。这种选择与另一种选择至少同样重要，其内容是：不仅承认各种政治知识必然具有党派特征，而且承认每一种政治知识类型都有其独特性。如今已经非常清楚且毋庸置疑的是，全部知识，不论是政治的还是涉及世界观的知识，都不可避免地具有党派性。显然，所有知识有片面性的特征。但是，这隐含着把许多相互补充的观点整合为综合性整体的可能性。

正因为我们今天能够越来越清楚地看到，各种相互对立的观点和理论在数量上并不是无限多的，它们也不是独断意志的产物，而是从具体的社会环境中产生的和相互补充的，因此，政治学才第一次有可能成为一门科学。当前的社会结构使这样一种政治科学

成为可能，这种政治科学不会仅仅是一个政党的科学，而将是一门整体的科学。作为一门理解整个政治领域的科学，政治社会学由此达到实现的阶段。

与这个阶段相随而来的，是对一种与党校相比具有更广泛基础的制度的要求，在这种制度中，可以研究关于政治整体的科学。在探讨这种研究类型的可能性和结构之前，有必要更加坚定地确定如下论点，即每一种特殊的观点都需要由其他所有观点来补充。让我们回忆一下我们经常用来描述各种问题的党派背景的例子。

我们发现，各种党派中的任何一个政党，都只看到历史和政治现实的某些有限的方面和领域。官僚把视阈局限于国家生活的稳定部分，历史保守主义则只能看到民族精神（volksgeist）仍在悄然发挥作用的那些领域，在这些领域中，如同在风俗和习惯领域，在宗教社团和文化社团中一样，发挥作用的是有机的和无组织的力量。历史保守主义还意识到，在这些有机力量构成的领域中，为一种特殊类型的理性准备了一席之地，这种理性必须破译出进化的内在趋势。尽管历史保守主义的片面性在于夸大了思想中的非理 133
性因素的意义，夸大了社会—历史现实之中那些与非理性因素相应的非理性的社会力量的意义，但它确实提出了一个从另一种立场出发不可能觉察到的重要观点。其余的观点也是如此。资产阶级民主思想既发现又发展了在社会中以理性手段进行利益冲突的可能性，在现代生活中，只要可能存在阶级冲突的和平方式，这种理性方法就会保持其现实性和功能。

对这种政治问题的探讨的发展，是资产阶级的一个历史性和持存性的成就，并且，即使它的理智主义所具有的片面性已暴露无

遗，它的价值仍然会得到重视。资产阶级意识中有一个重要的社会兴趣，那就是以理智主义来掩盖自己的理性化的局限。因此，它所进行的活动似乎表明，只要通过讨论就可以完全解决现实冲突。不过，它并没有意识到，这里还出现了一种与政治领域密切相关的新思维，根据这种思维，理论不能与实践相分离，思想也不能与意图相分离。

这里再清楚不过的是，由社会和政治决定的局部观点具有相互补充的特征。这里变得更加清楚的是，社会主义思想正是从资产阶级民主思想达到极限之处开始的，它还对一些现象做出了新的解释，这些现象正是以前的思想家们由于过于密切关注自身利益而未曾揭示的。马克思主义由于下列发现而获得了声誉，即政治不仅仅存在于议会党派及其所进行的辩论中，而且这些政治党派及其讨论无论以什么具体形式出现，都只不过是对那些更深层的经济和社会情境的表层表达，而这些情境在很大程度上可以通过一种新的思想方式来理解。这些发现清楚地表明，马克思主义把辩论提高到了一个更高的水平，从这种水平上我们能够获得一种具有更大的广泛性和包容性的历史观，以及关于实际上是什么构成了政治领域的更加清晰的观念。对意识形态现象的发现在结
134 构上是与这种发现紧密联系在一起的。它虽然具有很大的片面性，却表明人们第一次尝试界定与“纯理论”相反的受社会限制的思想的地位。

最后，回到最终的对立上来，鉴于马克思主义过于关注并过于强调政治和历史领域的纯结构基础，而法西斯主义则将注意力转向生活中那些无组织的方面和那些在危急情境下仍然存在并具有

重要意义的“时刻”，在这些时刻，当人们作为暂时性集群中的成员，其行动呈现出重要意义而其最终结果又完全取决于在当时支配着情境的先锋者及其领导人时，阶级力量就变得支离破碎和混乱不堪。这些偶然事件即使经常出现，但在此如果把它们看作是历史现实的本质，那就是过分强调了历史现实的某一个阶段。各种政治理论之间的分歧主要通过下列事实来说明：当社会生活趋势中出现不同的立场和社会优势地位时，就会使每一个人从其在社会趋势中所特有的地位出发来认识这种趋势本身。这样，在不同的时期产生不同的基本的社会利益，因而处于总体性结构中的不同关注对象则被解释和认定为唯一的存在者。

所有的政治观点都具有片面性，因为历史的总体总是那么宽泛以致从中产生的任何一种个别观点都无法把握它。不过，由于所有这些观点都产生于同一社会和历史的趋势之中，由于它们的片面性都存在于一个正在出现的整体基质，人们就有可能将它们相提并论，而它们的整合也就变成了一个必须不断地加以重述和解决的问题。对现存的个别观点进行不断修正和更新的整合变得更加可能，因为从传统上讲，进行这种整合的尝试并不亚于基于党派偏见基础上的知识。黑格尔出现在一个相对封闭的时代末期，难道他不是试图在自己的著作中把直到他那个时代为止一直独立发展的各种趋势整合起来吗？即使后来的事实一再证明这些整合都具有片面性，而且在后来的发展过程中也纷纷解体，比如产生出左、右两派黑格尔主义，不过，尽管它们都不是绝对而只是相对的
整合，但它们却指明了一个非常有前途的发展方向。 135

对我们而言，要求一种绝对的和永久的整合，就意味着重新回

到理智主义的静态世界观。在其中的所有事物都处于生成过程的领域,唯一适当的整合只能是一种动态整合,这种整合时常得到重新阐述。不过,这里仍然存在解决人们能够设想的最重要的问题之一的必要性,也就是提供在既定时期可以达到的最具广泛意义的总体观。

进行整合的尝试并不是毫无关联的,因为每一次整合都通过概括它那个时代的各种力量和观点而为下一次整合开辟了道路。从乌托邦的意义上讲,或许可以注意某种走向绝对整合的进展,其中,每一次整合都试图达到比之前的整合更为宽泛的视角,而后续的整合都吸收了以前整合的成果。

讨论到这个阶段,甚至产生了与相关的整合相关联的两个困难。



第一个困难产生于这样一个事实,即我们再也不能认为一种观点的局部性只是一个程度问题。如果政治和哲学认知中的分裂只是在于其中一方关注的是整体的另一面或另一部分,只是在于其中一方阐明的是历史事件的一个特定片段,那么,某种补充性的整合就是可能的,这不会有任何问题。所有必须要做的,就是把这些局部真理整合起来,使它们结合成为一个整体。

但是,当我们认识到,各种受其自身所处情境决定的特定观点,不仅以对主题的选择为基础,而且以其视角和设立问题方式的分歧为基础,并最终以范畴结构和组织原则的分歧为基础,这种简单化的观念就再也站不住脚了。这样,问题就变成了:不同类型的思想(我们以此表述上文中刚刚描述过各种思维方式的差异)有可能被相互融合和整合吗?历史发展的进程表明,这样一种整合是可能的。任何一种以社会学方式进行并旨在揭示思想类型的连续性的具体分析都表明，各种思想类型都经历了连续不断的融合和相互渗透的过程。136

并且，对思想类型进行整合的，不仅仅是那些主要从事整合工作的人，以及那些或多或少有意识地试图在其思维中理解整个时代的人（比如说像黑格尔那样）。还有那些相互争论的群体，就其至少试图统一和调和在自己的有限领域内遇到的各种不断冲突的思潮而言，它们也参与了完成整合的任务。因此，斯塔尔（Stahl）试图把迄今为止存在的各种有贡献的思想倾向都汇集到保守主义中，比如把历史主义与有神论结合在一起。马克思则致力于把思维中的自由资产阶级的普遍化倾向与本身具有保守性根源的黑格尔的历史主义融合在一起。因此显而易见的是，不仅思想的内容，就连思想的基础本身，都可以进行整合。对迄今为止各自发展的思想类型进行整合似乎更有必要，因为思维要想把握数量和难度都日益增加的各种问题，就必须不断扩展其范畴形式领域的容量。如果连那些立场受党派局限的人都认为有必要具有更加宽泛的视野，那么，对于那些从一开始就寻求对整体进行尽可能广泛的理解的人来说，这种趋势的意义将更为明显。

## 第四节　关于“知识分子”的社会学问题

这个问题在当前这个阶段产生的第二个困难是：不论这里的整合是什么，我们该怎样设想其社会的和政治的载体？哪一种利益群体将以解决有关整合的问题为己任？谁会为了在社会中完成这一任务而努力呢？

正像在较早时期，如果我们寻求的是一种跳过超世俗状态的绝对整合，而不是一种动态的、相对的整合，我们就会滑退到静态的理智主义那样，我们在这里同样会陷入危险，即看不到迄今一直强调的政治思想受利益制约的本性，而且假定这种整合源自政治斗争领域之外。一旦承认政治思想总是与社会秩序中的地位密切相关，那么唯一与此相一致的假定便是，总体性整合的趋势必定会具体体现在某些社会群体的意志中。

的确，我们只要大体看看政治思想史就会发现，进行整合的人
137 总是代表着明确的社会阶层，主要是那些感受到来自上面和下面的威胁，并出于社会必要性考虑而寻求中间道路的阶级。但是，这种寻求妥协的做法从一开始就采取了静态和动态两种形式。那些与整合的承担者们关系密切的群体的社会地位，在很大程度上决定了这两种形式中的哪一种将会得到强调。



取得胜利的资产阶级最先尝试通过静态的形式来调和极端，尤其是在法国资产阶级君主制时期，这种静态形式表现为一种"中庸之道"(juste milieu)的原则。然而，这句妙语不过是一幅关于真正的整合的讽刺画，而不是对它的解决方案，因为解决方案只能是动态的。正因如此，它也许有助于向我们表明一种解决方案必须避免哪些错误。

真正的整合并不是社会上各种现有群体的各种不同意愿的算术平均数。如果真是这样，那么它将只能倾向于为那些处于优势地位的人稳固现状(status quo)，那些人刚好掌握着权力并希望保护其既得利益不受"左"的或"右"的方面的攻击。与此相反，有效

的整合必须基于一种政治立场，就其将保持和利用以前时代积累的大量文化成果和社会能量而言，这种立场将构成某种渐进性的发展。同时，新的秩序为了使自己的变革力量发挥作用，必须渗透到社会生活的最宽泛的领域，必须在社会中自然生根。这种立场要求对当前的历史现实具有特殊的敏锐性。在任何一种情境中，空间性的“此地”和时间性的“此时”都必须从历史和社会的角度来考虑，而且必须始终记住这一点以便从一个个具体事例中确定什么不再是必需的，什么是不可能的。

这样一种对社会的动态性和总体性具有持续敏感的实验性展望，是不可能由一个坚持某种中间立场的阶级来发展的，它只能由一个在社会秩序中并不是特别稳定地居于某种立场、只有相对的阶级性的阶层（relatively classless stratum）来发展。就这个问题展开的历史研究，将会得出一个富有成果的启示。

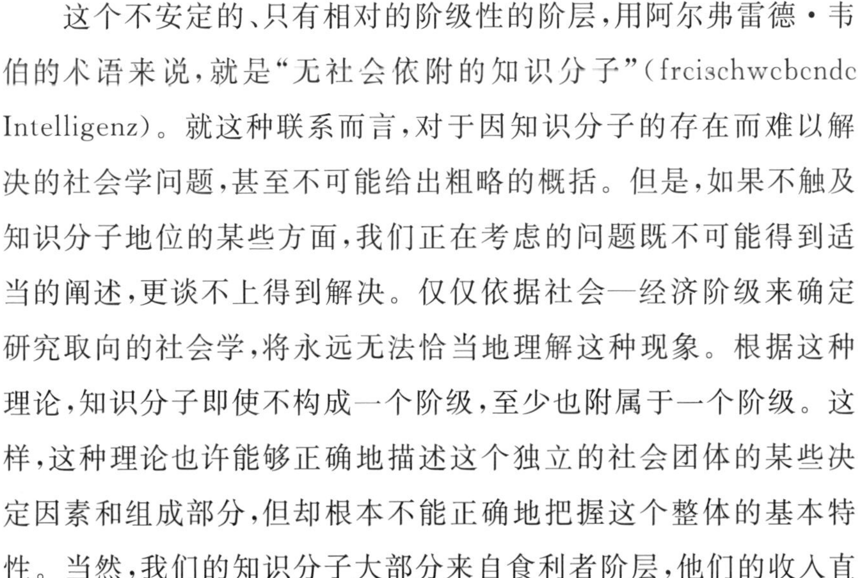

这个不安定的、只有相对的阶级性的阶层，用阿尔弗雷德·韦伯的术语来说，就是“无社会依附的知识分子”（frcischwcbcndc Intelligenz）。就这种联系而言，对于因知识分子的存在而难以解决的社会学问题，甚至不可能给出粗略的概括。但是，如果不触及 138
知识分子地位的某些方面，我们正在考虑的问题既不可能得到适当的阐述，更谈不上得到解决。仅仅依据社会—经济阶级来确定研究取向的社会学，将永远无法恰当地理解这种现象。根据这种理论，知识分子即使不构成一个阶级，至少也附属于一个阶级。这样，这种理论也许能够正确地描述这个独立的社会团体的某些决定因素和组成部分，但却根本不能正确地把握这个整体的基本特性。当然，我们的知识分子大部分来自食利者阶层，他们的收入直

瞥见到这样一个领域，它到目前为止似乎从未发生变化。这个领域包含着盲目的生物本能，这种生物本能的永久的同一性存在于每一个历史事件之中。人们虽然可以通过某种技巧从外部驾驭这种力量，但是永远不可能达到意义的层面，永远不可能从内部去理解它。除了这种亚历史性生物因素以外，在这个领域中还可以发现某种精神性的超验成分。神秘主义者们所谈论的正是这种因素，它在历史中并未充分体现出来，并且，作为某种非历史的和与我们的思想相异的东西，它令人难以捉摸。法西斯主义者们虽然没有提到它，但它必定会和其他对历史理性主义的重大挑战相提并论。

所有那些通过艺术的或其他形式构成的东西，都已变得可认识、可理解、理性化、组织化、结构化，因此，历史上的所有事件实际上似乎都存在于两个极端之间。如果我们试图从这种中间立场出发来看待现象间的相互关系，那么，我们就永远也不会看到那些存在于历史之上和历史之下的东西。另一方面，如果我们站在这些非理性极端中任何一方的立场上，那么我们就会完全忽视具体存在的历史现实。



法西斯主义者对待理论与实践关系的态度之所以具有吸引
129 力，就在于它把各种思想都定位为幻象。政治思想在唤起行动热情方面也许是有价值的，但作为一种科学地理解“政治”领域（包括预示未来）的手段，它毫无用处。生活在令人炫目的非理性之下的人，依然能够从一个个实例中掌握其日常生活不可或缺的经验知识，这似乎是最不引人注目的事。对此，索雷尔曾经中肯地评价说：“我们知道，社会神话既不会妨碍人们利用他们在日常生活中接或间接地来源于租金和投资收益。但是这样一来，某些官员和所谓自由职业者群体也会成为知识分子的成员。然而，对这些阶层的社会基础进行更加仔细的考察就会发现，与那些更加直接地参与经济过程的阶层相比，他们对于一个阶级的认同程度明确要小得多。

如果用某种历史观点来进行社会学的剖析，那么，存在于知识分子中的异质性将会被进一步揭示出来。不同时代的阶级关系的变化，对知识分子中的某些群体产生有利影响，而对其中的另一些群体则产生不利影响。因此，不能认为他们是被同质的东西决定的。虽然它们因为差别太大而不能被视为同一个阶级，但是，所有知识分子群体之间却存在着一种共同的社会学纽带，这就是教育，它以某种显而易见的方式把它们联结在一起。对某种共同的教育遗产的分享，往往会抑制出身、社会地位、职业，以及财富方面的差别，并且使受过教育的个体在他们所受教育的基础上结合起来。

在我看来，没有什么比曲解这种观点并主张个体的阶级和身份关系会因此完全消失更加错误的了。然而，这种联系的新的基础所特有的特征，恰恰是通过创造一种具有同质性的媒介来保持所有类型的构成要素的多样性，而在这种媒介中，相互冲突的党派能够衡量自己的实力。现代教育从一开始就是社会中广泛存在的大量相互冲突的意图和倾向在小范围内的一种生存斗争，一种复制。因此，受教育者的知识视野是由多种多样的方式决定的。他
139 所获得的教育遗产，会使他受到社会现实中各种对立倾向的影响，而一个在接受教育过程中未能适应整体形势而是直接参与了社会生产过程的人，则往往只吸收特定群体的世界观并在其直接面对

的社会情境加之于他的条件的影响下特立独行。

现代生活中令人印象最为深刻的一个事实是，与以往的文化不同，现代生活中的知识活动并不是由诸如牧师之类被社会严格界定的阶级专门承担的，而是由在很大程度上不归属于任何一个社会阶级，并且从日益广泛的社会生活领域吸收成员的社会阶层进行的。这种社会学方面的事实从根本上决定了现代意识的独特性，这种独特性不是建立在牧师权威的基础上，不是封闭的和完结了的，而是动态的、富有弹性的，处于不断的流动状态，并且永远会面临新的问题。甚至人道主义在很大程度上也已经是对或多或少地获得社会解放的阶层的表达，而且只要贵族变成了文化的载体，它就会在许多方面突破受到阶级局限的意识的固定状态。但是，直到资产阶级处于支配地位的时代，文化生活的水准才日益摆脱了某个特定的阶级。

现代资产阶级从一开始就具有双重社会根源——一方面是资本的所有者，另一方面是所拥有的全部资本只是其所受的教育的个人。因此，说到有产阶级和受过教育的阶级，其实它们并无二致，但从意识形态的角度来看，教育因素无论如何都与财产因素有所不同。①

这样，在这个因阶级分裂而被深刻分割的社会中，就出现了一

① 参见 Fr. 布吕格曼(Fr. Brüggemann)：《18 世纪德意志文学中关于资产阶级世界观和人生观的斗争》(Der Kampf um die bürgerliche Welt-und Lebensanschauung in der deutschen Literatur des 18. Jahrhunderts)，载《德意志文学和精神史季刊》(Deutsche Vierteljahrsschrift für Literaturwissenschaft und Geistesgeschichte)第三期，哈雷，1925 年版，第 94 页及以下内容。这篇文章为我们提供了对 18 世纪资产阶级文学界周期性重复出现的超资产阶级因素的非常出色的论述。

个阶层，对于这个阶层，那种仅仅根据阶级进行研究的社会学是不可能理解的。不过，这个阶层特有的社会地位所具有的特征却可以非常确切地加以描述。它虽然处于各阶级之间，但并不构成一个中间阶级。当然，它并不是悬浮在没有渗透进任何社会利益的
140 真空之中，相反，它自身中包含了渗透于社会生活中的所有利益。随着可以从其中吸纳个别知识分子群体的阶级和阶层在数量和种类上的增加，在知识层面上运作的相互联系起来的各种倾向中，便出现更大的多样性和差别。于是，个人或多或少地参与到具有相互冲突倾向的大众之中。

那些直接参与生产过程的人——工人和企业家——与某种特定的阶级和生活方式紧密联系在一起，他们的观点和活动直接地并全部地由其所处的特殊社会状况所决定，而知识分子，除了无疑也带有其特殊的阶级关系烙印外，他们的观点同时还取决于包含了各种矛盾观点的知识媒介。这种社会情境总是可以提供某种潜在的能量，而这种潜能则使更加杰出的知识分子能够发展其社会敏感性，这种社会敏感性对于调和那些处于动态变化中的冲突力量是必需的。每一种观点不断地受到检验，看其是否与当前的形势相关联。而且，正是通过附属于这个群体的文化，人们才能密切地掌握总体情境，也才能使一种动态整合的倾向反复出现，尽管我们还必须对付那些暂时的歪曲。

至此，我们强调的几乎全部是知识分子的“无附属性”（unattachedness）的消极方面，他们的社会不稳定性，他们的思想具有的突出的审慎特征。特别是那些要求明确声明情感立场的政治上的极端群体，给这一点烙上“无特征性”的标签。然而，我们仍然要

问，在政治领域，一项赞成动态调和的决策，是否不可能恰恰就是对过去理论的坚决拥护，或者是对将来理论的片面强调。

无附属性的知识分子实际上采取了两种行动过程作为摆脱这种中间道路立场的方式：第一种方式相当于使各种相互敌对的阶级在很大程度上自愿地互相紧密联系起来；第二种方式是作为知识分子总体利益的预定倡议人详细考察他们自己的社会基础和履行使命的要求。

就第一种出路而言，历史上各种阵营中都可以找到无附属性
的知识分子。这样，他们总是充当保守主义者的理论家，而这些保 141
守主义者由于自身社会地位稳定很难具有理论上的自我意识。他们同样也充当无产阶级的理论家，而无产阶级由于其社会条件限制，缺乏获得现代政治斗争所必需的知识的先决条件。关于无产阶级对自由资产阶级的依附关系，我们在前文中已经讨论过了。



知识分子之所以具备使自己归属他们原先并不从属的阶级的能力，是因为他们能够适应任何观点，而且他们，也只有他们，处于一种能够选择从属于谁的地位，而那些直接地属于某一阶级关系的人则只是在极少的例外情况下能够超越其阶级观点的界限。这种自愿做出的、加入某个阶级的政治斗争的决定，的确使他们在斗争中与那个特定的阶级联合起来，但这并不会使他们摆脱这个阶级原有成员对他们的不信任。这种不信任只是一种社会学事实的征兆，即知识分子进入一个外在阶级中的可同化性，将会受到他们自己的心理和社会特征的限制。从社会学角度来看，知识分子的这个特征可以说明下列事实，即一个无产者在变成知识分子的过程中，他的社会个性很可能发生变化。在这里，并不对面对这种不

信任的知识分子会采取何种道路进行详细的个案研究。我们只希望指出，应当从这种角度来理解那些激进的知识分子的狂热。这种狂热表明了一种对未能更彻底地结合到一个阶级之中的心理补偿和克服自己对他人的不信任以及他人对自己的不信任的必要性。

当然，人们也许会谴责知识分子个体所采取的道路，谴责他们无休止的摇摆不定，但是在这里我们唯一关注的是通过知识分子在整个社会结构中的地位来解释他们的这种行为。这种社会失职和违规，或许可以看作只是对某种特定社会立场的消极误用。这种个体不是把精力集中于他所处情境中的积极潜能，而是变成了这种情境中隐含的各种诱惑的牺牲品。最大的错误莫过于基于一个社会阶层的某些成员的背信弃义的行为来判断这个阶层的功能，却没有看到知识分子经常“缺乏信念”只不过是下列事实的反
142 面，即他们独自处于具有知识的信念的地位。从长期过程来看，历史可以被看作是一系列试错法的实验，其中，即使人们所犯的错误也具有某种试验价值，而且在这些实验过程中，知识分子由于在我们的社会中的无归属性而最容易遭受失败。一再尝试得到其他阶级的认同，同时又不断受到其他阶级的拒斥，这种情况最终必然会使知识分子更加清晰地认识到自己在社会秩序中所处地位的意义和价值。

因此，摆脱知识分子困境的第一条道路，即直接依附于一些阶级和党派，表明了一种动态整合的倾向，即使它是无意识的。得到知识分子支持的通常是那些需要智力发展的阶级。根本上讲，正是知识分子的冲突使利益冲突变成了思想冲突。这种把各种利益

冲突提升到精神层面的尝试有两个方面:一方面,它意味着用辩护士编造的谎言对赤裸裸的利益进行的空洞的赞美;另一方面,从更积极的意义上说,它意味着把某些知识分子的要求灌注到实际的政治之中。知识分子与各种阶级和党派进行合作所得到的回报,在于知识分子能够在它们那里留下这个印记。如果他们没有其他值得称道的成就,仅仅这一点也可以说是一项重大成就。他们的功能是渗透到进行冲突的各个党派的行列中,使他们接受自己的要求。从历史的角度来看,这种活动已充分表明了这个无归属性的社会阶层的使命和社会学特性之所在。

摆脱知识分子困境的第二条道路恰恰在于他们意识到自己的社会地位和这种社会地位所隐含的使命。一旦形成了这种意识,他们就会根据社会中的自觉取向和理智生活的要求来决定在政治上归属谁或反对谁。

当代世界的一个基本趋势是所有阶级的阶级意识都在逐渐
觉醒。如果真是这样,那么甚至是知识分子也将会形成某种关
于他们自己的一般社会地位以及这种社会地位所涉及的各种问
题和机遇的意识,虽然这不能算是阶级意识。这种理解与知识分
子有关的社会学现象的尝试,以及根据这种理解采取某种针对政 143
治的态度的尝试,同那种与其他党派同化的倾向一样有其自己的
传统。

在这里,我们所关注的并不是考察一种专门适合于知识分子的政治的可能性。这种考察可能会表明,知识分子在目前阶段不可能变成政治上的独立的积极分子。在我们目前所处的时代,阶级利益和阶级立场都正在得到更加明确的界定,而且从大众的行

动中获得力量和方向，因此，政治行动要想获得其他手段的支持几乎是不可能的。然而，这并不意味着他们的特殊地位使他们无法获得对于整个社会进程具有不可或缺的意义的东西。这些东西中最重要的，可能是发现某种立场，从这种立场出发，有可能得出一种总体性的观点。因此，如果不是这样，他们也许会扮演漆黑长夜中的巡夜人的角色。问题是，放弃从他们的特殊情境中产生的全部机遇是否值得。

一个群体，如果它的阶级地位已经或多或少地明确确定下来，那它就有了为自己做出决定的政治观点。如果情况不是这样，就像知识分子那样，那么，这就会存在一个更为广阔的选择范围，以及与总体的取向和整合相应的需要。即使各种群体之间的关系并没有导致形成一个统一的政党，产生于知识分子地位的这种倾向也仍然存在。同样，即使知识分子加入了某个党派，他们也仍然能够形成具有总体性的取向。难道那种获得更宽泛的观点的能力只能被看作一种可能性吗？难道它没有呈现某种使命吗？只有真正拥有选择机会的人，才会对认知社会和政治结构的整体感兴趣。只有在专心致志地进行深入思考的研究的时期和阶段，才能寻求发展某种整合观的社会学和逻辑学的场所。只有在做出决定后依然存在选择的可能性，因而依然有自由的条件下，才可能真正形成某种决策。我们把现存的各种思潮之间相互渗透和相互理解的可能性归因于这样一种相对而言无所归属的中间阶层，这个阶层对
144 于那些来自最多种多样的社会阶级和社会群体的不断流动的个体保持着开放的状态。只有在这些条件下，我们在上文中所阐述的那种不断更新和扩展的整合才会出现。

甚至浪漫主义也因其社会立场而在自己的纲领中包含了对不断冲突的各种观点进行广泛的和动态的调和(dynamische Vermittlung)的要求。在这种状况下,这种要求导致了某种保守的观点。然而,浪漫主义之后的一代人,却用一种与他们的时代相一致的革命观点取代了这种保守观点。这种关联中的本质的东西是使这种调和具有生命力并把政治决策与以前的总体性取向联系的努力,只有在这种发展线索中才持续存在。今天,人们比以往更加期望这样一个能动的中间群体在各种政党学校之外创立一个讲坛,以捍卫关于整体的观点和兴趣。

正是所有政治旨趣和知识都必然具有党派性和特殊性这种潜在的倾向,使我们获得了当前这些真正的认识。只有在今天,当我们已经认识到所有的思潮,并且能够根据从社会学角度来看可以理解的过程去领悟各种政治旨趣和世界观得以存在的整个过程的时候,我们才看到了政治学作为科学而存在的可能性。与时代精神相一致,由于有可能出现越来越多的党校,因此,无论是在大学里,还是在专业化的高等学术机构里,创立一座现实的论坛就比以往更加令人向往,这种论坛将有助于探求政治科学的高级形式。如果说各种党校是专门为那些政治决定已经预先由党派做出的人开设的,那么,后一种研究方式将吸引那些尚未做出政治决定的人。再也没有什么东西比这更令那些有着公开的阶级利益背景的知识分子心驰神往了,特别是在他们年轻的时候,更应该吸收这种观点和整体观念。

即使在这样一种学校中,也不能假定教师们都应当是无党派人士。避免做出各种政治决定并不是这种学校的目标。但是,一

位经过谨慎的深入思考后从经过仔细思考得出的某种观点出发向那些思想还未定型的学生传授自己的观点，从而使其能够理解总
145 体情境的教师，与一位仅仅关注向学生灌输已经牢固确定的党派观点的教师，是有深刻区别的。

一种不以灌输某种定论为目的，而是旨在为人们做出决定铺平道路的政治社会学，将能够理解政治领域中存在的、以前甚至几乎从未有人注意过的各种关系。这样一门学科对于说明受社会制约的利益的本性具有特别的意义。它将揭示这些阶级判断下隐含的各种决定性因素，从而揭示使各种集体力量与阶级利益紧密结合的方式，而这种方式是任何一个与政治打交道的人都必须考虑的。诸如下面这些关系都将得到澄清：如果在给定的一系列事件的关键时刻存在给定的利益，那么，就会出现某种思维类型，以及关于整个社会进程的总体性观点。然而，这一系列特殊的利益是什么，则有赖于一组特定的传统，这些特定的传统反过来又有赖于社会情境中的结构性决定因素。一个人只有能够以这种方式阐述问题，他才能向其他人传达关于政治场景结构的概观总览，并帮助他人获得相对完整的总体概念。这种研究方向将使人们能够更好地洞察历史和政治思想的本质，更加清楚地表明存在于历史观念和政治观点之间的关系。然而，那些进行这种探讨的人在政治上都过于老练了，以至于不相信政治决定本身是可以向其他人传授的，或者说他们不相信正在流行的政治决定是可以被随心所欲地中断的。总之，无论你的利益是什么，这些利益都是你作为一个政治人所具有的利益，但是，你拥有这样或那样的利益这个事实也意味着，你为了实现这些利益必须做这样或那样的事情，而且，你必

须知道你在整个社会进程中占据的特殊地位。[1]

虽然我们相信利益和意图都是无法教授的，但是，对存在于判断和观点之间，以及存在于社会过程和利益发展之间的结构性关系进行研究和沟通却是可能的。那些要求政治学作为一门科学讲 146
授各种规范和目的的人应当考虑到，这种要求实际上意味着对政治现实的否定。对于作为一门科学的政治学，我们唯一能够要求的是用进行实际活动的人们的眼光看待现实，并且甚至教导人们在行动中根据其对手的实际动机和历史—社会地位来理解他们。从这种意义上说，政治社会学必须意识到其尽可能充分地把一个时代的各种趋势整合起来的功能。它必须教授唯一可以教授的东西，即结构关系；各种判断本身虽然无法传授，但是我们却可以或多或少充分地意识到它们，可以对它们进行解释。

## 第五节　政治知识的本质

如果我们总结一下至此所讲的全部内容，那么，就可以对“一门政治科学是否可能”，以及“它是否可以讲授”的问题做出肯定的回答。当然，我们的解决方式隐含着一种与人们通常所设想的知识形式非常不同的知识形式。纯粹的理智主义是不会容忍一门与实践如此紧密地联系在一起的科学的。

---

① 马克斯·韦伯有些类似地阐述过政治社会学的问题，尽管他的前提完全不同。他对政治公平的渴望代表了旧式的民主传统。虽然他的解决方案受到理论与评价可以割裂开来的假设的遭到困扰，但他关于为政治分析创造某种共同出发点的要求，则是值得以最大努力去实现的目标。

正如我们所理解的，以自发形式存在的政治科学并不适合于现存的科学框架，而且还与我们当前的科学观念相矛盾，这个事实并不意味着政治学本身是错误的。相反，它恰恰是一种促使修正我们的总体科学观念的刺激因素。即使粗略地看一下当代的科学观念和科学机构的设置就会发现，我们还无法令人满意地处理一些理论问题，在这些问题中，科学问题与实践问题密切相关。这不是教学法的科学，而科学的政治学。然而，如果在认识到我们一直无法解决这些科学分支中最重要的问题之后，就把那些独特的教学法和政治方面的东西当作“艺术”或者“直觉技巧”而抛弃，那么我们就会一无所获。这样，我们所能够达到的结果就只不过是回避那些我们必须面对的问题。



实际经验表明，无论是在教学中，还是在政治学中，恰恰是在实际行为中，才能通过日益丰富的手段获得特殊的相关知识，并在
147 特定的条件下进行传授。所以，我们的科学概念似乎要比今天的知识范围狭隘得多；而且，可以获得和传授的知识绝不会终止在今天已经确立的科学边界上。

然而，如果生活真的甚至在科学不发挥作用的地方提供了知识和理解的可能性，那么，仅仅为了保存一个任意的“科学”定义的纯洁性而把这样的知识称为“前科学的”知识，或者把它贬黜到“直觉”领域，这种做法是不解决任何问题的。相反，我们的责任首先是探究这些尚未得到系统表述的知识所具有的内在本性，然后再认识科学的视野和概念我们是否不能扩展到包含这些从表面上看是前科学的知识领域。

当然，“科学”领域和“前科学”领域之间的区别，取决于我们预

先对科学界限的假定。我们到目前显然可以看到，迄今为止所作的界定都过于狭隘，而且由于历史方面的原因，只有某些科学变成了科学之应然状态的模型。例如，众所周知的是，现代知识的发展是如何反映了数学的优势地位。严格来说，从这种观点看，只有可以进行度量的东西才可以被认为是科学的东西。在最近的时期里，科学的理想一直是可以从数学和几何学角度证明的知识，而所有定性的东西都只有作为定量的东西的派生物才有可能被接纳。现代实证主义(一直与资产阶级自由主义观点保持着密切关系，并且在精神上有所发展)始终坚持着这种科学理想和真理理想。它所增加的有价值的知识形式，充其量不过是对一般法则的寻求。与这种主流的理想相适应，现代精神渗透着基于固定公理的度量、形式化和系统化。对于某些可以用形式上的定量方法探讨的现实层次来说，这是非常成功的，或者可以纳入一般化之中。

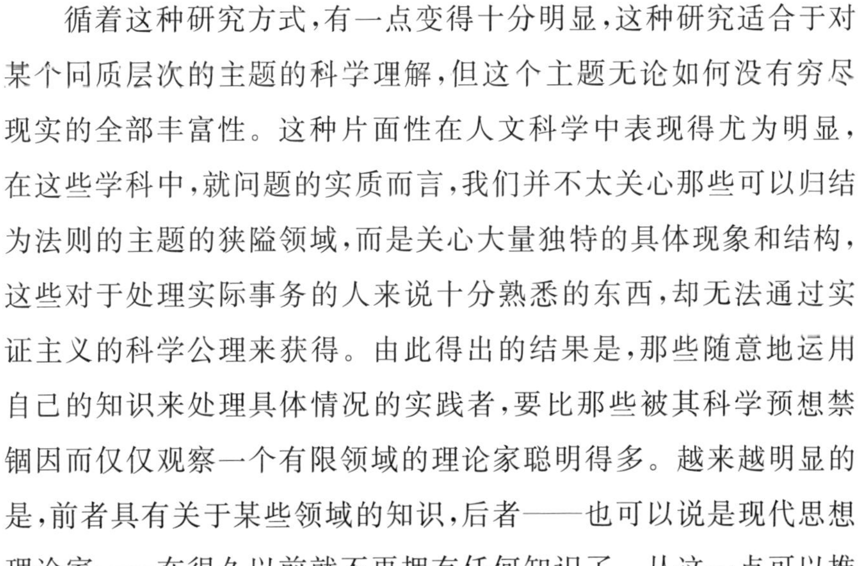

循着这种研究方式，有一点变得十分明显，这种研究适合于对某个同质层次的主题的科学理解，但这个主题无论如何没有穷尽现实的全部丰富性。这种片面性在人文科学中表现得尤为明显，在这些学科中，就问题的实质而言，我们并不太关心那些可以归结为法则的主题的狭隘领域，而是关心大量独特的具体现象和结构，148
这些对于处理实际事务的人来说十分熟悉的东西，却无法通过实证主义的科学公理来获得。由此得出的结果是，那些随意地运用自己的知识来处理具体情况的实践者，要比那些被其科学预想禁锢因而仅仅观察一个有限领域的理论家聪明得多。越来越明显的是，前者具有关于某些领域的知识，后者——也可以说是现代思想理论家——在很久以前就不再拥有任何知识了。从这一点可以推

论，现代数学—自然科学这个模型不能被视为适合整个知识领域。

这种在社会学上与资本主义时代的资产阶级密切相关的现代理性主义思维方式所要取代的第一个特征，就是对定性的兴趣。但是，由于分析是现代科学的基本倾向，由于只有那些可还原的构成要素才被视为是科学的，那种对于总体的直觉的和直接的兴趣消失了。浪漫主义首先吸纳了思想中那些表明重新强调定性知识和整体知识的特殊认识价值的趋势，这不是偶然的。而且，应该回顾一下，浪漫主义代表的是现代的反潮流，这种潮流在德国发动了对资产阶级理性主义世界观的反击，甚至在政治领域中也是如此。类似地，关于感知的格式塔理论，以及形态学理论和性格学理论等，构成了对实证主义方法论的科学反击和方法论反击，它们都在一种从新浪漫主义那里获得其世界观和政治观的氛围中突显出来，这也不是偶然的。

这里，我们的任务不是详细论述政治运动与科学方法论思潮之间的相互作用。不过，针对这一点展开的争论表明，隐含在实证主义之中的理智主义观念，本身就植根于一种明确的世界观之中，并且通过与那些明确的政治利益密切联系而发展。

从知识社会学的立场来看，当我们指出这种思维类型的分析性和定量性倾向时，我们还没有充分揭示它的本质特征。我们必
149 须回过头来看看这些方法论原则所表达的政治利益和社会利益。只有对这种思想方式的倡导者们所假定的关于现实的基本标准进行检查之后，才有可能做到这一点。这种标准包含在下列论题中，即除了那些呈现为普遍有效和必需的东西外，没有什么可以被认为是“真实的”或“可知的”——这两个要求干脆被人们当作了同义

词。它没有经过进一步分析就简单地假设，只有普遍有效的东西，也就是说，可以进行传授的东西，才是必要的。

然而，把这两个词当作同义词并不一定正确，因为有些真理或正确的直觉很可能只与特定个人的取向或特定群体利益的明确取向接近。地位不断上升的资产阶级所倡导的民主世界主义，否认这些真知灼见具有存在的价值和权利。因此，在这种真理标准中，显露出一种纯粹的社会学成分，也就是说，民主要求这些真理对所有的人都一视同仁。

这种对于普遍有效性的要求，表明了某些伴随知识理论产生的结果。由此产生的结果是，只有那些能够触及和吸引全人类共性的东西的知识形式，才会被认为是合理的。对于"意识本身"这个概念的详细阐述，只不过是对于那些存在于个人意识之中的特性的提纯而已，我们可以假定这些特性对于所有人，无论是黑人还是欧洲人，中世纪的人还是现代的人都毫无二致。这种共同意识的基本共同基础，首先是建立在时空观上的，与之密切相关的，是数学的纯形式领域。在这里，人们感到已经建立起了所有的人可以分享的平台。同样，人们还感到，在少数具有公理性的特征的基础上可以塑造出一种与时代和种族无关的经济人、政治人，等等。只有通过运用这些公理而认识的东西，才被认为是可知的。其他一切都被简单地归为反常的"现实事物的多样性"，对此，"纯"理论不必去劳心费神。这种思想方式的最主要的目标是一种普遍有效的纯知识体，它对所有人都是可知的，也是可以向所有的人传授的。

所有依赖于人们的总体理解力，或者依赖于人们在处理具体

150 事物时的特定历史—社会特征的知识，都受到了怀疑，都将被消除。因此，所有依赖于个体的纯粹个人感知的经验首先就受到了怀疑。前文提到的对定性的知识的否定就来源于此。由于以具体和独特的形式存在的个体感知，是作为整体的活生生的主体一种的功能，并且，由于这种感知的传授非常困难，人们就倾向于否定它具有任何特殊的价值了。

同样，每一种只有某些特定的历史—社会群体才能获得的知识，也受到了怀疑。人们想要的，只是那些不受主体世界观任何影响的知识。人们没有注意到，这种完全可以量化和可以分析的世界，本身就是只有根据某种明确的世界观才能发现的。他们同样也没有注意到，世界观并不一定是错误的某种根源，反而时常是人们获得其他情况下无法获得的知识的途径。

然而，最重要的是那种消除一个人身上那些构成人类要素的利益和价值的企图。在描述资产阶级唯理智主义的特征时，注意力被引向力图消除各种利益，甚至是源自政治的利益，并且把政治归结为某种由“自然法则”决定的一般性和普遍性的意识。

这样，一方面是作为历史主体和社会成员的人，另一方面是他的思想，这二者之间的有机联系就被武断地割裂了。这种做法构成了我们当前探讨的内容中必须首先加以处理的错误的主要根源。或许可以说，从根本上讲，所有的人都比较容易理解形式方面的知识，而且它的内容不受个人主体及其各种历史—社会归属关系的影响。但是另一方面，当然也存在一种范围广泛的主题，这种主题只是对某些主体或在某些特定历史时期是容易理解的，而且是通过个体的社会意图才变得明了。

对于第一种情况的说明是，只有那些心中有爱或者有恨的人，才能看到被爱或者被恨的对象身上的某些特征，而那些仅仅是旁观者的人则无法觉察。此外，还有一种类型的知识，它在纯思的意识范畴内是根本不可能设想的，这种知识的第一个假定是如下事实，即我们只有与我们的同伴共同生活和活动才能认识他们，这不 151
仅是因为观察事物需要时间，还因为人们并不具有可以脱离他们而进行观察的，像我们通常错误地习惯于说的那样，“自动显露出来的”“特征”。我们在这里所探讨的，是人的能动过程，在这个过程中，他的特征在他的具体行为举止过程中和处理各种实际问题时显露出来。自我意识本身并不是从纯粹的自我沉思中产生的，而只是产生于我们与世界的斗争，即产生于我们最先意识到我们自己的过程。

在这里，自我意识和对于其他人的意识，都与活动和利益以及社会的相互作用过程不可分割地交织在一起。无论人们什么时候，只要把这种产物从过程中和对活动的参与中孤立出来，这些最基本的事实都会受到歪曲。然而，这却是那种趋势没有生命的自然界的思维所具有的基本特征，它希望无论付出什么代价，都要把主观的、意志的、过程的关系从知识中消除掉，以便得出纯粹的，从同质的角度经过协调的结果。

上文中所引述的例证表明，情境决定知识这种情况，与情境在特殊类型的人格和特殊形式的知识之间的关系上所发挥的作用一样。但是也有某些知识领域，其可知性与其说是特殊人格的问题，不如说是某些明确的历史和社会方面的先决条件问题。历史上和人们精神生活中的某些事件，只有在某些历史时期才会变成可见的东西，这些事件通过一系列的集体经验和与其同时得到发展的世界观而为某些真知灼见的形成开辟了道路。此外，回到我们起初的论题上来，存在着这样一些现象，人们对它的感知依赖于某些集体意图，这些集体意图反映了特殊的社会阶层的利益。这样看来，那些清晰的和容易识别的客体知识是可能的，只要它是关于把握社会现实因素的问题，而我们从一开始就把这些因素描述为社会生活中稳固的和习惯性的成分。在这个领域中，对各种法则进行系统表述看起来不会遇到任何障碍，因为人们关注的对象本身都遵循着一种有规律的顺序的周期性节奏。

然而，在政治领域，一切事物都处于生成过程之中，并且我们
152 作为认识主体的共性因素有助于塑造这种生成过程，而思想并不是从某个旁观者的视角进行的沉思，而是对这个过程本身的主动参与和重新塑造，当我们进入这个领域时，一种新的知识类型似乎就出现了，也就是说，在这种思想中，决策和立场是不可分割地紧密联系在一起的。在这些领域，观察者不可能具有诸如纯理论观点之类的东西。恰恰是一个人的目的为他提供了视野，即使对于他置身于其中的整体现实而言，他的兴趣只能提供某一部分的实际说明，而且也是因为他的主要的社会目的，他才倾向于这个部分。

在这类情况中，我们永远都不能把兴趣、评价、世界观与思想成果割裂开来，而且甚至还要在这种割裂已经出现的情况下，重新建立起这种关系。只要社会学是关于政治的科学，这就是它的任务。它不把任何一种理论论点当作本身绝对有效的东西来接受，而是重建人们当初据以把世界看作如此这般的东西的立场，并且

努力通过这种过程的整体，理解产生于各种视角的观点的整体。

在政治社会学的形式下，作为一门科学而存在的政治学从来就不是一个封闭的，已经完成的知识领域，这个领域和它发展于其中的持续不断的过程是不能分离开来的。它总是处于形成过程之中，然而又始终与其源流紧密联系在一起。它产生于各种相互冲突的力量的动态展开过程中。因此，它或者建立在非常片面地反映各种事件的相互关系的观点之上，就像一个既定的政党看待这些相互关系那样，它或者以最先进的形式出现，像是为了达到某种动态整合而对所有现存观点进行整合的一种不断更新的尝试。

实际情况很可能是，我们的理智主义将反复在我们内心中激起对于某种超时间和超历史的观点的渴望，这是一种对“意识本身”的渴望，从这种意识中，产生出各种独立于特定视角且可以系统阐述永恒有效的一般规律的洞见。但是，如果不对客体使用强权，我们就无法达到这个目标。如果我们所寻求的是一种处于生成过程之中的科学， 种关于实践和以实践为目的的科学，那么，
只有通过发现一种新的、可以恰当地表达这种知识框架，才能实现 153
这个目标。

## 第六节　政治知识的可传播性

研究意识形态问题的最初动力，来源于政治生活本身的最近发展。这并不代表这种科学魔幻般地产生于吹毛求疵的和唯理智主义的细枝末节。我们已经对这类问题进行了太多公式化的表述，如果继续这样下去，那的确是有弊无益。相反，意识形态研究

者只是想弄明白一个问题，在日常的社会生活中，这个问题是人们在努力为自己确定方向的过程中会遇到的障碍。从根本上说，这个问题包括在社会进程的母体中理解自己和自己的对手的必要性。

在这里，有必要介绍一些关于这门科学的外在形式、它的可传播性，以及向后代传播的要求等方面的思考。从上文中显然可以看出，就这门科学的外在形式而言，政治科学中由具体的事实知识组成的部分是不受刚刚提到的这些问题影响的。在作为一门科学的政治学和严格意义的政治学中存在什么样的特殊问题，目前还没有被提出，除非我们已经达到了我们的利益和观念紧密地相互联系在一起的生活领域，并且使已经过去的东西以新的面目表现出来。

我们已经指出，在这里存在着可以进行探讨的各种关系，但是，由于这些关系处于不断的变化之中，因此，就需要传播的各个方面而言，这些关系只有在考虑到观察者地位的情况下才是可以讲授的，观察者的地位使得这些相互关系呈现出某种明确的特征。任何一种观点都应当与观察者的社会地位相一致。如果可能，应当研究为什么在任何一种情况下各种关系都显现出它们的确出自某种特定的立场。我们不能过分强调这种社会程式并非总是构成错误的一种根源，却更经常地关注那些如果不把它们带入我们的视野就不会在其他情况下显现出来的特定关系。当我们把这种特定的社会地位与所有其他地位并列起来看时，这种社会地位所特有的片面性总是最为明显。正如经常表现出来的那样，政治生活包括从对立的两极进行思考，通过根据对立一方中显露出来的观

点减少另一方观点中的夸张之处而在自身发展过程中不断进行修 154
正。因此，在任何一种情境中，总括各种观点的整体观点都是必不可少的。

然而，对于那些适当地表现政治领域中与我们相关的关系来说，最大的危险在于假定研究者采取被动的和沉思的态度，而这种态度倾向于破坏政治家感兴趣的、实际存在的相互关系本身。我们应当始终牢记的是，所有科学工作（看起来是客观的）背后都存在各种类型的思想，这些思想类型在很大程度上影响着科学的具体形式。让我们暂时考虑一下一个相邻的学科，它在理论上研究的是一些非理论性的材料，即艺术史。这个学科的基本态度，代表着鉴赏家、收藏家、文献学家和思想史家的各种个人态度的融合。如果艺术史是艺术家为了艺术家而写的，或者是从鉴赏者的立场出发来写，那么它们就会大相径庭。后一种情形大多只存在于当代艺术评论中。

同样，理论研究主体在研究政治时也很容易误入歧途，因为他自己的沉思态度往往从属于他政治上的积极态度，从而掩盖基本的关系而不是强调这些关系并追溯它们的各种表现。各种科学都在学术环境中发展这个事实构成了一种危险，因为那些适合于理解人类实际经验之某一部分的态度，在流行于学术机构中的沉思氛围中都受到了压抑。今天，我们几乎理所当然地认为，科学只有在它破坏了我们原初的研究方法，并以与活生生的经验不相干的东西取而代之时才开始出现。这就是实践之所以无法从这种理论中获益的最重要的原因。这种做法造成了理论和实践之间的某种紧张状态，而现代唯理智主义又使之日益恶化。通过总结沉思的

和唯理智主义的思想观点与实践领域中所接受的活生生的立场之
155 间的主要差异，我们也许可以说，科学家总是以某种有序的和图式化的倾向接近其主题，而从事实践活动的人（在我们的案例中是从事政治活动的人）则寻求与关于行动的方向。追求系统化条理化的总体性观点是一回事，寻求行动的具体方向则完全是另外一回事。对具体方向的渴求，导致我们只是在事物发生于其中的生活背景中观察它们。而为了达成一个有序的系统，系统化、条理化的总结使有机的相互联系支离破碎，这种系统虽然是人为构想出来的，但偶尔也会有些用处。

有一个实例可进一步说明系统的条理化与积极的取向态度之间的主要区别。现代政治理论的研究方法可能有三种：第一，这些政治理论可能会用某种类型学来表现，这种类型学超然于历史时刻及其涉及的具体社会情境之外。这种类型学把理论安排成一种中立的系列，至多也不过为了区分它们而试图发现某种纯理论的原则。这种当今非常流行的类型学或许可以称为“表面”类型学，因为它代表了一种在人为地统一起来的层次上表现生活多样性的尝试。这种设计可能具有的唯一可以理解的正当理由是，生活的道路多种多样，遵循其中这条道路或那条道路仅仅是一个选择问题。当然，这种类型学为我们提供了某种概览，但是这种概览纯粹是纲要性的。根据这种设计，人们可以为各种理论命名或贴标签，但是它们实际具有的各种相互关系却因此变得模糊不清，因为这些理论当初并不是一般的生活方式，而只是那些具体情境产生的结果。这种二维类型学的更为复杂的形式我们在上文中已经提到过一些，那就是试图根据某种原则，最好是哲学的原则发现进行区分的基础。因此，例如斯塔尔(Stahl)[①]，这位德国政党体制的第一个理论家和系统化者，就曾经把他那个时代的不同政治倾向划分为两种理论原则——正统主义原则和革命原则——的变体。他的分类不仅提供了关于现存的党派意识形态的总体概览，而且提供了有关这些意识形态的深刻见解。毫无疑问，他在把这些意识形态还原成哲学的两分法时，深化了我们的理解。这种哲学演绎所具有的诱惑力在于，它对某种理论原则进行了不适当的强调，这种
理论原则诚然存在于19世纪的发展之中，却碰巧不是决定性的。 156
诸如此类的类型学给人们造成的印象是，政治思想代表了纯理论的可能性的实现。

第一种阐述模式代表的是收藏家的阐述，第二种则代表了哲学系统化者的阐述。在这两种情况下都会发生的是，沉思者的经验形式被武断地强加于政治现实。

还有一种纯粹是一种历史的表达政治理论的方式。这种表达方式当然不会为了在某个抽象层次上把各种理论并列起来而割裂理论与其发展的直接历史背景的联系，但是它却犯了走另一个极端的错误，过于紧密地依赖历史。因此，历史学家的理想类型就是只对解释政治理论的独特的复杂原因感兴趣。为了做到这一点，他把思想史上所有的先行者都列入了论述范围，并把理论与富有创造力的个人的独特个性联系起来。结果，他深深地陷入到事件的历史独特性之中，因而不可能做出任何关于历史过程和社会过程的一般结论。的确，历史学家们甚至还对以下论题感到骄傲，即

① 斯塔尔:《当前国家与教会的派别》(柏林，1863)。

人们从历史上不可能学到任何东西。另一方面，如果我们上面提到的这前两种表达类型的错误都在于由于离开各种具体事件太远而使人们不可能从概括、类型和体系中找到返回历史的道路，那么，最后提到的历史方法则与历史联系得过于紧密，因此它的结论只适用于它所处理的特殊的具体情况。

与这两个极端形成对照的，还有第三种可能性，即在作为一方的抽象系统化和作为另一方的历史直接性之间选择中间道路。每一个头脑清醒的政治家正是在这第三条道路上生活和思考的，即使他们并不总是意识到这一点。这第三条道路是通过试图理解理论及其在与群体和典型的总体情境的紧密联系中的变化进行的，因为这些理论既产生于这种群体和总体情境，同时又是它们的解释者。在这种情况下，必须重建思想与社会存在之间的内在联系。不是“意识本身”从几种可能性的选择中任意挑选，也不是单独的个人在建立一种特别的理论以适应一个既定的单一情境的需要；

157 实际情况毋宁说是具有某种结构类型的社会群体在某些情境中根据他们所感知的利益阐述与这些利益相一致的理论。因此，对于每一种特殊的社会情境来说，都会发现某些思想方式和确定取向的可能性。只是由于这些结构条件的限制，集体力量持续存在于某种单一的历史情境的绵延过程之外，因此理论和定向的可能性才延续下来。直到它们的结构情境发生了变化，逐渐被其他结构情境所代替时，才会产生对新理论和新取向的需要。

只有能够了解潜在于某个既定的历史情境和事件中的结构线索，并使这种情境和事件成为可能的人，才能明智地跟上事件的进程。然而，那些从未超越历史事件的直接进程的人，以及那些完全沉湎于抽象概括，因而永远无法找到返回实际生活道路的人，永远也不可能理解历史进程不断变化着的意义。

每一位在适合于我们目前的智力发展阶段的意识水平上发挥作用的政治人物，都是——或明或暗地——根据各种结构方面的情境进行思考的。尽管那些暂时的决策很可能以暂时的取向为基础，但只有这种思维类型可以赋予追求远大目标的行动以具体性和意义。这样，他既得以避免那些空洞的、纲要式的概括，同时又得到了足够的灵活性，因此，他将不会被过去的某个单一的事件所左右，不会将这种事件当作未来行动的某种适当的模型。

那些为了实现某种目的而采取行动的人，从来不问在过去的某种情境中受人崇敬的领袖人物是如何行动的，他关心的只是他会如何实际地应对当前的情境。这种使自己重新适应各种因素以新的形式形成的格局的能力，构成了那种不断寻求行动取向的心智类型的基本的实践能力。唤醒这种能力，使之处于警觉状态，并使之有效地处理当下的问题，正是政治教育的特殊任务。

在揭示政治方面的各种相互关系时，决不允许用纯粹沉思的态度取代政治人物对于主动取向的原初需要。考虑到我们的教育过程从根本上说是要导向沉思的态度，并且在传达我们的主题时更多地是以纲领性的概括而不是某种具体的生活取向为目的，因 158
此，至少有必要确定一个出发点以讨论有关对后代进行行动和政治方面的教育的问题。

这里不可能探讨有关这个问题的所有分支。能够提出在这里获得的基本的相互关系的结构原则就足够了。社会方面和心理方面问题的传播形式和方法，会随着它们所依赖的群体的结构性基础的特殊性而变化。[①] 某种形式的社会群体和某种教学技巧适用于艺术培训，而另一种则适用于科学培训。在各种科学中，传播数学知识所需要的教学方法和师生关系不同于从文科学。较之政治题材来说，哲学等的情况也是如此。

历史和实际生活都表明，不同领域都在持续不断地寻求着更加适用的教育方法，尽管这种寻求是无意识的。生活是一个连续不断的、由教育和训练组成的过程。惯例、习俗和习惯，都是通过各种过程而在我们完全没有意识到的情境下形成的。各种合作形式都在不断变化；个体之间、个体与群体之间的相互关系，时刻都在变化。在一种情境下，我们所面对的是建议；然后是自发的参与；再往后是对于其他人的神经过敏；接下来被其他人所制约，等等。在这里，不可能建立起关于各种沟通形式的完整的类型学。它们在历史进程中出现和消失，只能通过其活生生的背景以及这种背景的结构性变迁来理解它们，而不是在某种真空中理解它们。

我们提出现代生活的两种趋势作为第一种取向，这两种趋势对于下一代人的内在塑造和外在塑造具有非常重要的意义。一方面，是与现代理智主义相一致的使教育和知识传播形式理智化和
159 同质化的趋势。与这种趋势相反，浪漫主义则期望回归更为古老

① 与现代理智主义相反，现象学派尤其致力于表明知识并非只有一种形式。特别是马克斯·舍勒的《知识的形式与教育》(Die Formen des Wissens und die Bildung，波恩，1925年版)、《知识的形式与社会》(Die Wissensformen und die Gesellschaft，莱比锡1926年版)、海德格尔的“存在与时间”，载《哲学与现象学研究年鉴》(Jahrbuch für Philosophie und phänomenologische Forschung，哈雷，1927年版第8卷)，在这个方面提供了很多有价值的见解，尽管这些见解不是直接的。但是，这里没有讨论政治知识的特征。

的和更“原始的”教育形式。

可以通过一个例证来澄清这种说法的意义。对于纯分类性的知识的传播来说，最适合的教学技巧就是讲授。如果要把知识系统化、对知识进行分类，或者以其他方式使之系统化，那么，最适合的教学形式似乎就在于某种特殊的从属关系，这种从属关系在一个人聆听讲授时尤为明显。这个“听者”，作为纯粹的“听者”，感受到对它的“认知”。而潜在于这种讲授之中的，则是隐含于讲授自身之内的一种假定：纯主观的个人因素已被消除。这样，在脱离了具体情境的纯化氛围中，理智的活动便以理智为基础了。但是，由于讲授的主题与那些神圣的权威性文本（Text）无关，而是能够被检验的基于独立自由的调查的公共素材，因而就有可能在讲授之后进行讨论。这就为所谓的研讨式教学法提供了正当理由。在这里，基本的特征是，主观的和情感的冲动，以及个人的关系都被尽可能地置于脑后，从而只以事实为基础考虑各种彼此相对的抽象的可能性。

从主题的观点出发，讲授者与听众之间的这种类型的教学合作，以及其中所包含的交流方式，在阿尔弗雷德·韦伯[①]曾经称之为“文明的”科学的那些科学中似乎是合理的，也就是说，那些知识形式不受世界观和个人意志冲动的影响。这种沟通类型是否适用于人文科学，甚至是那些更趋势于直接的实践的科学，还是有问题的。正是根据这种知识类型和现代理智主义内在固有的倾向，这

① 阿尔弗雷德·韦伯：“从原则上看文化社会学”（Prinzipielles zur Kultursoziologie），载《社会科学和社会政策文库》（Archiv für Sozialwissenschaft und Sozialpolitik, 1920）。

种师生之间的特殊联系及其特殊的沟通形式应当树立为一种范型，并努力把它推广到其他知识领域。

以为国家培养官员为主要目的的中世纪经院哲学的教育制
160 度，也许甚至包括专制主义时期的大学的教育制度，有助于精心建立这种教学类型并使之稳定下来。只有那些把精神方面的觉醒看作是获得知识的先决条件，因而没有把主要兴趣放在专业化技术培训之上的教派和秘密宗教集会，在教学过程中发展了人类联系的其他形式的传统，培养了知识传播的其他形式。

在我们这个时代，就我们习惯于称之为“艺术”的那些领域而言，教育制度自身所具有的那种仅仅局限于使“听者”服从“讲者”的讲授体制来传播和沟通知识的不适当性已经变得极为明显。在这里，有组织的学院里所进行的培训也取代了旧式的、以工场（创作室）为原型的师生合作的形式。然而，较之在学院里进行的培训，工场的这种特殊的合作类型，更加适合于这种基础性的沟通。工场所造成的是一种师傅和学徒之间的共同参与关系。在这里，对于学徒应当“认识到的”东西都没有进行系统的讲解。所有进行沟通的东西都是在具体情境中“随机出现”的，而不仅仅是“讲出来的”。学徒和师傅一起工作，互相帮助，并且共同参与完成那些富有创造性的工作，这些工作有可能是他们之中任何一方创始的。师傅把首创精神传给学徒，并且在学徒那里得到某种回应。伴随着技艺的传播，还传播着观念和风格，不是通过理论的讨论，而是在创造性的合作中澄清目标，连为一体。因此，整个人都受到影响，这种人际关系与讲授体制内的单纯的“获得认知”之间存在着广泛的不同。它不是一个被传播的图式系统，而往往是某种具体的取向（就艺术创造过程而言，是对沟通形式的感受）。在这里，类似的情境本身也重复出现，但人们都是根据应当重新加以创造的工作的特征及其统一性来理解的。

浪漫主义的冲动导致了一种对于工场所特有的联系形式的优越性的本能认同。这种冲动强调，学院已经对造型艺术造成了巨大的伤害；或者至少可以说，创造性艺术不是因学院而存在，恰恰 161
是因避开学院而存在。任何一种倾向于以相关的风格运用同样的模式形成政治的或新闻的教学法的运动，都被投以警觉的目光。在这个领域中，理智主义也在浪漫主义那里发现了某种发挥补偿作用的力量。实际上，浪漫主义潮流的这种优势已经在少数几个领域，比如手工艺领域，或者举一个截然不同的领域，在托儿所和幼儿园里，已经取得了一些实际的结果。人们发现，在生活的所有领域都接受了浪漫主义，在这些领域中，理智主义不是作为从实际情境中产生的一种内在必然性，而是由于一种纯粹形式上的扩张冲动而取代了原先形成于工场关系的合作形式。但是，在任何系统知识成为现代生活不可或缺的先决条件的地方，这种浪漫主义倾向就走到了尽头。培训的水平越先进，艺术技艺的形式越复杂，对工场方法的运用也就变得越成问题，尽管在这些比较高级的活动层次上，大量的过剩可以归于不必要的过度合理化（我们在这里注意到过度合理化的现象与资本主义企业的过度官僚化在结构方面易于类似）。因此，我们能够准确地划定一个限度，超出这个限度，浪漫主义的逆流就不再具有正当性了。例如，就建筑师而言，学院教育的制度化不能仅仅归咎于在我们这个时代被夸大了的理智主义，而应当归咎于技术知识复杂化的实际情况，而这种技术知

识又是基本的和必须掌握的。此外，我们必须认识到，理智主义的存在及其所居于的支配地位，就其本身而言并不是一种在理智上预先设定的和人为的现象，而是从社会发展总体过程的基本条件中自然产生的。因此，我们的任务与其说是把理智主义从它实际满足了近期产生的基本需要的地方驱除出去，不如说是仅仅把它从如下领域中驱除出去，在这些领域，理智主义由于其内在形式扩张的冲动，甚至在更为自发和直接的方法如今仍然有效的地方，也倾向于应用理智主义的方法。在工场中，已不再讲授工程学的纯技术要求。然而，当我们处理那些在形式上仍然处于发展过程中的创造性冲动时，完全有可能运用各种更具活力的教育合作的形
162 式，这种形式旨在“唤醒”兴趣和传播真知灼见。

解决方法不再是从一个或另一个极端出寻找，而只能基于我们这个时代各种相互冲突的潮流之间的一种现实调和，这种调和要求我们在每一种具体情况下都根据特定的题材进行探究，从而准确地发现系统化达到了何种程度，以及个人教育措施的运用达到了何种程度。

我们在这里关于“艺术”教育的论述，很大程度上在经过必要的修改之后(mutatis mutandis)也适用于政治。迄今为止，政治作为一种“艺术”，只是“在必要时”才顺带进行讲授和传播。

因此，政治方面的知识和技能一直是以某种非正式的和时断时续的方式进行传播的。专门的政治知识的传承，总是靠偶然的机遇。创作室对于创造性艺术具有什么样的意义，工场对于工艺具有什么意义，俱乐部这种社会形式就对自由资产阶级政治具有什么样的意义。俱乐部是人类合作的一种特殊形式，它完全无意

于发展成为一种根据各种政党路线进行社会选择的适当媒介，无意于发展成为一个实现政治生涯和培植群体利益的基础。俱乐部所具有的独特的社会学结构，是理解直接地和非正式地传播政治知识的最重要的形式的关键，这些知识产生于相关各方的利益。但是我们注意到，在这种情况下，就像在“艺术”领域一样，那些基于偶然机遇的更为原始的和自发的学习方式和培训方式已不能满足需要。我们今天的世界太复杂了，每一种决策，即使它只需要部分地以当前机遇所能提供的知识和培训为基础，仍然需要很多专门的知识和十分广泛的视野，从而使在偶然的合作中获得的知识和技能满足最终的要求。对于系统培训的需要已经趋向于，而且将会更强烈地趋向于对雄心勃勃的政治家或者新闻工作者进行专业化培训的必要性。另一方面，这里也存在一种危险，即这种专业化培训有可能忽略基本的政治因素。不强调实际行动的纯粹百科全书式的知识不会有多大用处。同时，还会出现一个问题，这个问题对于那些具有视野广阔的人来说它已经出现了，这就是，难道应当把对政治家的培训干脆交给党校来做吗？ 163

在这方面，党校具有一定的优势：与某种特定利益相适应的价值观的教化，几乎是自动进行的，并且渗透于每一表述层次的主题。而俱乐部的氛围则渲染了其成员的兴趣，从而完全是不知不觉地被移入研究和教学之中。真正的问题是，这种政治教育形式是不是人们唯一期望的，因为经过更加详细的考察就会发现，它并不比培养人们掌握一套既定的价值观念和观点强到哪里，而后者则是受某个既定的社会阶层和政治阶层片面观点指导的。

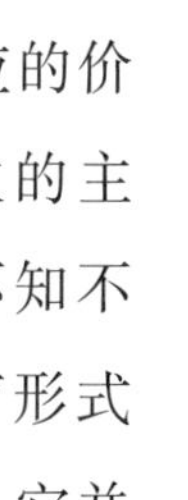

但是，难道不应当而且也不可能存在一种预示着对各种选项

进行相对自由的选择，并且在更大程度上可以成为而且应当成为现代知识阶层基础的政治教育形式吗？在政党机器威胁要制服我们的关键时刻，如果我们不尝试加强那些使我们能够根据之前的总体取向进行决策的趋势，我们不就是干脆放弃了欧洲历史上的重要成果吗？仅仅通过教化就能唤醒人们的兴趣吗？难道那些一直受批评影响并产生于批评的兴趣，以及那种未经充分反思就被丢弃但或许是更高类型或形式的兴趣，就不是兴趣吗？

任何一个人都不应当使自己受到极端主义群体的有限的学说领域、术语和观点的迷惑。任何一个人都不应当假定只有出自教化的兴趣才是兴趣，只有革命的或反革命的行动才是真正的行动。在这里，处于政治运动极端的两派都坚持要把他们自己的片面的实践观念强加给我们，从而把那些有问题的方面掩盖起来。难道必须假定只有政治方面的东西才是为革命所做的准备吗？难道不断变化着的人和条件就不是行动吗？革命阶段的意义可以从整体的立场出发来理解，但是即使这样理解它们，它们也只不过是整个社会过程中的某个局部的功能。难道可以假定那些恰好与寻求建立某种动态平衡并导致整体趋势的兴趣相一致的教育传统和教育形式都不存在吗？难道建立更多的中心以传播浸透着批判观点之
164 活力的政治兴趣，不是为了真正的整体利益吗？

这里存在着这样一种政治教育的需要，在这种政治教育中，历史的、法律的和经济的主题所需要的那种批判的取向、支配大众的客观技术，以及舆论的形成和控制，都能够讲授。这样一种教育还应当考虑到下列事实，即在某些领域中，兴趣与真知灼见是不可避免地紧密联系在一起的。不仅如此，与这些领域相关的主题还应

当以如下方式表达出来，即预设我们所涉及的是这样一些人，他们仍然在寻求解决办法，但尚未做出最后的决定。而结果是将有可能确定，在什么地方适用于比较旧式的正规的理论教育合作形式，在什么地方可以适用于更具活力的以行动为取向的政治合作类型。

因此，似乎可以确定，特定政治领域中的相互关系只有在讨论过程才能得到理解，而参与讨论过程的党派则代表了社会生活中的各种现实力量。例如，毋庸置疑的是，为了发展积极确定取向的能力，教学程序就必须集中于那些直接的和现实的事件，而且，学生也要有机会参与这种教学过程。要洞察政治领域所特有的结构，最有利的时机莫过于与对手就那些最为直接和重要的争议进行论战，因为在这些场合，存在于一个特定时期的各种对立的力量和观点都可以得到表达。

那些享有在积极确定取向的基础上进行观察的能力的人，将会以与其同时代的大多数人不同的角度来看待历史。因此，对历史的研究将不再仅仅从档案保管员或道德家的观点出发。历史的编纂已经走过了朴素的编年史和传奇故事阶段，进一步发展出修辞、艺术品和生动的绘画作品，直至达到某种沉浸于往事之中的具有浪漫色彩的怀旧渴望。它已经经历了太多的转化，以至于如今仍然可以再次经历转化。

这些解释历史的模式，是与各个时代中相对于其过去而言居于支配地位的取向相对应的。一旦这种寻求发现社会学的结构关系，为生活确定积极取向的新模式从政治生活回到学术领域，与之
相对应的历史编纂的新形式也会得到发展。这种历史编纂的新形 165

式并不意味着原来赋予资料来源研究和档案挖掘的重要意义将会下降，也不意味着其他的历史编纂形式将不复存在。如今仍然存在一些由纯粹的“政治史”来满足的需要，同时也存在其他的、要求用“形态学”表述来满足的需要。但是，正是那些产生于我们当前生活趋势模式的冲动，还处于开始的阶段，这些冲动使我们把过去的事件看作社会结构中的连续的变迁。除非我们当前的生活取向已经觉察到它与过去的连续性，否则它就不能完成。而一旦这种观点在生活中确立起来，过去也就会变得可以根据现在来理解了。

## 第七节　三种知识社会学

我们迄今为止还不能给我们的问题提供一个明确的解决方案，而只能自我满足于揭示各种潜藏的相互关系并再一次对那些似乎已成定论的争论点提出质疑。只要政治思维与这些答案不相一致，那么，即使得到关于作为一门科学的政治学的令人放心的解答又有什么用呢？

我们首先必须理解的是，政治—历史思维产生了它自己的一种知识，这种知识并不是纯理论的，却体现了真正的洞见。同样必须认识到的是，政治—历史知识往往是局部的，仅仅从某种特定的立场出发来看待事物，它在与集体性的群体利益的联系中产生，在与这些利益的密切联系而得到发展，但它的确从某种特定角度为我们提供了一种关于现实观点。由于这个原因，我们对这个问题的系统表述进行了详细的历史社会学分析，这种分析旨在说明，由于我们看待问题的角度不同，可以从官僚主义、历史主义、自由主义、社会—共产主义或法西斯主义等各种角度出发，相应地，理论和实践关系的基本问题也会不同。为了把握政治思想的特殊本性，必须抓住以行动为取向的知识与仅仅以分类为目的的知识之间的区别。最后，知识交流形式的特殊性必须显示出与政治教育 166
的特殊要求有关。因此，它们也与对各种讲解形式和教学形式的详细分析有关。

只有清楚地认识到这些差异，并考虑到由此造成的困难，才能找到关于政治科学的可能性问题的适当的解决方案。然而，这种总是谨记政治知识涉及生存方式，并且总是试图从社会运动的角度来理解各种阐述形式的分析，却是由知识社会学提供的。如果不是知识社会学使这种对问题进行系统阐述的类型成为可能，我们就不可能理解政治知识的内在本质。不过，知识社会学仍然未能解决三种分析路径。首先，在认识到政治知识总是与某种生存方式和社会地位紧密联系在一起之后，有些人恰恰是由于这种社会决定性而倾向于否认达到真理和理解的可能性。这种回答来自那些照搬其他知识领域中关于真理标准和真理模型的人，而这些人却没有认识到，现实的每一个层次都可能有其自身的知识形式。这种对知识问题的片面的和狭隘的取向是最危险的。

如果一个人已经从这种观点出发考察过这个问题，并且得出了这些结论，那就产生了进行另一种探讨的可能性。这种探讨在于试图把发现和分析存在于每一个历史—政治观点中的“社会程式”的任务分配给知识社会学。这意味着，知识社会学承担着这样的任务，即从具体存在的每一点“知识”中将可评价的和与利益紧密联系在一起的因素分离出来，并依据达到“非评价性的”、“超社会的”、“超历史的”“客观”有效的真理的领域的观点，将这些因素作为错误的根源加以剔除。

毫无疑问，这种探讨有其合理性，因为确实存在着具有自发的规律性的政治—历史知识领域，对这种规律性的阐述在很大程度上可以在独立于人们的世界观和政治立场。我们已经看到，精神生活中包含着这样一个领域，它在很大程度上可以运用大众心理
167 学来对待，而不必在问题中加入主观意图。同样，社会生活中也包含着一个领域，在这个领域中可以觉察到某些一般的结构规律，即人类联系的最一般形式（“形式社会学”）。在《经济与社会》(Wirtschaft und Gesellschaft)中，马克斯·韦伯曾为了达到社会学的这种非评价性的客观领域，而把设计出这种由可纯粹地“客观地”觉察的关系组成的阶层作为自己的中心任务。最后，甚至那些从政治经济学领域提取某种摆脱了人们的世界观和社会地位制约的纯理论的尝试，也不过是另一个旨在明确区分“评价成分”和“事实内容”的例子。

对这种把这两个领域区分开来的做法究竟能走多远，我们目前还没有把握。在某些领域进行这样的区分，绝不是不可能的。只有当我们对那些在世界观“根源”意义上所运用的公理或范畴结构进行过分析之后，这些领域具有的“非评价性的”、“超历史的”、“超社会的”特征，才能从根本上得以确定。总之，我们常常倾向于把我们自己不知不觉地曲解为我们的经验的范畴结构和终极假设当作“客观的”东西来接受，而对于知识社会学家来说，这些则只是在以后才被当作某个特殊思潮的局部的、受历史和社会制约的原理而被揭示出来。没有比这更不证自明的了，即最难为我们所觉

察的，恰恰是我们自己思维方式的局限性，而只有历史和社会的进一步发展，才能给予我们认识这些方式的特殊性的视角。因此，甚至那些竭力达到一个可与其他知识领域分离开来的非评价性的知识领域的人，至少也必须利用一些诸如知识社会学的手段，在他们的思维中不断寻找作为某种矫正物的社会程式。

虽然这种程序的结果不可提前预知，但却可以这样说：如果在说明了政治—社会状况对知识的影响之后，仍然会存在某个非评价性的知识领域（不仅从它摆脱了具有党派性的政治判断的意义上说，而且从它运用某种明确的、非评价性的范畴和公理体系的意义上说），如果真的存在这样一个领域，那么，只有在思维中考虑到能为我们理解的所有“社会程式”，我们才能达到这个领域。 168

这样，我们就达到了我们所提出的第三种选择。它是这样一种观点，即在政治知识的适当的起点处，评价性因素是不能轻易地分离出来的，至少不能在同等程度上像在形式的社会学思维中和其他类别的纯形式化的知识中那样分离出来。这种立场将会坚持认为，即使在历史过程中我们可以观察到一种对所有党派都越来越具有有效性的渐进的范畴选择，但对于严格意义上的政治和历史领域的知识来说，这种唯意志论的因素具有重要的意义。不过，尽管存在某种事后达成的共识（consensus ex post）①，或者某种对于所有党派来说都有效的和越来越广泛的知识阶层，我们也不能使自己因此受到误导，或者使自己忽略这一事实，即在每一个特定

① 更详尽的文献可见作者1928年在苏黎世发表的《精神领域的竞争》（Die Konkurrenz im Gebiete des Geistigen），其中有关于事后达成的共识性知识的性质和起源的讨论。

的历史时刻，都存在大量只有从社会视角来看才能被我们所理解的知识。但是，由于我们至今仍生活在一个未能摆脱各种世俗烦扰并超越历史的时期，我们的问题并不是该如何处理那种应当成为“真理本身”的知识，而是一个人该如何处理他的认识问题，这个问题与他的其他问题一样，受其所处时代和社会地位的制约。如果我们倡导一种可理解的、尚未被整合成体系的观点，那么我们这样做的原因就在于，我们把它视为当前情境中相对适当的可能性，而且因为这样做时我们相信（就像历史上总是出现的情况那样）我们正在为以后的整合做必要的准备工作。但是，在陈述了这种解决问题的方法之后，我们应当马上准备做出下列补充，即这种从最广泛、最进步的观点出发达到某种整合的意向，也隐含着某种先前的判断，也就是说，隐含着我们要达到某种动态的思想调和的决定。当然，我们最不愿意不论否认我们已经做出了这种价值判断。的确，我们的主要论点是，只要政治符合此前做出的界定，那么只要这种决定不存在，政治知识就是不可能的，而这种赞同动态的思想调和的决定必须被视为总体性情境中的一个因素。但是，这种
169 预设究竟是无意识地、朴素地影响人们的观点（这将妨碍我们视野的根本扩展），还是在我们能够意识到并且已经认识到了的一切都进入了我们的考虑之中后才出现，这两种情况是有很大区别的。

在我们看来，政治知识的精髓似乎在于下列事实，即增加了的知识并不会消除各种决定，而只能迫使它们不断后退。但是，从各种决定后退中，我们所获得的却是视野的扩展，和对我们的世界的更广泛的把握。因此，从社会学研究推进到意识形态，我们可以预料，迄今为止只是被局部地认识的社会地位、动机和观点之间的相

互关系，现在将会变得越来越明晰。正像我们已经指出的那样，这将使我们能够更加精确地计算各种集体利益以及与之相对应的思想方式，并大致准确地预言各不相同的社会阶层在意识形态方面所做出的反应。

知识社会学为我们提供了某种基础，这个事实并不能使我们摆脱做出决策的责任。然而，它确实扩大了我们必须在其范围内做出决策的视域的界限。那些对进入决策进程并发挥决定性因素的知识的增长怀有恐慌之心，害怕这将会对他们的“自由”构成威胁的人，尽可高枕无忧。实际上，正是那些对重要的决定性因素一无所知的人，那些在自己一无所知的决定性因素的直接影响下活动的人，才会在其行动中拥有最少的自由，其行动也才会最彻底地被这些因素预先决定。无论我们什么时候意识到某种支配我们的决定性因素，我们都会把这种因素从无意识的动机领域转移到可控制的、可计算的和客观化了的领域。因此，选择和决策并没有被消除；相反，先前支配我们的那些动机现在变得受我们支配了；我们被越来越彻底地抛回到真实的自我状态中，尽管之前我们是必然性的奴仆，但我们现在发现，我们有可能自觉地与那些我们完全赞同的力量联结起来。

越来越意识到先前不可控制的因素和倾向，暂不对其做出直接的判断，直到能够在更广泛的背景中对它们进行考察，似乎是政治知识发展过程的主要趋势。这种情况与我们前面提到的事实相一致，即可以理性化的领域和可以进行理性控制的领域（即使在我
们最私密的生活中）总是在不断发展，而非理性的领域则相应地变 170
得更加狭隘。在这里，我们不应当讨论这种发展最终是否会把我

们引入一个完全理性化的世界，在这个世界中，非理性和评价性都不复存在，或者，这种发展是否会由于对所有相关的社会因素的完全认知而在自由的意义上导致社会决定的终止。这是一种乌托邦式的、遥远的可能性，因此不在科学分析之列。

然而，我们在很大程度上可以有把握地断言：只有在非理性的领域仍然存在的情况下（非理性领域一旦消失，“行政”就会取而代之），政治才有可能作为政治而存在。而且，还可以说，正像与“精确的”科学所形成的对照那样，政治知识的特殊本质，就这个领域而言，产生于知识与利益和动机的不可分离性。在政治中，理性的因素与非理性的因素内在地交织在一起；并且，最后，这里存在着一种把非理性因素从社会领域消除掉的倾向，而与此密切相关的结果是，加深了我们对迄今为止一直在不知不觉中支配我们的因素的认识。

在人类历史上，这反映在人们原先把社会状况当作无法改变的命运来接受，这正如我们可能总是不得不接受诸如生与死这样自然而然和不可避免的限制。与这种观点一同出现的一种伦理原则——宿命论的伦理原则，其主要信条是屈从于那些更高级的和不可思议的力量。关于良知的伦理学的出现，第一次打破了宿命论伦理学，在这种伦理学中，人将其自我确立为社会事件过程中固有命运的对立面。他保持了他的个人自由，一方面，从保持能力的意义上说，是通过他自己在这个世界上确立新的因果关系的行动（尽管他曾放弃控制这些行为的后果的能力），另一方面，是通过相信他自己的决策中的那些不确定性。

我们自己所处的时代似乎代表了这一发展进程的第三个阶

段:包含着各种社会关系的世界不再是不可了解的或命定的,相反,社会上的一些相互关系是有可能预见的。在这里,有关责任的伦理学原则初露端倪。它所提出的主要律条是,首先,行动不仅应当符合良知的指引,而且就其可估算性而言,应当考虑到可能出现 171
的后果;其次,在我们前面讨论的基础上还可以做如下补充,即为了消除所有盲目地、强制性地起作用的因素,良知本身也应服从具有批判性的自我检查。

对于这种政治概念,马克斯·韦伯已经提出了第一个可以被接受的明确表述。他的观点和研究反映了伦理学和政治学发展的这一阶段,在这个阶段,盲目的命运在社会进程中似乎至少处于部分地消失的过程,而获取关于各种可以认识的事物的知识,则成为行动者的义务。如果有任何一点可能,那么,正是在这一点上,政治学可以成为一种科学,因为一方面,历史领域的可以被控制的结构已经变得清晰明了,另一方面,从这种新的伦理学中产生了一种观点,这种观点不是把知识看作一种被动的沉思,而是看作批判性的自我检查,并在这种意义上为政治行动铺平了道路。

173

# 第四章　乌托邦思想

## 第一节　乌托邦、意识形态及现实问题

如果一种思想与产生这种思想的现状不符，这种思想就是乌托邦式的。

在经验、思想及实践中，如果这种思想以实际中并不存在的目标为取向，那么这种不相符往往就很明显。然而，我们不能把所有不符合或者超越实际情况（在这个意义上，就是“脱离现实”）的思想都说成是乌托邦式的。只有那些超越现实的取向才会被我们说成是乌托邦式的，这些取向一旦转化为行为，往往会部分地或整个地破坏当时处于优势地位的事物的秩序。

如果把“乌托邦”这个术语的含义限定为既超越现实、又打破现行秩序束缚的取向，乌托邦式的思想和意识形态的思想就有了明确的区别。一个人可以把脱离现实或超越现实存在的目标作为自己的取向——而且仍然能有效地实现并维持现行事物的秩序。在历史进程中，人类为自己确定的目标往往都超越了自身的生存空间，而不是自己的生存中所固有的，尽管如此，社会生活的实际和具体形式则是建立在符合现实的“意识形态”思想基础上的。只

有在它试图打破现行秩序的束缚时，这种不协调的取向才成为乌托邦式的。所以，一个特定秩序的代表并不是在所有情况下都对反对超越现行秩序的取向。相反，他们总是力图控制那些在现行秩序中不可能实现的、超越情境的思想和利益，使它们失去社会活力，把它们禁锢在超越历史和社会的地方，使它们无法对当前现状产生影响。

每个历史时期都存在着超越现行秩序的思想，但它们起不到乌托邦思想的作用；只要它们“有机地”、和谐地融入具有那个时期 174
特点的世界观中(即不提出革命的可能性)，它们就是适合那个时期的思想。只要那个以僧侣的、封建的方式建立的中世纪秩序能把它的乐园置于社会之外，置于超越历史并使之失去革命锋芒的另一个世界，那种乐园的思想就依然是中世纪社会不可分割的一部分。只有在某些群体把这些空想纳入他们的实际行动并力图使之成为现实的时候，这些意识形态的东西才变成乌托邦式的。如果我们暂时按照G. 兰道尔的术语，[①]有意识地反对通常的定义方法，把每个实际存在并正在发展的社会秩序都称为“托邦”(源自希腊语 τόποξ)，那么这些具有革命功能的空想就成了乌托邦思想。

很明显，上述区别的基础就是一个明确的“存在”概念和一个相应的“存在超越”的概念。在深入探讨之前，首先必须对这个设想进行彻底研究。“现实”或者“存在本身”的本质特性问题属于哲学范畴，不是我们这里要探讨的。然而，在一个特定时期，被认为

---

① G. 兰道尔的《法理社会》系列丛书第13卷《革命》，马丁·布伯主编(法兰克福，1923年)。

是历史性或社会性的“真实”东西，对我们来说很重要，而且幸运的是，可以肯定得到确定。由于人首先是生活在历史和社会中的生灵，他四周的“存在”从来就不是“存在本身”，但却历来是一种社会存在的具体历史形式。对社会学家来说，“存在”是“具体有效的”，即一个正在发挥功能的社会秩序，它不只是存在于某些人的想象中，而是人们实际行动的依据。

每一种实际“运行的生活秩序”都将通过它所基于的经济与政治结构来进行非常明确的构想和特征描述。但它也包括这个结构所造就或要求的“共同生活的”人类所具有的那些形式（爱、交际、冲突等具体形式）；它还包括这个社会体制所特有的、并与之一致的所有经验和思想的各种方式和形式（就目前对这一问题的陈述而言，这已经是足够精确的了。不可否认的是，如果进一步强调导
175 致这种分析的观点，就要做出更多的解释。一个概念对某个东西的解释永远不可能是绝对的；它总是与对整个结构理解的拓展和强化是一致的）。但是与此同时，每一种“实际运行”的生活秩序都被后来指称为“超越”或“不真实”的概念所困，因为这些概念的内容在它们所处的社会中是永远实现不了的，因为在现行社会秩序的限制之下，人们不可能用它们来规范自己的生活和行动。

一句话，所有不适合目前秩序的思想都是“情境上超越的”或者不切实际的。与具体存在和实际存在的秩序相对应的思想，则被说成是“合适的”、与情境一致的。这些情况极为罕见，只有从社会学意义上得到充分阐明的思想，在运作时才能具有与情境相适应的思想和动机。与符合并适合情境的思想相对的，是两个超越情境的主要思想类别——各种意识形态的和乌托邦的思想。

各种意识形态都是情境上超越的思想，但它们所提出的内容是永远无法实现的。虽然它们常常成为个人主观行为的善意动机，但是当它们在实践中具体表达的时候，它们的含义大部分都被歪曲了。例如，在奴隶制基础上建立的社会中，基督教的兄弟情谊就无法实现，所以，从这个意义上说，这种意识形态的思想即使主观上真的是个人行为的动机，也无法实现。在一个不是基于基督教原则建立起来的社会中，要想坚持按基督教兄弟情谊的思想来生活是不可能的。个体在其个人行为方面总是被迫——只要他不采取破坏现行社会结构的办法——放弃自己崇高的思想动机。

这种由意识形态决定的行为永远也达不到臆想的意义，这一事实可能以几种形式出现——与这些形式相应的是一系列意识形态思想的各种可能的形式。对于这个系列思想中的第一类，我们可以这样看：进行设想和思维的主体受到由历史和社会决定的一整套公理的阻挠，不可能意识到他自己的思想与现实之间的不一致。我们要说的第二种意识形态思想，即所谓“伪善思想”，从历史 176
角度看，具有的特点是：它有可能揭示其思想和行动之间的不一致性，但它出于某些重要的情感利益，可能会掩盖这些深刻见解。最后一种是建立在故意欺骗基础上的意识形态思想，在这样的欺骗中，意识形态被解释为有意识的谎言。在这种情况下，我们所探讨的就不是自我欺骗，而是对他人的故意欺骗。从善意的超越情境的思想到“伪善思想”、再到故意欺骗这个意义上的意识形态思想，这中间有数不清的过渡阶段。[①] 面对这些现象，我们没必要再在

① 详情参见本书“意识形态与乌托邦”的第二部分。

这个问题上耗费时间。为了能更清楚地考虑乌托邦元素的特点，这里有必要关注与之有相关的这类意识形态思想。

各种乌托邦思想也是超越社会现实的，因为它们的行为也是以当时的实际情境中不存在的元素为取向的。不过它们还不是意识形态思想，也就是说它们还没有从规模上、还没有通过反活动把现行历史现实转变为更符合它们自身概念的意识形态。对一个能相对从外部进行观察的人来说，从理论上完全正规地区别各种乌托邦思想和意识形态思想似乎并没有多大困难。然而，在特定情况下，要具体确定什么是意识形态的，什么是乌托邦的，却是极端困难的。这里我们面临着对一个涉及价值观念和价值标准的概念的应用问题。为了做到这一点，我们还必须分享那些争夺历史现实控制权的各方的情感和动机。

从根本上说，在特定情况下，什么是以乌托邦形式出现的，什么是以意识形态形式出现的，主要取决于我们如何运用这一标准看待现实的阶段与程度。代表主流的社会秩序和思想秩序的那些社会阶层，将把他们所支持的关系结构作为现实来体验；那些被迫成为与现行秩序对立的群体将被引向这一社会秩序的第一次动荡，而这正是他们孜孜以求的，也将由它们来实现。一个特定秩序的代表会把所有存在的思想都贴上乌托邦的标签，按照他们的观点，这些思想从原则上来说是永远不会变成现实的。根据这种说
177 法，“乌托邦的”这个术语的当代内涵显然就是一种原则上无法实现的思想。（我们有意识地把这一术语的这层意思与更加狭义的定义进行了区分。）在超越情境的思想中，肯定有一些是原则上无法实现的。然而，那些在思想和情感上与当前的某种秩序有联系

的人，由于他们在其中有一定的地位，总是会表现出一种倾向，即，在它们所生活的社会秩序框架内，把所有看似无法实现的思想都贴上绝对乌托邦的标签。在随后几页中，只要我们提到乌托邦，我们所使用的术语只限于相关的意思，它指的是，从业已存在、只有从给定社会秩序观点出发才无法实现的思想。

这种试图确定“乌托邦”概念含义的做法表明，历史思维中的每一种定义在多大程度上取决于一个人的观点，也就是说，它本身就涵盖了代表我们所说的思想者地位的整个思想体系，特别是在该思想体系之外的政治评估。界定一个概念的方法以及这个概念在使用中的细微差别，早就在某些程度上体现了基于它而建立的对一连串结果的预判。一个观察者竟然对乌托邦有一种宽泛、不加区分的概念，这并非偶然，因为他已有意或无意地采取了赞同占主导地位的现行社会秩序的立场；也就是说，那种概念混淆了绝对无法实现与相对无法实现之间的区别。从这种立场出发，实际上就不可能超越现状带来的局限性。不愿意超越现状往往会把只有在特定秩序中才无法实现的东西看成在任何情况下都无法实现，所以用混淆这些区别的办法就可以压制相关的乌托邦主张的有效性。把什么都说成超越现行秩序的乌托邦，就可以平抑在另一个社会秩序中可能实现的相关乌托邦思想引起的焦虑。

处于另一个极端的是无政府主义者 G. 兰道尔(《革命》第 7 页起)，他认为现行秩序是一个根本没有区别的整体，而且他根据对革命和乌托邦的相应的尊重，认为在每一个“托邦”(目前现行的社会秩序)本身就是邪恶的。正如一个现行秩序的代表对五花八门 178
的乌托邦不加区别(我们可以称其为“乌托邦盲”)，无政府主义者

也许会被指责为“现行秩序盲”。我们从兰道尔身上看到了所有无政府主义者的特点，即“极权主义者”和“自由意志论者”之间的对立——这种对立不仅把一切都简单化了，而且使所有局部差异都变模糊了，把从警察国家到民主共和国家到社会主义国家统统称为极权主义，只有无政府主义才被看成是自由意志论的。对历史的描述也出现了同样的简单化倾向。这种原始的两分法无疑混淆了不同国家的特有形式之间的质的差别，同样，把评估重点放在乌托邦和革命上，就可能使人们注意不到任何历史和制度领域的演变倾向。根据这个观点，每一个历史事件都是由从一个托邦（现行秩序）中产生的乌托邦的不断更新的产物。只有在乌托邦中和革命中才有真正的生活，制度性的秩序总是不断衰落的乌托邦和革命所遗留的邪恶残余。因此，历史的道路就是从一个托邦战胜一个乌托邦走向另一个托邦，如此等等。



这种世界观和概念结构的片面性太明显了，无须做进一步的解释。然而，它的优点是，它与为既定的秩序说话的“保守”观点相反，它阻止现行秩序变得过时，认为现行秩序只是一种可能的“托邦”，这些托邦释放出许多乌托邦元素，而这些元素则反过来破坏现行秩序。所以很显然，为了找到乌托邦的正确概念，或者说得谦虚一点，为了找到最适合我们目前思想阶段的概念，必须采用这种基于社会学知识的分析，使这些立场的片面性相互对立起来，以便消灭它们。这将使我们确切地看清先前那些概念的独特性在哪里。只有这个问题澄清之后，我们才能根据自己的判断得出一个较为全面的解决方法，用以克服已经变得非常明显的片面性。在这个意义上，我们上面所使用的乌托邦概念似乎是最全面的。它

尽量考虑现实的动态特征，它的出发点不是“现实本身”，而是在不 179
断变化的过程中具体的、由历史和社会决定的现实（参见本书边码第 85 和 111 页脚注 1）。它进一步提出要找到一个有质量、历史和社会区分度的乌托邦概念，并最终保留“相对”和“绝对乌托邦”的鲜明特色。

归根结底，这一切之所以会发生，是因为我们不愿意在存在和乌托邦之间建立起纯粹抽象的和理论上的某种武断关系，而是在可能情况下为某个特定时期的乌托邦的具体完整的历史社会演变正名。此外，我们之所以这样做，是因为我们不仅想静静地观察，而且想以形态学方式描述乌托邦概念的形式转变，同时也因为我们希望找出把乌托邦的发展与现行秩序的发展联系在一起的活的原则。从这个意义上说，乌托邦与现行秩序之间的关系其实是一种“辩证”关系。也就是说，每个时代都容许（在处于不同地位的社会群体中）出现浓缩形式的、代表不同时代需要、尚未实现、尚未完成的、带倾向性的思想和价值观。这些思想元素成了冲破现行秩序限制的爆炸材料。乌托邦思想产生于现行秩序之中，反过来又冲破现行秩序的桎梏，使之朝着下一个存在秩序自由地发展。黑格尔学派的德罗伊森早就对这种“辩证关系”做过很好的说明，但使用的是正规的、唯理智论的方式。他的定义也许可以作为这种辩证的初步说明。他是这样写的：①

① 《历史原理概论》，T. G. 德罗伊森著，E. 本加明，安德鲁斯译，波士顿，1893 年版第 45—46 页

第 77 节

“在历史的世界中，所有的运动都以这样的方式在继续：思想是与实际存在的事物理想对应的，以其应有的方式发展。……

第 78 节

“各种思想构成了对‘应当是但仍不是’的批判。由于它
180 们可能使情况达到它们的水平，然后将其拓展并使自身固化以符合习惯、守旧和顽固势力，这就需要新的批判，如此循环往复。

第 79 节



“从已给定的条件中萌生出新思想，而这些新思想则催生了新情况——这就是人类所做的。”

在思想领域中发现的这种对辩证进展、情境和矛盾的描述只能被看成是一种正是的概述而已。真正的问题是要描绘社会存在的各种区分形式与乌托邦思想中相应的各种区分之间的具体相互作用。这样一来，只要所提出的问题反映出历史的丰富性与多样性，它们就会变得更有系统性，更有包容性。最直接的研究问题就是使概念体系与经验现实之间密切接触。

从这里可以看出，总体上，进步政党的概念性框架更适合于系统研究——因为它们的社会地位为系统思想提供了较大的可

能性。[1] 另一方面，强调事件独特性的历史概念更有可能是社会中保守因素的产物。对这个时代而言，至少不用怀疑这种非难的正确性，因为与一般性概括相对的历史独特性的思想就产生在这个时代。

因此，我们也许以为历史学家会批评我们构建的乌托邦定义有过多的随意成分，因为一方面，它没有把自己局限在从托马斯·莫尔的《理想国》中获取名称的那类著作，而另一方面，它还包含了许多与这个历史起点不相干的东西。

这种反对是基于历史学家的假定：（一）他的唯一的任务就是用历史自身表现出的各种具体独特性来描述历史现象；（二）因此他只能使用描述性的概念，也就是，从系统的观点看，这些概念的界定不那么严格，不至于妨碍他们公正地对待这些现象的流动性特征。因此，对历史事件的组合与分类并不是根据相似性原则，而是根据种种现象，这些现象之间的关系（通过可识别的标记）是可 181
以发现的，是独特的历史情形的组成部分。很明显，无论是谁，只要以这些预想的命题接触对历史现实的研究，他的概念工具就会阻碍他进行系统研究的道路。如果假定历史不只是具体的、有个性的事物，假定它具有某些结构性组织，甚至在某种程度上遵循着某些法则（必须把这样的假定作为一种可能性而保留），怎么可能用这些只与历史独特性有关的“天真”概念来发现这些因素呢？比如说，只要这种历史性的“天真”概念在技术历史性运用中有具体的、类似托马斯·莫尔的“理想国”的结构，或者在较为宽泛的历史

① 关于原因问题，参见我的《保守主义思想》，上述引文第 83 页及其后。

含义上的“理想联邦”的结构，它可能就是“乌托邦式的”。只要这种针对个体的描述性概念是为了理解历史中的个体元素，我们无意否认对这种概念的运用。然而我们否认这是了解历史现象的唯一途径。历史学家声称，历史的本质与表象只是一系列独特现象，这种说法并不成其为反对我们的表述的理由。有了对问题的陈述以及概念的构想，得出其他结论的可能性已不存在，在这种时候历史还能比这个更好吗？如果把不是用于揭示结构的概念用于历史，我们怎么能指望用它们来表现历史结构呢？如果我们提问时并没有预期某种形式的理论回答，我们怎么能指望得到它呢？这是在一个程序的较高水平上的重复，我们先前曾经有机会来观察保守主义者和无政府主义者的情况：得到某种不理想答案的可能性早已被封堵，所使用的就是表述这个问题的方法，也是后来用以阐释这些概念的方法。（参见本书第176—178页）



这些现象可以说是以概念形式出现的问题复合体，因为我们所探讨的历史问题从本质上来说是要解决这样一个问题：难道在现实中就没有超越给定现实、尚未实现的思想？因此，这也是为了提出一个问题：这个概念是否可以联系到“乌托邦”这个术语的含义？这个问题可以从两方面来回答；只要我们在界定这个术语的
182 时候说“乌托邦意味着如此这般……”，就没有人能反对我们的程序，因为我们承认这样的界定只是为了某些目的（马克斯·韦伯对此看得很透）。不过，除此而外，我们还把这样的界定与这个术语在历史上形成的内涵联系起来，这样做的目的是要表明，我们在乌托邦概念中所强调的那些元素，在历史上出现的乌托邦思想中早已存在。据此，我们认为，我们的抽象概念不是什么武断、随意的

知性构想，而是有其经验现实的根源。我们创造的这些概念不仅是为了推测的目的而存在，而且也是为了帮助重建在现实中存在、但不总那么明显的结构性力量。建设性的抽象化不同于推测，因为我们的推测从来就没有超越概念和对概念的反思。建设性的抽象化是经验调查的先决条件，如果这个先决条件满足了这个概念中隐含的期待，或者说得更简单些，如果它为这种构件的正确性提供证据，那它就为后者提供了重新构建的尊严。

一般来说，把历史进程与系统结构进行对照要慎之又慎。也许在一个思想发展的初级阶段，这种对照确实在某种程度上有助于把问题说清楚。在这种对照的历史发展过程中，兰克的思想逐渐引起人们的注意，这两个过程的对照暂时消除了大量的意见分歧。例如，兰克本人就能借此说请他和黑格尔之间的分歧。如果我们从这样的对比中能够找到一个终极的对照和一个绝对的对立面——而这个对立面能使我们超越历史发展和这些现象的内在结构，但它只有在作为一个思想发展的初级阶段才是合法的、有用的——结果将会是，而且往往是：我们会因为自己在一个思想的发展过程中的某个特定阶段找到一个绝对的东西而感到内疚。这里专制主义也对系统和历史方法的综合体形成了障碍，妨碍了对整个形势的理解。[①]

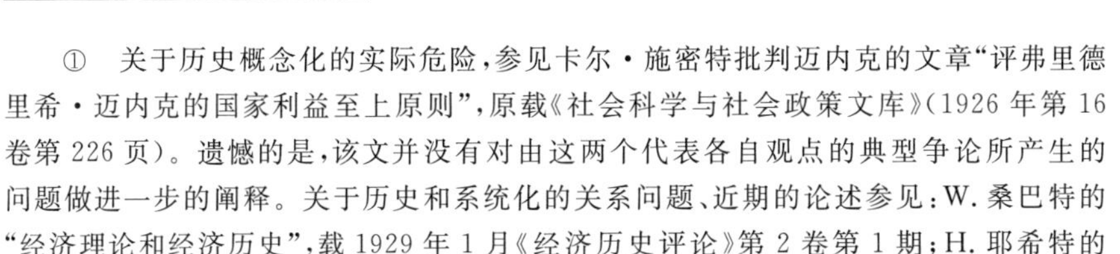

① 关于历史概念化的实际危险，参见卡尔·施密特批判迈内克的文章“评弗里德里希·迈内克的国家利益至上原则”，原载《社会科学与社会政策文库》(1926 年第 16 卷第 226 页)。遗憾的是，该文并没有对由这两个代表各自观点的典型争论所产生的问题做进一步的阐释。关于历史和系统化的关系问题、近期的论述参见：W. 桑巴特的“经济理论和经济历史”，载 1929 年 1 月《经济历史评论》第 2 卷第 1 期；H. 耶希特的《经济理论和经济史》(蒂宾根，1928)。

183 由于对什么是乌托邦的东西的具体决定总是发生在某个存在阶段，所以今天的乌托邦就有可能成为明天的现实："乌托邦往往只是不成熟的真理"(拉马丁)。只要一种思想被贴上乌托邦的标签，给它贴标签的人往往都是已经过去的那个时代的代表。另一方面，为了适应目前的秩序，把一些意识形态的东西说成不切实际的幻想的人，一般都是仍然处于孕育过程的现行秩序的代表。一般总是由与现行秩序完全一致的、占主导地位的群体来决定什么应当被看成是乌托邦的；与现存事物有冲突的、处于上升地位的群体是决定什么应当被看成是意识形态的群体。准确界定在某一给定时期内什么是意识形态、什么是乌托邦也是很困难的，因为实际上乌托邦元素与意识形态元素在历史进程中不是分别产生的。处于上升地位的阶级的乌托邦思想往往在很大程度上渗透着意识形态元素。

处于上升地位的资产阶级的乌托邦思想是关于"自由"的思想。部分来说，这是一种真正的乌托邦思想，也就是说，它包含了为了实现一种新社会秩序的元素，这些元素有助于瓦解先前存在的秩序，而在实现之后确实有一部分被变成了现实。从冲破静止的、行会的、社会团体秩序束缚的意义上、从思想自由和观点自由的意义上、从政治自由和不受阻碍的个性发展自由的意义上说，自由在很大程度上，或者至少与原先以社会地位为取向的封建社会相比，在较大程度上，有了实现的可能性。今天我们知道了，就在这些乌托邦思想变成现实的地方，当时关于自由的思想在多大程度上包含了乌托邦思想以及诸多意识形态元素。

无论在什么地方，只要自由的思想不得不对与之相伴的平等的思想做出让步，它就是在确定与它所要求的、并在后来得以实现的社会秩序相矛盾的目标。要区分占主导地位的资产阶级思想中的意识形态元素与那些能在后来实现的，真正的乌托邦元素，只能由后来出现的、挑战现行秩序的某个社会阶层来实现。184

我们指出了在特定时期的思想中关于意识形态和乌托邦的具体定义中所涉及的所有危险，这些危险的确使对这个问题的阐释变得更加困难，但是并没有排除对它的研究。只要我们发现自己处于相互矛盾的思想中，要想确定什么是新兴阶级的世界观中真正的乌托邦（即在未来有可能实现）的思想，什么只是占主导地位、上升阶级的意识形态就极为困难。但是，如果我们研究一下过去，似乎就有可能找到一个比较公平、合适的标准来区别什么应当被看成意识形态，什么应当被看成乌托邦。这个标准就是看它们能否实现。如果一些思想后来被证明只不过是被歪曲了的过去或潜在社会秩序，那么它们就是意识形态的，而如果一些思想在随后的社会秩序中得以适当地实现，那它们相对而言就是乌托邦的。被实现的过去的现实仅仅结束了意见上的分歧，即在早期超越情境的思想中，什么是冲破现行秩序束缚的相对乌托邦，什么是仅仅为了掩饰现实的意识形态。各种思想的实现程度构成了对那个时代被派别观点冲突所掩盖的事实进行补充和回溯的标准。

## 第二节　愿望的实现与乌托邦思想

人类事务中历来不乏美好的想象。如果这种想象在现实中得不到满足，它就会遁入由想象构建的地方和时间。各种神话、童话、庄严的宗教承诺、人道主义的幻想、旅行的浪漫等一直在不断改变着现实生活中没有的表达方式。与反对现状并企图瓦解它的各种乌托邦思想相比，它们更多的几乎都是对当时现实生活图景的色彩补充。

185 文化史方面[①]的杰出研究表明，可以根据一些总的原则来表述人类愿望的种种形式，在某些历史时期，把愿望投入时间中去实现的，而在另外一些时期，则是把它投入空间里去实现的。根据这种区分方式，可以把各种空间的愿望称为乌托邦思想，而把现世的愿望称为千禧年主义。根据文化史的利益，这种概念定义仅仅旨在描述性的原则。但是我们不能接受空间和时间愿望投影的区别方式并把它作为区分不同意识形态与乌托邦思想的决定性标准。如果我们把这个作为调查研究的第一步，就会导致若干个问题。

既然在这方面我们的主要兴趣在于现代社会的发展，我们的首要任务就是发现超越情境的思想最先变得活跃起来（即变成导致现实发生变化的力量）的时间节点。这里不妨问一个问题：在不同时期占主导地位的思想中，是哪个超越情境的元素起到了这种积极的作用。因为在人类的思想中，能够起到乌托邦思想作用（即冲破现行秩序束缚作用）的往往不是同一种力量、内容或者形象。

① 参见A.多伦的《愿望的空间与愿望的时间》，第158页（1924－25瓦尔堡图书馆的讲课，莱比锡，柏林，1927）。这本著作可作为未来的参考，是从文化史与思想史的观点出发处理问题的最佳指南。它还有一个相当好的参考书目录。在本书中我们只引用了多伦著作的参考书目中没有列出的书名。多伦的论文可以被归为主题史（有些类似艺术史中的插图）。为了这个目的，他提出了特别合适的术语（“空间的渴望”和“现世的渴望”），但是为了我们的目的，即构建现代意识结构的社会学史，它只有一些间接价值。

在下文中我们将看到，在我们意识中的乌托邦元素的内容和形式都是会发生变化的。任何特定时间存在的情境都不断受到各种超越情境的因素的破坏。

在独立于社会生活之外的领域里，乌托邦思想的内容和形式是不会发生变化的。各种形式的乌托邦思想，尤其是在现代历史的发展中，相继出现的各种形式的乌托邦在初期都与特定历史发展阶段密切相关，每一种都与特定的社会阶层密切相关。经常出 186
现的情况是，占主导地位的乌托邦思想最初只是某个个人奇思妙想的愿望，后来才成为一个包容性较强的群体的政治目标，这些目标在不同时期可以根据社会学的方法比较准确的确定。在这种情况下，一般都会说到一个先驱者和他所起的先驱者的作用，从社会学的角度把这个人的成就归功于一个群体，因为是他把这种观点传播给这个群体，并代表这个群体全盘考虑了这些思想。这里涉及一个假定：事后接受某个社会阶层的新观点仅仅揭示了这种观点的推动力及其社会根源，而这个先驱者早已不自觉地参与其中，并从中获得他在其他方面无可争议的个人成就的总体趋势。认为个人创造力的重要性将被否定，这是对社会学研究成果扩散面最广的误解之一。恰恰相反，如果新事物不是源自那些突破现行秩序束缚的个人所具有的新奇、独特的思想，那又能指望它们源自哪里呢？不过社会学历来的任务就是要证明，新事物最初那种令人激动的东西（即使它们经常以现行秩序对立面的形式出现）实际上还是以现行秩序为取向的，而现行秩序本身则植根于社会生活中各种力量的结盟关系与对立关系之中。此外，在那些具有独特“魅力”人格的个人的成就中，新东西只能用于集体生活，它从一开始

就与当时一些重要问题有关，而且从一开始它的意义就遗传性地植根于集体的目的。然而，我们不能过高地估计杰出个人和集体之间的关系的重要性，因为自文艺复兴以来，我们就习惯于这样做了。从那时起，人们就把个人思想的贡献与它在中世纪或东方文化中所起的作用相提并论，使之显得相对突出，可是它的重要性不是绝对的。即使一个看似孤立的个人给他的乌托邦群体赋予了一定的形式，这归根结底还是可以正确地归功于这个群体，而他的成就是与这个群体的集体努力一致的。

把个体成就与群体的关系说清楚之后，我们就有资格根据历
187 史时期和社会阶层来谈论区别各种不同的乌托邦思想，并从这一观点出发来看历史。根据我们的定义，一个有效的乌托邦思想从长远来看不可能是某个个体努力的结果，因为单凭自己的力量，这个个体是不可能撼动历史一社会形势的。只有当这个个体的乌托邦概念驾驭了社会中已经存在的潮流并赋予它表达方式，只有当它以这种形式回流到整个群体的观念之中，并由这个群体将其转化为行动，只有这时候，现行秩序才有可能受到为争取另一种存在秩序的挑战。确实，可以进一步说，在逐渐组织起来的集体行动中，只有当社会各阶级的灵感在适应不断变化的形势的乌托邦思想中体现出来的时候，他们改变历史现状的过程才会有效，这是现代历史的一个非常基本的特征。

正是由于在乌托邦的不同形式和改变现行秩序的社会阶层之间存在着密切关系，所以现代乌托邦思想的各种变化就成了社会学研究的一个主题。如果我们可以谈乌托邦思想的社会和历史区别，那么我们就必须问自己这样一个问题：要理解它们在特定时期

内的形式和内容，难道就不要对他们所引发的社会历史观点进行具体分析？换句话说，对乌托邦思想的理解的关键在于在任何时候都支持这些思想的那个社会阶层的构成情况。

如果把相继出现的各种乌托邦思想看成是直线发展的承袭关系，而且考虑到它们的出现并保持相互敌对的反乌托邦思想的事实，那么它们的个体形式的特点实际上就变得很容易理解了。在这种历史性的继承过程中，出现了不同形式的积极乌托邦思想，它们与某些确定的社会阶层为争取支配地位的斗争有关系。尽管常常会有例外，但这种关系会继续存在下去，所以，随着时间的推移，就有可能谈到关于最初出现在继承过程中的不同形式的乌托邦思想共存的话题。它们的存在与有时隐形、有时公开的相互敌对的社会阶层有着密切的关系，这一事实也反映在它们的表现形式上。

与它们有关的各个阶级的命运变化，不断以各种具体的、不同形式的乌托邦思想表现出来。他们必须在冲突（即使只是相互对立意义上的冲突）中进行以对方为目标的相互取向，这一根本事实在他们身上面留下了明显的印记。这样一来，社会学家就可以真正把 188
这些乌托邦思想理解为一个不断变化的星座中的一部分。[①]

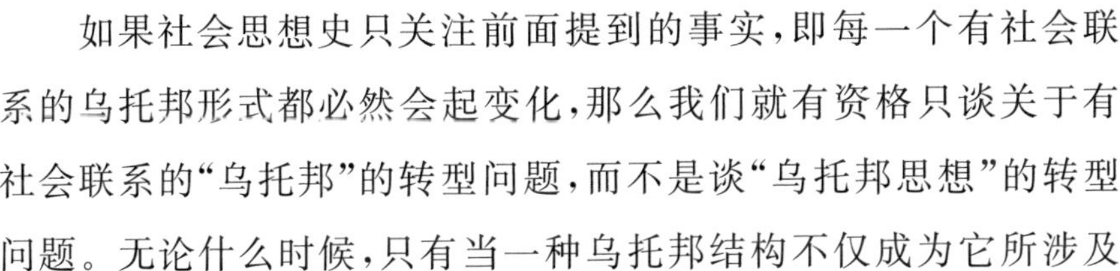

如果社会思想史只关注前面提到的事实，即每一个有社会联系的乌托邦形式都必然会起变化，那么我们就有资格只谈关于有社会联系的“乌托邦”的转型问题，而不是谈“乌托邦思想”的转型问题。无论什么时候，只有当一种乌托邦结构不仅成为它所涉及

① 把星群格局分析变成文化社会学工具是阿尔弗雷德·韦伯的一大功劳。我们正在尝试把他对这个问题的构想（虽然只是在特定的意义上）用于分析上述情况。

的思想“内容”的重要组成部分，而且至少已经完全渗透到这个思想的总体倾向中，我们才可以正确地谈论这种乌托邦思想。只有当在这个意义上的乌托邦元素与当时的主导思想的方方面面完全融合的时候，只有当经验、行动及观点（看法）的各种形式都以符合这种乌托邦元素的方式组织起来的时候，我们才实际上真正有资格探讨乌托邦的各种不同形式以及乌托邦思想的不同构成和不同阶段。我们的任务就是证明这种彻底的内部关系确实存在，这个任务把我们的研究推向了高潮。

决定这些单一经验的顺序、排序与评估的，正是这个乌托邦元素，即，这种主导愿望的本质。这种愿望是一个组织原则，它甚至可以规范我们体验时间的方式。在乌托邦思想中，各种事件的排序形式，以及个人在无意识地观察各种事件时强加给时间流的无意识的明显节奏，似乎是一幅可以直接看见的图画，或者至少是一套可以直接理解的意义。我们永远不可能非常清楚地把握一个群体思想的核心结构，这不像我们根据它的希望、渴望和目的来理解它的时间概念那样容易。在这些目的和期望的基础上，一个给定的思想不仅在对未来的事件，而且也在对过去的事件进行排序。用这样的观点来看，一些初看起来像流水账似的事件，就会呈现命
189 运的特点。事实本身就确立了它们之间的关系，意义中的重点是根据个人努力的基本方向来分配和分派给各个事件的。根据意义来排列事件与根据时间来进行排列有很大的不同，而历史时间的结构原则正是在这种按意义排列的过程中被发现的。但是有必要进一步深入探讨：这种对意义的排列实际上是理解和解释历史事件最原始的元素。正如现代心理学所揭示的：格式塔（Gestalt）优

先于部分，我们对部分的最初了解是来自整体的，所以这就是历史性的理解。这里，我们也有一个把历史时间感看成有意义的整体，在对事件的排列中，整体可以“优先”于部分，而且通过这个整体我们第一次真正理解了事件的整个过程以及我们在其中的位置。由于这种历史时间感的极端重要性，我们将特别强调在每一种乌托邦思想和相应的历史时间观点之间存在的联系。

我们提到乌托邦思想的某些形式和阶段时，头脑里就有一些具体的、可发现的思想结构，因为我们能在活生生的个体身上发现它们。这里我们考虑的并不是某些纯粹随意构建的一致性（例如康德的“意识本身”），也不是超越个人具体思想的形而上学的整体（像黑格尔的“精神”）。我们指的是具体的、可发现的思想结构，因为它们可以在个体身上表现出来。因此这里我们关注的是具体的思想、行为、情感及其在具体类型人身上的内在联系。乌托邦思想的纯粹形式和阶段只存在于它们的理想形式的构想中。这里呈现的思想的历史社会类型，都无法在某个个体身上得到纯粹的体现。[①] 相反，在每个具体的个体身上，都有一些与其他形式的思想结构混合而成的某些类型的思想结构中的某些元素在运行。

我们接下来要在对这些乌托邦思想进行历史—社会区别的时候分析它们的理想形式，我们不想把它们看成是认识论或形而上学的结构。它们只是方法论的工具。任何实际存在的个体思想，都没有与即将描述的这些类型及其结构上的内在联系完全对应的地方。然而，从正确性来说，每一种个体思想（尽管有各种不同的 190

① 参见本书第 52 页及其后，第 182 页。

混合)总体上都会根据这些历史性的变化类型的某种结构进行组织。这些结构,比如马克斯·韦伯的理想形式,所起的作用仅仅是掌握过去和现在的复杂情况。在我们这里,它们还被用于理解心理学的事实,也被用于理解从历史的角度看待正在展开并在其中运行的那些结构,尽管它们都“非常纯粹”。

## 第三节 乌托邦思想的结构变化:它在现代的各个阶段

### (一)乌托邦思想的第一种形式:再洗礼教派放纵的千禧年主义

从我们这个问题的观点来看,现代历史的决定性转折点,就是“千禧年主义”与受压迫的社会阶层的积极要求联手的时刻。① 在世界上将出现千禧年王国的思想总是包含着革命化的倾向,而教会则动员一切手段,不遗余力地要使这个超越情境的思想瘫痪。这些间歇性复活的信条出现在一些人身上,弗洛雷斯岛的约阿希

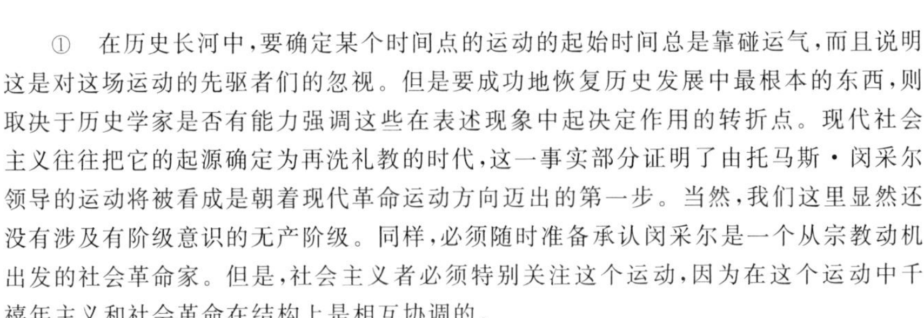

① 在历史长河中,要确定某个时间点的运动的起始时间总是靠碰运气,而且说明这是对这场运动的先驱者们的忽视。但是要成功地恢复历史发展中最根本的东西,则取决于历史学家是否有能力强调这些在表述现象中起决定作用的转折点。现代社会主义往往把它的起源确定为再洗礼教的时代,这一事实部分证明了由托马斯·闵采尔领导的运动将被看成是朝着现代革命运动方向迈出的第一步。当然,我们这里显然还没有涉及有阶级意识的无产阶级。同样,必须随时准备承认闵采尔是一个从宗教动机出发的社会革命家。但是,社会主义者必须特别关注这个运动,因为在这个运动中千禧年主义和社会革命在结构上是相互协调的。

姆就是其中之一，但是在他身上，它们并没有被看成是革命的。然而在胡斯的信徒们那里，在以后的托马斯·闵采尔[1]以及再洗礼教的教徒那里，这些思想就被发展成具体社会阶层的积极的运动。到当时为止，这些渴望既没有与一个具体的目标相联系，也没有集中在来世的目标上，但却突然有了世俗的色彩。现在它们成了可 191
以实现的目标——当前——而且为社会行为注入了非凡的热情。

“政治的灵魂化”可以说是在这个历史转折关头出现的，它或多或少地影响了当时的各种思潮。然而，精神方面紧张状态的则是由于在社会受压迫阶层中出现了乌托邦思想。如果我们把政治理解为社会各阶层或多或少地自觉参与完成某些世俗目标，那么政治这个术语的现代意义也就从此开始了，这与宿命论者对事件或对来自“上天”的控制一味接受的情况形成明显对照。[2]

中世纪后的一段时期内，下层阶级才渐渐地假定在整个社会进程中的这种推动作用，而且是逐步地意识到他们自己的社会和政治中的重要性。正如前面所暗示过的，即使这个阶段离“无产阶级自我意识”阶段还相去甚远，但这毕竟是逐步走向这一进程的起点。从此以后，社会中的受压迫阶级开始以一种比较明确的方式

① 在与闵采尔有关的文献中，我们只提一提K.霍尔的文章“路德与宗教狂”(《基督教发展史论文集》，蒂宾根，1827年，第420页起)，其中收集了关于这个问题的大量文章，令人赞叹。在随后的参考文献中我们干脆列出了霍尔的文章，而没有详细引用。要了解千禧年的特点，请特别参照E.布洛克的《革命的神学家托马斯·闵采尔》(慕尼黑，1921年)。闵采尔与该书作者的密切关系使这本书对千禧年现象的本质进行了非常充分的描述。这其中有一部分已经在前面引述的多伦的作品中进行了正确的评价。

② 当然，对于政治的定义可以有几种方法。在这种情况下我们还是应当记住先前说过的一段话：定义总是和它的目的有关并和观察者的观点有关。这里我们的目的是跟踪集体意识的构成和政治历史之间的关系，所以我们的定义必须与这个问题的构成有关，因为这个定义选择了某些事实。

在整个社会进程的动态发展中起到了特定的作用。从这时开始，我们对目的和思想观点的社会区分就不断变得多起来。

这丝毫不意味着这种最极端的乌托邦思想形式应当成为从那段时期以来的历史中的唯一决定因素。然而它在社会领域的存在甚至对各种对立的思想都产生了近乎连续的影响。就连这个极端
192 乌托邦思想形式的对手们也在调节自己的取向，不过他们在提起它的时候，并不是很明智的、也不是有意识的。这种乌托邦式的想象导致了一个相反的想象。革命者的千禧年乐观主义最终产生了保守主义者的放弃观点以及政治上的现实主义观点。

这种情况无论对政治，还是对那些放弃超然冷漠观点、与各种实际运动融合的精神奋斗，都是大好的时机。在世俗环境中出现了放纵的精力和狂热的情感爆发，平常超越日常生活的各种紧张关系成了这个背景下具有爆炸性的因素。不可能中产生出可能，[①]绝对在干预世界，在决定实际事件。现代乌托邦这个根本的、最激进的形式是由特殊材料造就的。它符合农民、符合与大地最接近的那个阶层的精神骚动和身体亢奋。同时，从物质方面来看它是强劲的，而从精神方面来看它是高级的。

用“思想史”的观点来理解这些事件最容易产生误导。驱使人们采取革命行动的并不是“思想”。革命行动实际上是在狂热放纵的精力支配下爆发的。意识中超越现实的元素受到激励，产生了积极的乌托邦功能，但这些元素并不是“思想”。在乌托邦思想的

---

① 闵采尔本人曾谈到“变不可能为现实的勇气和力量”。引文参见霍尔的著作，第429页。

自由—人道主义阶段产生了一种无意识的歪曲，那就是认为这一阶段发生的事件都是由“思想”引发的。[①] 思想的历史是由“受思想影响的”时代创造的，而这个时代则是根据其自身的主要经验不自觉地对过去进行了重新诠释。在农民战争期间，驱使人们采取革命行动的也不是“思想”。革命行动爆发的根源在更深层的、重要的、基本的精神层面。[②]

如果我们要较好地理解千禧年主义的实际内容，而且要科学地理解它，首先就要把千禧年主义本身与千禧年思想用来进行思 193
维的各种意象、符号和形式加以区分。在这里，我们的经验比在任何其他地方都有效，早已形成的经验以及所呈现的表达方式，往往都与它们的起源脱节，独立于触发它们的动机，以自己的方式在进行。千禧年主义往往总是脱离它自身的形象和象征，这是它的基本特征。这种乌托邦思想的驱动力并不在于它的外部表达形式，正因为如此，仅仅基于思想史来看待这种现象就不可能做到公正。这样的观点往往会使我们看不见那个基本点。如果我们运用思想史的方法，我们往往会用早就被清除了实际内容的参照系框架史，即纯粹千禧年思想史本身，来取代千禧年主义实质内容史的位置。[③] 同样，对于千禧年革命者的生平调查往往也会是误导的，因



① 这个问题将在下一节中讨论。

② 闵采尔谈到，只有当灵魂的力量被揭示，才能看到“精神的深渊”。参见霍尔著作，第 428 页注释 6。

③ 在闵采尔与路德的争论中，有证据表明上述关于强调通过经验才能领悟分信念实质和体现这种信念的“思想”之间的分歧。闵采尔认为，路德是一个只相信经典的人。闵采尔认为，这种信念是“剽窃来的、无经验的、拙劣的模仿”。引文见霍尔著作第 427 页。

为在时间进程中逐渐衰退，在个人经验中经历持续不断的变革，是千禧年主义的本质。因此，如果我们要坚持调查的主题，就必须找到一种研究方法，以便就材料提出一种生动的见解，好像那是我们自己的亲身经历。我们必须不断地问自己一个问题：千禧年主义的观点本身实际上是不是以我们在特定情况下用来处理问题的思想和经验的形式出现。

千禧年主义经验的唯一真实、也许也是唯一直接的显著特征，就是绝对现在。在当前的空间和世俗阶段，我们总是占有一席之地，但是从千禧年主义经验的观点来看，我们这种占据只是偶然。对于真正的千禧年主义者来说，现在成了一个缺口，曾经内向的东西通过这个缺口突然爆发出来，掌握了外部世界并在改变它。

神秘主义者生活在对狂喜的回忆或者对它的渴望中。他把这种狂喜比喻为一种心境，是无法用空间和世俗的术语来构想
194 的、与那个封闭的来世相结合的心境。[①] 与千禧年主义者一起转
入“当前”的，也许还有这种狂喜，但他不单单是为了高兴，而是为了把它鼓动起来，使它成为自身的一部分。作为千禧年主义的先知，托马斯·闵采尔是这样表述的：“为此原因，所有先知者都应这样说：‘主如是曰，’而不是‘主这样说，’好像这是过去说的，而不是现

① “妨碍心灵与上帝沟通的莫过于时间和空间了”。参见迈斯特·埃切哈特，《参考文献与布道》，巴特纳编（耶拿，1921，第1卷第137页）。“如果心灵要理解上帝，它的立足点就必须高于时间和空间！”（同上，第138页）如果心灵正在超越自身，准备否认其自身及自身的活动，那是通过上帝的恩典……”（第1卷第201页）。关于中世纪神秘主义与闵采尔的宗教狂热之间的区别，参见霍尔的相关评论。“中世纪的神秘主义用人为的手段、用苦行主义以及不妨这样说，企图强制人与神合一，但闵采尔认为是‘上帝自己拿起长柄镰刀从人们中间割除了杂草’。”（参见霍尔著作第483页）

在说的。”[①]

神秘主义者的经验纯粹是精神上的，而且如果在他的语言中有感性经验的痕迹，那是因为他必须表达一种难以表达的精神交流，而且只能在日常生活的感性类比中找到自己的象征符号。然而，千禧年主义者的感性经验表现非常活跃，而且与他身上的精神是无法分离的，就像他与自己的直接现在无法分离一样。他好像是通过这种直接现在才来到这个世界并进入自己的身体的。

用闵采尔自己的话来说：

> 我只求你们接受我在其中生活和呼吸的这个活生生的词汇，这样它就不会毫无内容地回到我这里。把它藏在心里吧，我以基督殷红鲜血的名义恳求你们。我接受你们的陈述，但也希望向你们陈述。如果我不能这么做，我将成为现世和永世死亡的孩子。我无法向给你做出更崇高的誓言。”[②]

① 闵采尔述说过下面一段类似的话：“他应当而且必须知道，上帝在他心中，他想到上帝的时候不要认为他好像是在一千英里之外。”（霍尔，第 430 页注释 3）

在其他地方，闵采尔在甜蜜的基督与痛苦的基督之间的区别问题上，也表现出精神与宗教方面的激进主义。他指责路德只代表了前者（霍尔，第 426－427 页）。进一步的解释，参见先前引用的布洛克的著作第 251 页及其后）。

② 在这个时代的创造性艺术中，如格吕内瓦尔德的绘画中，能发现与这种最活跃的感性主义与最高精神境界密切融合的平行对应物。而且被发挥到了恢弘的极致。有关他的生平材料甚少，所以无法确定他是否与再洗礼教派有什么关系。然而，提及格吕内瓦尔德是为了说明我们的上述观点。（参见 E. 海德里希的《古代德意志绘画》，耶拿，1909 年，第 30－40 页，第 269 页）

另参见海德里希那部有教益的著作《丢勒与宗教改革》（莱比锡，1909 年），他在书中清楚地表明了那些狂热者与他们的追随者，包括纽伦堡的画家汉斯·西博尔德、巴特尔·贝哈姆和的格奥尔格·彭茨之间显而易见的关系，以及丢勒反驳他们的辩护词。海德里希不仅看出丢勒的艺术中路德教派的宗教狂热，而且也看出格吕内瓦尔德作品中类似的宗教狂热。

195 千禧年主义者希望与直接的现在相结合。因此他在日常生活中并不专注于对未来的乐观希望或者对过去的浪漫回忆。热切的期望就是他的观点的特点。对那个吉祥时刻，他总是翘首以盼，所以对他来说就没有内心的时间表达。他其实并不关心即将到来的新千年；[①]对他来说，重要的是它就发生在当前，它是产生于世俗的存在，突然转向另一种存在。对他来说，即将到来的未来希望并不是推迟行动的理由，只不过是一个定向的点，对于普通的事件进程来说是外在的东西，他在这里注意观察，准备跳跃。

由于结构上的特点，中世纪的封建社会中并不存在现代意义上的革命。[②] 自从这种形式的政治变革最初出现以来，千禧年主义总是与革命的爆发相伴，而且总是给它们注入精神。当这种精
196 神逐渐衰落并退出这些运动的时候，在这个世界的背后还存在赤裸裸的大众狂热和去精神化的愤怒。千禧年主义认为革命本身就

① 闵采尔："……我们这些尘世间的有血肉的生灵，应当以基督变成人为榜样，逐步修成正果，应当与他一起成为上帝的门生，接受上帝及其精神的教诲，成为圣贤并完全转变神，所以世俗的生活就会变成天堂的生活。"（引文出自霍尔，第 431 页，注释 1）

根据经验内化的社会学，根据总体上的经验形式和政治－公众活动形式之间关系的理论，应当指出，在卡尔斯塔德和南德浸礼教与闵采尔分道扬镳的程度问题上，他们逐步远离千禧年主义的现世经验而转向先知经验与对未来的乐观希望（参见霍尔，第 458 页）。

② 斯塔尔早就指出，现代革命不是普通的反对某个压迫者的起义，而是以彻底和系统的方式进行反对整个社会秩序的一场预演的努力，这是它的特点之一。如果把这个系统目标确定为分析的起点，如果找到它历史的与思想的先行者，在这种情况下我们就找到了千禧年主义。虽然千禧年主义不是系统的，但它似乎在其他方面、在某一个阶段，往往都有一种抽象的系统方向。因此，像拉德范伊就指出千禧年主义并不攻击个人，它只是攻击与打击活跃在个体和机构中的邪恶原则。（参见他当年的未发表的论著《千禧年主义》，海德堡，1923 年，第 98 页。）更多的引文，参见霍尔著作。第 454 页。

是一种价值，不是为达成理性的既定目标不可避免的手段，而是现实世界中唯一具有创造性的原则，是它在现实世界中的长期愿望的实现。巴枯宁说：[①]“破坏的意志是一种有创造力的意志，”因为他内心的魔鬼，他喜欢把这个魔鬼说成具有传染性的。对于实现一个理性规划的世界他根本不感兴趣，他下面这番话使他露了馅：“我并不相信制度或法律。最好的宪法也不会使我感到满意。我们要不同的东西。风暴和活力以及一个没有法律并因此而自由的新世界。”

无论什么时候，只要这种狂热精神对扩大了的视野和形象产生厌倦，它就会再度对我们做出实现更加美好的世界的具体承诺，尽管这种承诺根本不是从字面上理解的东西。对于这种思想而言，各种关于美好世界的承诺在时间和空间上都很遥远，就像无法兑现的支票——它们的唯一功能就是在我们所说的“超越事件的世界”固定那个点，而正在期待那个吉祥时刻到来的人可以放心，他肯定已经脱离了那个仍然处于形成阶段的世界。他与当前的“邪恶”中所发生的事件格格不入，他在等待这些事件的唯一重要连接，等待外部环境中一连串事件与他心灵中的狂热躁动发生巧合。

因此，在观察千禧年主义思想的结构和发展过程的时候，下述的情况并不重要（虽然对于动机多样化的历史来说，它可能比较重要）：在世俗乌托邦存在的地方，我们得到的是一个存在于空间的乌托邦，在理性与启蒙时代，封闭的理性推论逐渐渗透到乌托邦的

① 下面这句话是从巴枯宁的文献中引用的。我们在后文中还将说明，我们认为，巴枯宁的多样化的无政府主义几乎无异于在这个世界上继续推行千禧年主义。

观点中。从某种意义上说，理性的、符合公理的出发点、推论程序的封闭体系以及动机的内部平衡能力一起构成了这个公理，它们能像乌托邦的梦想那样，确保内部凝聚力以及与这个世界的隔绝。①

仅仅在思想上正确或者有效的东西，在空间和时间上都很遥
197 远，从某种意义上说，它更有可能导致超越经验的外部领域，而不
像那些充满世俗世界物质内容的乌托邦梦想可能希望的那样。

没有什么比这个封闭的理性体系离实际情况更加遥远。在某些情况下，也没有什么比一个完全不受外界影响的、唯理智论的世界观所包含的非理性的动力更大。然而，在每一种正式的思想体系中，都存在着千禧年主义一狂热元素消退，潜藏到思想背后的危险。因此，并不是每一个理性的乌托邦思想都等同于千禧年信念，而且在这个意义上，也不是每一个理性的乌托邦都代表着与这个世界的脱离和异化。理性乌托邦的抽象本质与在这个完全直接的现世中具有世俗警觉的千禧年主义信念的强烈情感驱动力是矛盾的。因此，虽然理性乌托邦思想往往产生于千禧年主义的思想，但却可能无意中成了后者的主要对手，就像自由主义一人道主义乌托邦越来越反对千禧年主义一样。

### （二）乌托邦思想的第二种形式：自由主义一人道主义思想

自由主义一人道主义的乌托邦思想也是在与现行秩序的冲突

---

① 参见 H. 弗赖尔的“乌托邦问题”一文，载《德意志评论》，1928 年，第 183 卷，第 321—345 页。另参见下文中将详细引用的吉尔斯伯格的著作。

中产生的。它的典型形式也包括一个反对邪恶现实的“正确的”理性概念。然而，这个反概念并没有被用来作为一个蓝图，并根据它在给定的时间节点上重建这个世界。它主要是起到一个“测量杆”的作用，可以用它对具体事件的进程进行理论评估。自由主义一人道主义的乌托邦思想就是这样的“思想”。然而这不是希腊传统中静态的柏拉图式的思想——那是一种具体的原型，是一种主要的事物模式；这里的思想被设想为投影在无尽的未来的一个正式目标，它仅仅起到在世俗事务中进行调节的作用。

然而，有必要进一步进行区分。例如，像在法国这样的地方，形势发展成熟，成为一种政治攻势，唯理智论的乌托邦采取了具有
极其明显轮廓的理性形式。[①] 在不可能走这条道路的地方，比如 198
在德国，乌托邦是内向的，具有主观色彩。在这里，通向进步的道路不是在外部行为中或革命中去寻找，而是完全从人的内心及其变化中去寻找。

千禧年主义割断了与这些历史存在阶段的所有联系，而这些阶段就在我们的日常变化过程中。这种思想随时都可能对这个世界、它的文化、它的所有工作与世俗的成就产生敌视，认为它们过早地就对一些较为基本的努力感到满足，而只有在凯洛斯那里，才

① 关于法国的“思想”概念，在格林的《德语词典》中说：“……在十七世纪法语应用的初期，曾给这个词以核准的精神代表的含义，一个思想，或者某个东西的概念”（利特雷，2，5c）。正是在这个意义上，我们在十八世纪前半叶、在受到法国决定性影响的德国作家的著述中发现了“思想”这个词；在一段时间内，这个词在书写中甚至加上了法语的重音。

达到这样充分的满足。[①] 自由主义者的基本观点具有积极接受文化、给人类事务以伦理色彩的特点。他最适合担当的角色是批评者，而不是有创造性的破坏者。他没有中断和现在——现实世界——的联系。每一个事件都有令人鼓舞的思想环境和需要达成的精神目标。

千禧年主义认为，精神是一种力量，是通过我们来达到满足和进行表达的。对于人道主义的自由主义来说，它是“另一个领域”，[②]当它被我们的道德意识吸收之后，可以激励我们。法国大革命是致力于重建这个世界的，指导这场重要革命前前后后各种活动的是思想，而不是赤裸裸的狂热。这一现代人道主义的思想从政治领域扩散到文化生活的所有领域，最后形成了“理想主义的”哲学，其目的是达到自我意识的最高阶段。现代哲学史最繁盛的时期与这一现代思想的诞生和发展不谋而合，当哲学领域比较适合于自由主义—人道主义观点的特定趋势再次受到政治领域狭隘界限的限制时，它就开始解体了。

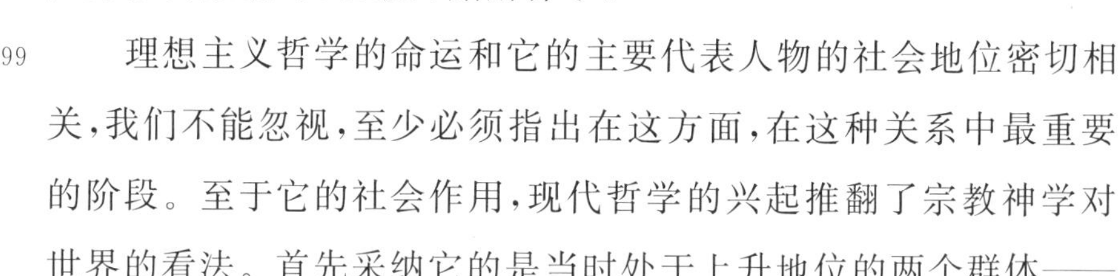

199 理想主义哲学的命运和它的主要代表人物的社会地位密切相关，我们不能忽视，至少必须指出在这方面，在这种关系中最重要的阶段。至于它的社会作用，现代哲学的兴起推翻了宗教神学对世界的看法。首先采纳它的是当时处于上升地位的两个群体——

① 在希腊神话中，凯洛斯是机遇之神——关键时刻的天才。在保罗·蒂利希的《宗教的形势》中有关于基督教对此的解释进行的描述(H. R. 尼布尔翻译，纽约，1932年，第138—139页：“凯洛斯是已完成的时间，是受到永恒入侵的那一刻。但凯洛斯并不是完美或完整的时间”——英译者注。)

② 参见弗赖尔，本书引用，第323页。

绝对的君主国和资产阶级。直到后来它才成为资产阶级独有的武器，逐渐同时代表了文化和政治。君主体制走向反动之后，就到神权政治思想中去寻求庇护。甚至无产阶级也把自己从唯理智论的理想主义哲学框架中解放出来了，尽管它先前也像它现在意识中的敌人资产阶级一样奉行过这样的哲学。

现代自由主义思想进行的是一场双重的斗争，这种思想具有独特性，很高尚，是一种想象的创造。这种理想主义的思想既避免了千禧年主义吁请上帝时对现实的梦幻般的概念，也避免了受尘世与时间制约的世界观对事和人的保守的、往往非常狭隘的控制。这种唯理智论观点的基础在社会的中层，在资产阶级，在知识界。这种观点，根据其代表群体之间的结构关系，是在被压迫阶层的活力、狂热、仇恨，以及愿望与现实完全一致的封建统治阶级的直接正确性中寻求一条动态的中间道路。

资产阶级自由主义过度沉湎于规范，忽略了实际存在的现实情况。因此它必然会为自己构建一个理想的世界。这个世界是高尚的、超然的，同时也是让人肃然起敬的，但是它失去了与自然的所有实际联系，也失去了对物质世界的所有感知。在这种情况下，自然主要代表了合理性，是由判断正确与错误的永恒标准规范的事物的状态。甚至当时占主导地位的那一代人的艺术也反映出它的哲学概念——永恒、绝对，没有主体的世界以及个性化。[①]

在这里，也像在历史上大多数其他时期一样，艺术、文化和哲学不过是那个时代的社会与政治力量造就的主要乌托邦思想的表

---

① 参见平德的《欧洲艺术历史上一代人的问题》(柏林，1926 年)，第 67—69 页。

200 达形式。自由主义一人道主义思想在内容上明显缺乏深度和色彩，就像与之对应的艺术一样。这种思想模式的高度上，与缺乏色彩相对应的所有占主导地位的理想都是空洞的：狭义的文化、自由、个性只不过是内容的框架，我们可以说，内容是有故意未定的。在赫德的《关于人道的通信》中，在“人道”理想的初期阶段，并没有明确的说明这种理想的具体内容：它曾经是以目标形式出现的“理性和正义”；有时候它又是他认为值得为之奋斗的“人类福祉”。

在哲学和其他一些领域，与过分强调形式相对应的，是这种中间立场以及它的所有思想都缺乏具体内容。与把历史看成直线发展的进步与进化的经验方式相对应的，是雕塑艺术缺乏深度以及纯线性方式占主导地位。这种直线发展的概念主要有两个不同的来源。

一个来源是西方资本主义的发展。资产阶级理性的理想被确定为目标，与现行事物的状态形成了反差，于是就有必要弥合事物在自然状态下的不完美与以进步理念为手段的理性指令之间的差距。由于相信现实在不断朝着越来越接近理性的方向发展，所以规范的标准和事物的现状之间形成了妥协。虽然这种不断接近理性的思想最初是模糊的、不确定的，但是吉伦特派的孔多塞却赋予了它具体的经典形式。正如库诺[①]从社会学的观点出发所正确分析的那样，在吉伦特派堕入由社会中间阶层所持的历史观念之后，孔多塞把这个阶层令人醒悟的经验进行了整合。完美状态的终极目的没有受到谴责，但是革命被认为只是一个过渡阶段。进步这

① H.库诺的《马克思主义、社会和国家理论》(柏林，1920年)，第1卷第158页。

个思想在自己的道路上增加了许多困难，因为它发现，在依然被认为是直线发展的过程中存在一些必要的步骤和过渡阶段。从理想的观点来看，以前所有那些暂时的东西都被认为是错误或偏见，因 201
而被一笔勾销了，我们至少发现，孔多塞对达到完美状态之前这些试探性阶段做出了相对正确的让步。在任何特定的时代，“各种偏见”都被认为是不可避免的。作为那个时期“历史画卷的一部分”，它们被关于进步的思想所吸收，并随着时间的推移，变成了比较容易区分的阶段和时期。

这种发展概念的另一个来源在德国。莱辛在《人类的教育》一书中，根据冯·德·戈尔茨和格利希的观点，[①]提出自然出现的进化思想具有世俗化的虔诚的特点。除了这个来源，如果还考虑到虔诚主义教派是从荷兰引进到德国的，它原本就包含某些浸礼教元素，那么就可以把这种关于发展的宗教思想理解为逐渐脱离千禧年主义的冲动——作为不变的信念（Harren）成为在德国背景下的“等待与期盼”的过程，而千禧年主义的时间观念则不知不觉地与一种革命的观念融合了。

这条线从阿恩特、科策尤斯、施佩奈尔、青岑道尔夫一直延伸到与莱辛属同时代人的虔诚的本格尔。本格尔已经谈到上帝的历史性管理，谈到从世界之初到世界末日过程中的连续不断、始终如

① 冯·德·戈尔茨的文章“神学的意义，J. A. 本格斯及其弟子”一文，载《德意志神学年鉴》（哥达，1861 年）第 6 卷，第 460－506 页。Fr. 格利希的《共产主义是千年帝国的样板》（慕尼黑，1920）。这是一本为宣传目的而写的书，它在许多方面过于简单化，过于浮浅，但上面引述的它的许多基本思想似乎都得到了正确的理解。（参见附录）多伦（前已引述）对这本书的价值做过恰如其分的评价。

一的进步。人们认为莱辛是从他那里接过人类无限完美性的思想，把它世俗化，使它融入理性的信念，然后以他自己的形式把它作为德国理想主义传统来传承。

无论这个关于进步的概念会以什么方式出现，无论是以宗教思想不断变化的形式，还是以理性主义的反运动形式，这个概念中早就包含了与千禧年主义思想形成对照的、对具体的“当前”正在进行的进程的越来越多的关注。

202 千禧年主义的期盼随时都有可能实现。现在，乌托邦思想的元素也像自由主义－人道主义思想一样，在历史进程——这是历史演变的高潮点——中有了自己确定的地位。它与先前突然出现的、完全来自“外部”的乌托邦的概念形成了对照，从长远来看，它意味着相对降低了突然性历史变化这种说法的调门。从此以后，就连乌托邦的观点也认为世界正朝着实现其自身目标，即一个乌托邦的目标前进。从另一个角度看，乌托邦主义与生成过程的联系也越来越紧密了。这种思想只有在某个遥远的未来才能完全实现，在目前这个持续发展的过程中，它成了一种规范，把这一规范应用到细节上，就会产生逐步改良的作用。任何批评细节的人都因为那样的批评而与现在这个世界绑在了一起。对当前文化发展的最直接趋势的参与，对现行制度优越性及其政治经济形成能力的强烈信念，都是那些不仅对播种感兴趣、而且希望现在就能进行收获的传统继承者们的特点。

但是这个处于上升时期的社会阶层还没有开始认真对付真正的社会问题，在对国家进行自由对抗的时代，它仍然不理解那个占主导地位的社会阶层为绝对价值定位的历史意义，即权力和赤裸

裸的暴力的意义。这种观点在理论上是基于哲学和狭义意义上的文化，实践上则是基于经济学和政治学，从保守主义的立场来看，无论它显得如何抽象，只要它关注世俗的历史事件，它就比脱离历史的千禧年主义思想要具体得多。历史时间感从来就是观察一种思想结构的可靠依据，比千禧年主义的思想要肯定得多，这一事实说明它更加接近真实的历史。我们看出，千禧年主义思想对于生成过程并不敏感；它，敏感的是突发的重要时刻，是孕育意义的现在。那种保持在千禧年主义水平上的思想既不知道，也不能识别——即使它的对手早已吸收了这一观点——通向一个目标或者一个发展过程的道路——它只知道时间的潮涨潮落。例如，在革命的无政府主义中保存着千禧年主义思想最纯正、最真实的形式。革命的无政府主义认为，自中世纪衰落以来，现在的时代就是一场革命。“这是事实的一部分，而且革命的概念就像再度发烧一样， 203
总是发生在两次发病之间的那段时间。如果在此之前没有疲劳，就不会发烧，之后也就不会筋疲力尽。[1] 这样，即使这种观点中有很多是从对手那里学来的，而且在一段时间里呈现出保守主义的特点，另一段时间里又表现出社会主义的性质，它甚至又出现在目前这个关键时刻。

千禧年主义对于“现在”的绝对经验排除了任何经验发展的可能性，它所起的唯一作用就是向我们提供了定性的时间区分。根据这个观点，有的时间是孕育着意义的，有的时间则是没有意义的。在这个事实中存在着一个重要的、区分历史事件的历史一哲

① 兰道尔，前已引述，第 91 页

学方法。要评估它的重要意义，必须首先说明一点：即使是对历史的经验主义的思考也不可能不对时间（往往是潜在的，因而感觉不到它的影响）进行历史一哲学的区分。上面提到的对历史时间定性安排的初步尝试，虽然乍看起来似乎不大可能，但它确实是源自千禧年主义的冷漠与狂热的经验。标准的自由主义思想也包含这种对历史事件的定性区分，此外它还不以为然地认为，任何东西一旦成为过去的一部分或者是现在的一部分，那它就是一种邪恶的现实。它把对这些标准的实现推迟到遥远的将来，与此同时，它与期待在超越历史的某个狂热点上实现这些目标的千禧年主义不同，它认为这是从当前的生成过程中，从我们的日常生活事件中产生的。我们可以看出，由此产生出典型的线性进化概念，还产生了先前超越与有意义的目标和现在的实际存在之间的相对的直接联系。



仅仅是在作为千禧年主义狂热态度的对应这方面，自由主义思想才是充分明了的，因为千禧年主义往往藏在理性主义外表的背后，不断从历史和社会的角度对自由主义构成潜在的威胁。这是反对一个社会阶层的战斗呐喊。这个阶层的力量来自它从现行秩序中继承的地位，它可以掌握当前，而且起初是不自觉地，后来
204 则是通过理性的思考。这里我们可以看出不同的乌托邦思想如何塑造整个意识的结构，如何反映两个历史时期和两个与之相应、根本不同的社会阶层的分歧，而这些乌托邦思想则代表着这些社会阶层的观点。

千禧年主义产生于中世纪正走向没落、分崩离析的时期。当时的一切都处于矛盾冲突之中。那是一个贵族、世袭贵族、市民、

熟练工人、流浪者和商人相互争斗的社会，是一个动荡不安的世界，人类精神最深层的脉动在寻求外向的表达。在这样的冲突中，各种意识形态并没有非常明晰地表现出来，而且往往很难清楚地确定它们所属的社会地位。恩格斯清楚地看到，最先使宗教改革的精神和思想乱象变成比较简单、比较清晰的术语的是农民革命。[①] 现在已经看得更加清楚，千禧年主义的经验具有社会最底层的特征。它的基础是被压迫的农民、熟练工人、初期的流氓无产阶级、狂热而容易激动的传教士等人。[②]

① 恩格斯《德国的农民战争》梅林编（柏林，1920），第40页及其后。

② 霍尔（同前，第435页）声称见到了一个反对社会学解释的观点，具体事实是：根据马克斯·韦伯的普通类型学（《经济与社会：社会经济学大纲》第1卷第3章第7节），闵采尔的思想将与下层阶级发生联系，被当时的“知识分子”所接受（如塞伯·弗兰克、卡尔施塔特·施文肯菲尔德等人）。如果要把社会学的问题简化到像他所做的那样，那么最后否决其结论也就不足为奇了。马克斯·韦伯历来坚持认为他提出普通类型学主要是为了描述一些理想的一典型的倾向，而不是立即可以理解的独特的星座（同前，第10页），社会学力图从历史角度分析这个独特的星群，当它涉及从社会学角度确定唯理智论的地位时，必须以特别谨慎的方式进行。在这时候有必要考虑对这个问题的陈述的下面几个方面：

（1）关于它们在社会学方面的矛盾问题（在考虑这并不是社会所有阶层的特点的时候，难道这不早就成了一个特定的社会学特点？）。

（2）唯理智论的代表是在哪个时间点上被驱赶到一个或者另一个阵营中去的？

（3）知识分子对于从其他阵营得来的思想在同化过程中是以什么方式进行修改的呢？（通过吸收思想的“折射角度”往往可以跟踪社会地位的变化。）

这样，霍尔（第435页及其后，459页，460页）对他所反对的社会学的正确性提出了非常有趣的文献确证。他认为，受过教育的人接受了闵采尔的观点之后，真的无法对它们进行进一步解释，而且他们也根本没有对这个理论做出任何带根本性的新的贡献。他们的东西更多的是来自书本和德国神秘主义的著作，特别是”德意志神学”，但是也有来自奥古斯丁的，还有的来自他们自己后来的直接、内部的经验。他们甚至于没有给语言本身增添任何色彩。他们在关键点上歪曲了这种单一神秘主义的东西，把关于中世纪神秘主义的教义和闵采尔关于基督教的信条变成了无害的混合物。（所有

205 过了很长一段时间之后，才出现了另一种形式的乌托邦思想。与此同时，社会也经历了一场彻底的变革。“爵士变成了官员，自耕农变成了驯服的公民”（弗赖尔）。这种形式的乌托邦思想也不是社会中最低阶层的表达，而是中级阶层通过有意识的自我修养来规范自己，把伦理与思想文化看作它的主要自我辩解（反对贵族），并不自觉地把经验的基础从狂热转向教育层面。

从千禧年主义的观点或者保守派的具体方法来看，自由主义思想无论多么抽象，都使现代历史中最重要的一段时期充满活力。右派和左派的批评逐步揭开了它的抽象性，但它的初期倡导者却没有意识到这种抽象性。也许正是这样的不可预见性造成了各种可能性，刺激了这样的幻想、这样新鲜而充满朝气的品格、这样的暗示和激励气氛，就连年事已高的黑格尔也转向了保守主义，但他在暮年时回忆起革命时期具有穿透力的伟大思想的影响时，仍然感觉到了这一点。唯理智论思想的核心是欢迎光明，这与千禧年主义令人不快的深度煽动形成了对照。光明终将普照世界的希望
206 是启蒙运动的主导思想，长期以来，甚至到了后期，这个希望仍在

这些都直接支持了上面提到的社会学理论，所涉及的是当一个社会阶层的思想被另一个阶层所接管之后，思想“折射角度”的可确定性问题。）

霍尔进一步告诉我们，随着运动的发展并日趋激进，一些人，尤其是知识分子，是如何在上面提到的那些领导人的带领下不断退缩的；在《编年史》中，弗兰克是如何以比路德更加厉害的语言谴责农民战争的；在与闵采尔分道扬镳之后，他的“世界观”如何经历重大转变；在这次分道扬镳之后，这些“知识分子”的“世界观”如何带上了遁世色彩；它是如何失去其“社会特征”的；以及在千禧年主义毫不妥协的地方出现了比较宽容的、几乎是调和论的“无形教会”的思想（同上，第 459 页及其后）。

这里只要我们再问一些适当的问题，并利用由这些问题产生的概念工具，许多东西就可以从社会学的角度来理解了。

向这些思想提供动力。

然而,除了这种激励美好想象、期盼遥远未来的希望,启蒙运动的自由主义思想最深层的动力在于,它受到自由意志的青睐,始终给人以无法预言与没有限制的感觉。不过,保守主义思想的独特性钝化了这种经验,这是一个事实。如果希望用一句话概括保守主义的主要成就,可以说,它有意识地与自由主义观点形成反差,正面强调了我们的观点和我们的行为的可预见性。

### (三)乌托邦思想的第三种形式:保守主义思想

保守主义思想本身并没有理论化的倾向。这一倾向符合这样的事实:人类只要能够适应自己所生活的实际环境,他们就不把它们理论化。在这样的生存条件下,他们往往把环境看成自然世界秩序的一部分,没有给他们带来问题。保守主义思想本身是没有乌托邦的。理想的是,它在结构上与它当前控制的现实是完全和谐的。它没有那种出自进步冲动而对历史进程的反思与阐释。保守主义的知识原本只是关于如何进行实际控制一类的知识。它包括习惯的取向,而且往往是偏向情景中固有因素的反思式取向。目前尚存在一些理想因素,是先前那个不稳定时期的紧张关系的遗存,现在只以被逐出历史领域的信仰、宗教和神话的意识形态的形式存在。正如我们所表明的,在这个阶段,思想往往容易接受产
生这种思想的附带的具体环境,好像它就是世界的正常秩序,是应 207
当理所当然接受的,而且造成任何问题。只有反对阶级的反击以及他们冲破现行秩序限制的倾向,才使保守主义思想对其自身优势的基础产生疑问,而且必然在保守派中引起关于他们自己的历

史一哲学反思。这样，就出现了起自我取向与自我防卫的反乌托邦思想。

如果处于上升阶段的阶级实际上没有提出这些问题，如果他们并没有在各自的反意识形态中提及这些问题，那么保守主义的自我意识倾向就会继续处于潜伏状态，保守主义观点就会继续停留在无意识的行为阶段。但是，代表一个新时代、处于上升阶段的阶级的意识形态攻势，确实使人们意识到在生活和行动中表现出的观点和思想。受到对立理论刺激的保守主义思想，到事后才发现自己的思想。[①] 所有进步群体都认为思想产生在行动之前，这并非偶然，因为保守主义者黑格尔就认为，历史现实只有到了后来才能看清，到那时候世界已经恢复了它固有的内在形式："只想再说一句，是关于渴望告诉这个世界它应该是什么样子的问题。对于这样的目的，至少，哲学总是没有跟上。哲学，作为解读世界的思想，总是在现实已完成自身形成过程并做好准备之后才出现。历史证实了这一概念告诉我们的：只有在现实成熟的时候，这种理想才表现出与真实相对应，抓住了真实世界的内容，并把真实世界塑造成一个理性的王国。当哲学用灰色来描绘真实世界的灰色

---

① 在这方面，虽然我们不能进行详细探讨，但也必须考虑专制主义的意识形态。它也表明了一种原本以掌握现实情景为取向的观点，出现了以相当冷酷的方式——马基雅维利主义的方式——反思支配技术的倾向。只是到了后来，(主要是因其对手的强迫)才需要为获取权力地位进行比较理性和详细的辩护。为了解决这个比较普通的命题，我们从迈内克那里借用一个对这个过程进行评说的句子：

"于是就出现了现代国家的理想，它追求的不仅是一个政治国家(《政权国家》)，而且也是一个文化国家，取消了出于国家理由对直接维护政权问题的限制。这个问题曾吸引了很多十七世纪理论家的注意。"这指的特别是弗里德里希大帝的时代。迈内克的《近代史上的国家利益至上思想》(慕尼黑，柏林，1925年)，第353页。

时，有一种生命形式就已经衰老了，用灰色是不可能使之恢复活 208
力，只能使之被人们所了解。密涅瓦女神的猫头鹰只有在黑夜的阴影开始聚集的时候才会高飞。”①在保守主义思想中，“密涅瓦的猫头鹰”确实是在暮色降临时才开始飞翔的。

我们说过，保守主义思想的最初形式所关注的并不是思想。不妨这样说，迫使它走上这个冲突舞台的，是它的自由主义对手。事实上，冲突的节奏和形式往往是由最新出现的对手驾驭着，而这似乎也正是思想发展过程中一个奇怪的特点。当然，在所谓的进步思想中，是有那么一点真理：只有新生力量才有进一步存在的希望，所有其他力量都会逐渐消亡。在新生力量的推动下，原有的力量必须继续改造自己，必须使自己适应新对手的水平。这样，在目前，那些一直在用旧思维方式运作的人，在面对社会学论点的时候，也必须求助于同样这些方法。十九世纪初，自由主义—唯理智论的思维方式曾经迫使保守主义者用唯理智论的方法来为自己进行辩解。

有意思的是，当初的保守主义社会阶级是由于与土地的密切关系而获得了稳定（莫塞，V. D. 马维茨），可是却没能从理论上阐释自己的立场，于是发现保守主义思想就成了一批依附保守主义的意识形态学者的工作。

保守的浪漫主义者，尤其是黑格尔，对保守主义存在的意义进行了理性的分析，这是他们在这方面的成就。他们以此为出发点，

① 黑格尔为其《法哲学》所写的前言中最著名的最后一段，J. W. 戴德英译（伦敦，1896 年）前言第 30 页。

理性地阐释了一种实际很含蓄、尚不非常明确的看待世界的观点。因此，对于保守主义者来说，与这个思想相对应的，实际上是与自由主义思想相去甚远的东西。黑格尔的巨大成就在于，他为自由主义思想确立一个保守主义的对立面，他不是人为地制造一种观点和行为模式，而是把一个早已存在的经验模式提高到理性水平，
209 并强调了它不同于自由主义世界观的特点。

保守主义者把代表启蒙运动时期特点的自由主义思想看成是空想，没有具体内容。他们从这个角度瞄准这一点进行攻击并加以贬低。黑格尔在其中发现的无非是一种“见解”——是一种形象——是一种纯粹的可能性，人们可以躲到它的背后以保全自己，逃避当时的种种要求。

与这种纯粹的“见解”，这种纯粹主观的形象不同，保守主义者认为这种思想扎根于当前活生生的现实，而且在具体地表达自己。意义和现实，规范和存在，在这里不是分开的，因为从一个十分重要的意义上说，乌托邦这种“具体化了的思想”就存在于这个世界之中。在自由主义中仅仅作为一种正式规范的东西，在保守主义中却需要在占主导地位的国家法律中有其具体的内容。在文化的具体化过程中、在艺术中、在科学中，精神性是自动展开的，这个思想的自我表达是有形的、完整的。

我们早已说过，在自由主义的乌托邦中，在与千禧年主义的狂热截然不同的人道主义思想中，存在着比较接近“当前”的东西。在保守主义中，我们发现这个接近“当前”的过程已经完成。在这种情况下，乌托邦从一开始就反映了存在的现实。

显而易见，与此相对的是现实（也就是“当前”）已经不再被认

为是“邪恶的”现实，而是最高境界的价值观念和意义的体现。

虽然乌托邦，或者这种思想，已经与具体的现存事实完全一致，也就是说已经被现实所吸收，但是这种经验模式——至少是在这个潮流中的创造性时期的最高点上——却没有导致紧张关系的消除，也没有导致对这种情境的惰性、被动的接受。在思想和存在之间之所以出现的一些紧张关系，是因为在这种存在中并不是每一个元素都体现意义，任何时候都有必要对什么是最基本与什么是非基本加以区别，而且现在总是不断给我们提出我们迄今尚未掌握的新任务和新问题。为了达成某种取向规范，我们不应当靠主观的冲动，而是必须从我们身上及我们的过去来寻找那些已经
具体化了的力量和思想，找到这种精神，迄今为止这种精神一直在 210
通过我们来创造这里东西，即我们的著作。但是这个思想，这种精神，并不是理性想象的产物，也不是从一些可能中武断挑选出的最佳者。主观地看，这种思想存在于我们（作为“默默发挥作用的力量”\[萨维尼\]）当中，或者作为生命原理（旧译“隐德来希”）展现在社区、民间、民族或国家的集体创造中，这种内在形式大部分都是可以从形态学上感知的。形态学观点被引向语言、艺术以及国家，并从这一点开始发展。大约就在自由主义思想促使现行秩序运转并刺激了建设性思考的同时，歌德从这一积极的方式转向了沉思——转向了形态论。他开始把直觉理解作为科学工具。历史学派的方法在某些方面和歌德的方法有类似之处。他们不是根据抽象的，而是根据和谐的直觉认知力和形态学的描述，通过观察语言、习惯、法律等来跟踪思想的流溢。

在这种情况下，这个在政治经验中占了中心地位的思想（即，

与这一社会地位相对应的乌托邦的形式)有助于塑造与政治密切相关的思想生活。在对“内在形式”的所有不同探求中,一直存在着相同的保守主义决定论观点,而且当它向外投射的时候,发现在历史决定论的强调中也有所表达。根据这一观点,从这种世界观的立场来看,人类根本不是绝对自由的。在一般情况下不是所有的事情,在具体情况下也不是每一件事情,都随时可能发生或者在所有的历史社区发生。任何特定时期存在的历史个性的内在形式,无论是个体的人格还是民族精神,以及外部条件再加上它的过去,决定着即将发生的事情的形态。正因为如此,特定时期存在的历史结构才不可能是人为构建的,而是像植物一样是从种子长成的。[①]

即使是保守主义的乌托邦思想的形式,即植根于现实并在其



211 中进行表达的思想,归根到底,也只从它和与它共存的其他乌托邦形式的斗争中才能看清。它最直接的对手就是已经用理性主义术语进行解释的自由主义思想。在这些术语中,规范的、“应当的”东西都是通过经验来强调的,而在保守主义中,这种强调则转向了当前的现实,用的词是“是”。仅仅是存在这一事实,就能使一个事物具有较高的价值,是这样的,比如黑格尔那里就有较高的理性,或者,斯塔尔那里就有高度非理性造成的神秘而又令人着迷的效果。

① “国家的宪法不可能是发明的;在这个问题上最聪明的考虑也无异于完全无知。没有任何东西可以替代一个民族的精神,以及由此而产生的力量和秩序,即使在最聪明的思想家或者最伟大的天才那里也找不到。”(亚当·穆勒的《论腓德烈二世国王与普鲁士王朝的本质与尊严》,柏林,1810 年,第 49 页)这种源于浪漫主义的思想变成整个保守主义传统的主要的主题。

“体验一下可以被说成‘它是!’的东西确实很奇妙——‘这是你父亲，这是你朋友，通过他们你获得了现在这个地位。’‘为什么偏偏是这样?’‘你为什么恰恰就是你这个人呢?’这种不可理解性是由于这样的事实:存在永远不能完全纳入思想范畴，存在不是一种逻辑的必然性，但其基础却在一个较高的独立的力量中。”[1]在这里，一方面是植根于现实并在现实中表达的思想，另一方面仅仅是一种存在(产生于保守主义的平静时代)，而在这两者之间有一个孕育着新意的反对力量，它正力图改变自己，以达到完全的一致，而保守主义的寂静主义通过非理性的手段证明所有存在的东西都是合法的。

这种经验与思维方式的时间感与自由主义的时间感是格格不入的。自由主义认为，未来就是一切，过去什么也不是，但是，保守主义经验时间的方式却在发现过去的意义的时候，发现时间是价值的创造者，找到了它的决定论的最好证实。千禧年主义思想认为，时间的持续是根本不存在的，[2]而保守主义则认为它是存在的，因为它带来了后来的进步。但是保守主义认为，任何东西这样
慢慢地、渐渐地成为一种存在，这个存在的东西就是积极的、就有 212
名义上的价值。这样一来，不仅人们的注意力被引向过去，为使它不被遗忘而做出努力，而且整个过去就在当下和眼前的感觉就成了一种实际的经验。用这种观点来看问题，就再也不能把历史看

① Fr. J. 斯塔尔:《法哲学》第1章第4节，第272页。

② 闵采尔进一步说:“知识分子与学者不知道为什么应当接受或者拒绝圣经，他们只知道它们是遥远的过去流传下来的……。”犹太人、土耳其人和所有其他民族的人也用类似的模仿手法对自己的信仰予以支持。(霍尔，第432页注2)

成仅仅是直线发展的时间的延伸，它也不仅仅是把从现在通向未来的线与从过去通到现在的线连接起来的问题。这里谈到的时间概念有一个虚构的第三维度，是它从把过去当成实际的现在来体验的事实中得来的。“当代精神的生命周期是几个阶段形成的，这些阶段一方面同时共存，而从另一角度看却像是过去的时间的排序。这种精神背后似乎具有的各种经验，也存在于它目前形态的深处。”（黑格尔）[①]

千禧年主义的经验在时间领域之外，但是有时候它突入现世领域，使这样的机会变得很神圣。自由主义的经验在存在与乌托邦之间建立起一种联系，把这种思想变成了进入未来的有意义的目标，而且至少在某些方面，通过进步使乌托邦的希望在我们中间逐步变成现实。保守主义的经验把这种曾经影响过我们并由我们进行表达的精神与早已存在的东西融合起来，允许它成目标向，向各个方面扩展，从而使每一个事件都有了一个内在的、固有的

① 黑格尔的《哲学史讲演录》（莱比锡，雷克拉姆，1907 年）参见第 123－125 页。为进一步了解，可参见我的《保守主义思想》第 98 页。我在那里首次尝试根据在某个既定时间存在的政治意识的结构来理解“历史的时间感”的几种形式。进一步的参考如下：

斯塔尔试图这样来描述时间感以及谢林、歌德和萨维尼的生活：“在这些作家身上，也像在生活的每个阶段和每一细节中一样：看来现在的存在好像一直就这样存在着。但是后来当我们向后看的时候才发现它已经发展了。但是一个阶段到另一个阶段的过渡是从什么地方开始又是如何进行的，我们看得并不明白。在同样看不清楚的生长过程中，那样的情形和周围的环境不断出现并发生变化。就像在我们自己的生活和生涯中一样，我们在这里也有永恒和必要存在的感觉，同时，我们也体验到现世的出现和变化。这种不断的生长，这种鲜活的生成过程，也主宰着谢林的世界观。他的体系代表了为对它进行表达而进行的丝毫没有减弱的斗争。萨维尼在自己的领域也具有同样的特点。”（《法哲学》第 1 章第 4 节，第 394 页及其后）

价值。

保守主义的经验模式除了要与自由主义思想斗争，还要讨伐 213
一向被它视为内部敌人的千禧年主义的观点。在再浸礼教时期起到积极作用的千禧年主义的经验，面临着与前面提到的有所不同的另一种命运。我们已经看到千禧年主义经验中的三种不同倾向。它要么依然故我，保持其原有的爆发式，不时地与根本不同的意识形态——例如极端无政府主义——绑在一起，要么就偃旗息鼓、销声匿迹，或者“升华”成另一种思想。它改弦易辙，脱离了上面提及的那些道路，通过转为内向的方式继续保持其超现世的狂热倾向，因此不敢再冒险进入这个世界，从而失去与现世事物的联系。由于受到外部环境的驱使，在德国的千禧年狂热的经验模式在很大程度上选择了这条内向式的道路。虔诚派的暗流可以追溯到很久以前的许多日耳曼民族国家中，它代表着曾经的千禧年狂热正转为内向。

对现行秩序来说，狂热的经验即使转为内向，也代表 种危险，因为它不断试图以外向的方式表现自己，只有长时间的纪律和压制才能使它安静下来。所以正统派不断讨伐虔诚派，只有当革命风暴来临，为达到统治力量精神化的目的，要把所有可利用的力量聚集起来的时候，正统派才与它公开结盟。千禧年主义的经验在外部压力之下，在社会学上可以理解的结构性形式中，通过这种内向的转变，自然也就经历了特征方面的变化。这里，也可以像在其他地方一样，对社会“外部”和“内部”因素的结构性相互渗透进行详细跟踪。虽然千禧年主义的经验最初表现出强劲的、有形的驱动力，但在受到压制的情况下，它变成了温柔可爱的空想，被淡化为纯粹的热情，其狂热的元素再度复活，但却以温文尔雅的形式、以虔诚派“觉醒经验”的形式出现。

然而，最重要的是，就我们希望指出的种种联系而言，在实际
214 的生成过程中失去与世界的联系(从整体来看，这种联系发生在政治领域而不是私人领域)，这种观点造成了内部的不确定性。犹豫不决取代了千禧年主义的主教式预言，虔诚派在行动面前变得举棋不定。德国的“历史学派”不仅偃旗息鼓，而且失去规范，只有在考虑到它继续与虔诚派保持关系这一点，才能充分理解它。在一个活跃的人身上自发地、被认为是理所当然会表现出来的东西，在这里却与它的内容脱节，变成了一个问题。“决策”成了问题成堆的、独立的行动阶段，但这种把行动与决策进行概念式分离的做法不是减少了，而是增加了不确定性。日常生活中的大多数问题并没有因为虔诚派在内部进行的阐释而得到解决，如果有必要突然在历史进程中采取行动，人们就会想办法做出解释，好像这些历史事件体现了上帝的意志。这就出现了以宗教方式来解释历史进行，[1]希望以此消除内部在政治活动中的犹豫不决。但是这种内部的不确定性没有找到解决正确行为问题的办法，也没有让历史提供神的指导，而是使它自己在世人面前亮了相。

对于活跃的、保守主义的经验模式而言，重要的是以其自身的精神征服这种形式的乌托邦思想，并使那里表现出的潜在的重要能量达到和谐。这里需要控制的是“内部自由”的概念，因为它正

① 我的学生P.雷夸特在《约翰内斯·V.米勒与前历史主义》(慕尼黑，1929年)中论述了这一倾向的一些重要方面。

试图转向无政府主义(它以前曾经成为一场反对教会的造反)。这里,现实中的保守主义对于内部敌人推崇的乌托邦思想也具有控制性的影响。根据保守主义的主要理论,“内部自由”是没有界定的,世俗的目标,必须服从业已界定的道德规范。我们具有“客观自由”,而不是“内部自由”,“内部自由”必须自我调节以适应“客观自由”。形而上学地看,必须把它解释为内部的主观自由与外部的客观自由之间的稳定前的和谐。这个运动的潮流是以内省的虔诚派观点为特征的,它与上面的阐述是一致的,只有通过它在世俗问 215
题面前的根本无助才能进行解释。由于这样的原因,它以彻底投降或者退居某个阴暗角落的方式把控制权拱手让给现实主义的保守群体。即使是今天,依然有一些重要保守主义组织根本不希望听到俾斯麦时代的强权政治,从那股反俾斯麦潮流的内向转向中看出那个传统中一些真正有价值的元素。[①]

### (四)乌托邦思想的第四种形式:社会主义—共产主义的乌托邦思想

社会主义—共产主义的思维和经验方式,就其根源而言,也许可以被看成是统一的,但理解它的最好办法还是要看它的乌托邦式的结构,观察它受到的来自三个方面的攻击。

一方面,社会主义必须把自由主义的乌托邦思想进一步激进化,另一方面它必须挫败或者在具体情况下彻底战胜内部的以最

---

① 例如,可以参见V.马丁的论文“保守思想的世界观动机”的最后一节,文载《德国与德国的党派:纪念Fr.迈内克60华诞》(慕尼黑,柏林,1922年)。

极端形式出现的无政府主义反对派。它认为保守主义不过是自己的次要对手，就像在政治生活中人们一般对关系比较密切的对手比对关系较远的对手要厉害得多，因为这样的倾向比较强，会渐渐地进入他的视野，所以尤其必须注意防范内部的诱惑。例如，共产主义反对修正主义要比反对保守主义起劲得多。这一点有助于我们理解为什么社会主义—共产主义理论有很多要向保守主义学习的东西。

由于多种情况，加之起源较晚，社会主义中的乌托邦元素具有罗马神话中两面神的面孔。它所代表的不仅仅是一种妥协，而且是一种新创造，是基于社会中产生的、相互争斗的各种形式的乌托邦的内部综合。

社会主义和自由主义都认为在遥远的将来，自由平等的王国一定会到来。从这个意义上说，这两者是一致的。[1] 但是社会主
216 义很特别，它把这样的未来放在比较具体确定的时间点上，即资本主义文化的崩溃阶段。社会主义与自由主义都反对保守主义对现行秩序的直接接受和认定，这就解释了它们在未来目标取向上的一致性。与这个遥远目标的不确定性和精神性相对应的是，社会主义与自由主义都拒绝千禧年主义的躁动，都认为潜在的狂热精

① 在我们进入十九世纪之后，这样的论断才适用于社会主义。十八世纪启蒙运动的乌托邦式的社会主义还处于重农主义者根据进步思想来解释历史的阶段，把它的乌托邦置于过去，对应于其倡导者的小资产阶级反动思想。从社会学来看，这种遁入过去的做法的部分根源在于，死抱着从前的“共同”土地持有制度的某些残余不放，而这种体制在某种程度上使人们对过去“共产主义”机构记忆犹新。考虑到这种关系，许多细节可以参考 H. 吉尔斯伯格的《十八世纪的法国空想社会主义及其哲学与物质基础：泽克的国民经济研究》第一分册，特别是第 94 页及其后。

力必须通过文化理想进行升华。

但是只要这是一个向不断变化的过程及不断发展的思想进行渗透的问题，社会主义思想就不会以精神升华的形式经验这种渗透。这里我们面临的是新的实际形式，几乎就像一个有特定存在条件的活的有机体，对这种形式的了解可能成为科学研究的一个目标。在这种情况下，思想就不是梦想和欲望，也不是从某个绝对领域飘来的虚构命令；它们有其具体的存在时间并在总的进程中发挥确定的作用。如果它们过时了，就会自行消亡，当社会进程达到某个给定的结构状况时，它们就可能实现。如果它们与现实没有这样的联系，它们就只能成为模糊不清的“意识形态”。

一个人转向自由主义之后，就会采取与保守主义截然不同的观点，发现自己的思想具有纯粹正规的抽象特征。在这里，“纯粹的见解”，即在自己的主观态度中自我实现的思想的纯粹形象，也被认为是不充分的，容易受到来自另一个方面的攻击，而不是来自保守主义反对派的攻击。有 ·个抽象的良好动机，假定有一个在
遥远的将来会实现的自由王国，那是不够的，而且这个王国的元素 217
是难以控制的。但是有必要了解使这种愿望的实现变得完全可行的真正条件（这里指经济与社会条件）。也有必要研究从现在通向这个遥远目标的道路，以便找到当前进程中的各种力量，使它们内在的动态特点在我们的指引下一步步地达到那个理想。虽然保守主义把自由主义思想贬低为一种见解，但是社会主义在分析意识形态的时候却发现了一个前后一致的重要方法，企图证明其对手的根也在当前的环境中，从而挫败对手的乌托邦思想。

自此以后，便发生了一场旨在根本瓦解对手信念的重大斗争。

我们所探讨的各种乌托邦思想的形式，都与它们自身的其余部分产生矛盾，因为各种信念都要求自己与现实相适应，各种信念都把一个以不同方式构建的存在形式作为“现实”提供给对手。社会主义者认为，社会的经济与社会结构就是绝对现实。它成了那个文化总体的载体，而保守主义者早就把这个文化总体视为统一的整体了。保守主义者提出了民族精神的概念，这是他们的第一次重要尝试，认为看似孤立的思想与精神生活的种种事实其实都出自一个单一的、具有创造性能量的中心。

保守主义者和自由主义者都认为这种动力是精神的东西。相反，由于长期以来与具有物质主义取向的被压迫阶层有着密切关系，社会主义思想中出现了对存在的物质方面的赞颂，而这种存在以前被认为是消极的、起阻碍作用的因素。

即使在对构成这个世界——世界总是最典型的衡量意识结构的标准——的各种因素进行的存在论的评估中，逐渐占据主导地位的价值观等级也与其他思想模式所采用的价值观等级截然相反。“物质”条件以前被认为是在这一思想道路上的障碍，现在却被用物质主义术语重新解释的经济决定论的形式具体化为世界事务中的驱动因素。

218 与这个世界上的历史—社会形势关系最密切的乌托邦思想，在表明自己的相似性时，不仅将其目标越来越多地定在历史框架内，而且对直接可触及的社会经济结构进行提升和精神升华。从根本上来说，这里所发生的是一个把决定论的保守主义意识吸收到进步的、力争改造世界的乌托邦思想之中的特殊过程。保守主义者，出于其自身的决定论意识，置过去的决定作用于不顾，甚至由于过去的决定作用，对过去进行颂扬，但是与此同时，它又对过去在历史发展中的重要意义给予充分的、一次性的暗示。然而社会主义者认为，在这个历史时刻，最有影响的力量是社会结构，它的构成力量（一种受赞誉的形式）被看成是在整个发展中起决定作用的因素。

然而，我们这里遇到的新现象，即决定论的感觉，可以与一个定位在未来的乌托邦共同存在。虽然保守主义思想很自然地把决定论的感觉与对目前的肯定联系在一起，社会主义在认识到历史上的决定性力量后，就把进步社会力量与革命行动的自动自我检查融合起来了。

这两个因素开始是直接捆绑在一起的，但随着时间的推移逐渐分道扬镳，在社会主义－共产主义运动内部形成了两个相互对立、相互作用的派别。近期获得权力、并通过参与和共享对现行秩序的责任，已经与当前的事情密切结合，通过他们与有序的革命变革的关系逐渐施加缓慢的影响。另一方面，那些在当前的事务中还没有既定利益的社会阶层则成了强调革命具有压倒一切的重要性的共产主义（还有工团主义）理论的载体。

这一次的分道扬镳是与这个过程后来的一个阶段相应的，在此之前这个进步的思想首先必须在诸多其他党派的反对面前确立自己的地位。这里有两个障碍需要克服，一个是千禧年主义中涉及的非历史决定论，它的现代表现形式就是激进的无政府主义，另一个是对起决定作用的历史力量视而不见，这与自由主义“思想”中的非决定论观点有关。

在现代千禧年主义经验的历史中，马克思和巴枯宁之间的冲

219 突是决定性的[1]。千禧年主义的乌托邦思想就是在这个冲突过程中寿终正寝的。

一个准备夺取政权的群体越是想努力成为一个政党，就越不能容忍一个运动以宗派方式或突发的方式，在某个没有确定的时刻，企图用急风暴雨的手段攻克历史的要塞。这里，一个根本观点的消失——至少以我们谈到的方式消失——与构成其背景的社会经济现实的土崩瓦解（如布吕巴赫尔所表明的[2]）密切相关。巴枯宁的急先锋是法律联盟中的无政府主义者，在家庭式钟表生产体系分崩离析，被工厂生产体系所取代后，曾经与前者有关并因此产生宗派观点的这些人发生分裂。在狂热的乌托邦思想毫无组织、摇摆不定的经验存在的地方，出现了组织良好的马克思主义革命运动。这里我们再次发现，一个组织看待时间的方式非常清楚地展示了它的乌托邦思想类型，因为其意识的组织是与它产生共鸣的。这里的时间经验就是一系列的战略要点。

无政府主义的狂热乌托邦思想的解体似乎很突然，很无情，但却受到历史进程本身注定的必然性的支配。一个具有深度狂热的观点突然从政治舞台上消失，决定论的观念控制了一个更大的领域。

自由主义思想和无政府主义思想的关联在于，前者也具有非决定论的观念，即使（我们已经看到）它通过进步的思想已经与具

[1] 有关巴枯宁，参见内特劳、里卡达·胡赫与 Fr. 布吕巴赫尔的著述。后者的《马克思与巴枯宁》（柏林—威尔默斯多夫，1922 年）对许多重要问题都有简明的阐述。德文版的巴枯宁选集是由“工团主义”出版社出版的。更多的请参见巴枯宁对沙皇尼古拉一世的忏悔（在已故沙皇办公厅第三厅［即秘密警察厅——译注］厅长的秘密档案中被发现，K. 克尔斯腾译，柏林，1926 年）。

[2] 布吕巴赫尔，同前，第 60 页及其后，第 204 页及其后。

体历史进程相对靠近。自由主义的非决定论观念是建立在对伦理指令（与这种思想本身）的绝对领域直接相关的信念基础上的。这一伦理指令领域的正确性并不是来自历史；然而对自由主义而言，这种思想可能成为其中的驱动力。产生思想的并不是历史进程，
但是这些思想的发现、传播以“启蒙”使它们成了历史性的力量。220
只有当人类不仅把自己、不仅把人类，而且把这些思想的存在、正确性及其影响都看成是有条件的因素，把思想的发展看成是与存在密切相关、看成是历史社会进程的一部分，名副其实的哥白尼式的革命才会发生。对于社会主义而言，重要的首先不是在专制主义思想的反对者中与专制主义作斗争，而是在其自身阵营中确立与依然占优势的理想主义相对立的新观点。因此，这种脱离“大资产阶级”乌托邦思想的情况就发生得比较早，对这一点的最佳分析依然非恩格斯莫属。

虽然圣西门、傅立叶和欧文身上早就具有社会主义思想的痕迹，但却依然以陈旧的唯理智论的方式构想自己的乌托邦。在一些开拓社会与经济视野的发现中，他们的社会边缘处境已经表现出来；可是他们的方法中却保留了具有启蒙运动特点的非决定论观点。“对他们来说，社会主义表达的是绝对的真理、理性和公正，只需要去发现，为的是通过它的力量去征服世界。”[①]这里，有一个思想也必须消失，相应地，历史决定论取代了另一个与之较量的乌托邦思想形式。从一个比自由主义思想重要得多的基本意义上说，社会主义思想代表的是根据现实对乌托邦思想进行的重新界

① 恩格斯的《社会主义从空想到科学的发展》，第 4 版，柏林，1894 年。

定。只是到了这个进程的末尾阶段，这种思想还保持着它的预言式的非决定论和不确定性，但是，从历史和社会的角度来看，从现实通向实现这些思想的道路早就被清晰地标定了。

这里又有一个经验历史时间方式的区别：自由主义认为未来的时间是一条直接通向目标的直线，但是现在有一个近期和远期的区别，这种区别的开头早就可以从孔多塞那里找到，而且对于行动和思想都很重要。保守主义早就用这种方式来对过去加以区别了，但是由于它的乌托邦思想越来越趋向于与当时现实所达到的阶段一致，所以对保守主义者来说，未来仍然是完全没有区分的。
221 只有把确定论的观念与对未来的生动构想统一起来，才有可能创造出一个超过一维的历史时间感。保守主义已经创造了一个过去的历史时间观念，在这里，这种比较复杂的历史时间观，则具有完全不同的结构。

每一个现在的经验都体现了一个指向过去的第三维，这不仅是通过每一个过去事件的实际呈现，而且还因为未来也是在其中孕育的。这不仅仅是过去，而且也是未来，是虚拟存在于现在的未来。只有根据现在在未来的具体实现状况来理解现在，才能衡量存在于现在的各个因素，洞察潜藏于这些力量中的倾向。[①]

---

① 共产主义者 J. 雷沃伊的一篇文章的摘录为我们提供了上述分析的证实，也为我们关于从社会和政治方面经验历史时间的不同方法的理论提供了数学的证实："过去和未来的存在是事实，仅仅因为如此，现在才真正地存在，而且是已经无用的过去和尚且不真实的未来的现在形式。策略是以现在形式所表现的未来。"（"策略问题"摘自《共产主义：共产国际杂志》1920 年第 2 卷第 1676 页。关于未来在现在的虚拟存在问题，在这里表述得很清楚。它与本书第 212 页所引用的黑格尔的话形成截然不同的对照。）它也应当与本书涉及历史时间感的社会区分的文字（第 202－203、211－212、219 及 228 页）时所引用的其他材料进行比较。

鉴于自由主义关于未来的概念是有条不紊的，这里我们要讨论的是一个逐步实现的过程。首先要说的是，虽然由未来来实现现在是意志和空想所强加的，但是在研究中和行动，向着一个目标的努力却起到了启发式选择因素的作用。根据这个观点，未来总是在现在的环境下检验自己。与此同时，在由现在逐步走向未来的过程中，开始时仅仅是一种含糊的预言“思想”也在不断得到纠正，并被赋予更多的具体内容。在与“实际”事件产生交互作用的时候，社会主义“思想”不是作为纯粹形式上的、先验原则从外部来调节各种事件，而是作为现实方阵中的一种“倾向”，根据这一内容不断进行自我修正。在进行从经济到精神和思想这一系列事件的相互依赖关系的具体研究时，必须根据发展的整体背景，把孤立的观察集中起来，纳入一个可以运行的统一整体。

因此我们的历史观获得了一个区分更具体，同时也更灵活的 222 291
框架。我们研究每一个事件都是为了发现它的意义以及它在整个发展结构中的地位。

当然，自由选择的领域变得更有局限：更多的决定因素被发现，因为不仅过去是一个决定因素，而且当前的经济社会形势也在是可能发生的事件的决定因素。在根据当前任意选择的、随机冲动基础上的活动已不再具有这样的驱动目的，它只存在于把注意力集中在我们生存的这个结构整体中的有利攻击点上。它变成了政治领导人的任务，他们有意识地增强这些力量，因为它们的动力似乎都朝着他们所希望的方向、转入他们的方向运动，或者至少会削弱那些似乎不利于他的力量。历史的经验因而变成了一个真正的战略计划。历史上的每一件事现在都可以被作为思想上与意志上的可控现象来体验。

在这种情况下，主要在政治舞台表述的观点也渗透到所有的文化生活中：社会学诞生于对历史的社会决定的研究，而且逐渐成为一门重要科学，其观点已渗透到所有处于类似发展阶段的专门历史科学中。与此同时，受决定性限制的信心和保证导致了有创见的怀疑论和有约束的冲动。一种特别的“现实主义”渗透到艺术领域。十九世纪中叶资产阶级俗人的理想主义销声匿迹，只要在理想和现实之间有影响力的紧张关系继续存在，先验的价值观将从此被认为是在实际存在中的体现，人们将从近期和现在中来寻找。

## 第四节　当前形势下的乌托邦



当前，这个问题已有了它自己独特的形式。历史进程本身就向我们展示了一个曾经完全超越历史、现在逐步接近实际、更加接近真实生活的乌托邦。当它比较接近历史现实的时候，它的形式不仅经历了实质性的变化，而且也经历了功能性的变化。在保守主义的模式出现之后，原先绝对与历史现实相对立的东西，现在逐
223 步失去了其对立面的特点。当然，这些在一系列历史过程中出现的充满活力的力量，没有哪一种是完全消失了的，而且也没有哪一个在什么时候曾经处于无可争议的支配地位。这些力量共同存在，彼此对立，不断相互渗透，而从它们的各种形式中第一次出现了历史经验的丰富性。

为了不让过量的细节冲淡起决定作用的东西，我们有意识地

强调了这种多样性的一些重要趋势，特别着重于把它们描述为理想的类型。即使在历史进程中，事情和事件实际上从来没有失去过它们的多样性，但是在社会中发挥作用的各种力量在不同程度上的支配和结盟情况，仍然有可能得到越来越清楚的展示。思想、各种形式的思想，以及精神力量继续存在，并且在与各种社会力量的密切结合中被改变。它们在整个社会发展过程中的某些时期出现，这并非偶然。

在这个方面，一个特别的制度性决定因素变得明显起来，这一点至少值得一提。一个阶级对具体生存条件的控制范围越广，通过和平演变获得胜利的可能性越大，它就越有可能走上保守主义的道路。不过，这也意味着各种运动将在自己的生存方式中放弃乌托邦元素。

这一点从前面提到的事实中看得最清楚：激进的无政府主义所体现的、相对最纯正的现代千禧年主义思想几乎从政治场景中彻底消失，这就消除了当前政治乌托邦形式中的一个紧张因素。

当然，构成千禧年主义思想的许多元素都演变成工团主义和布尔什维克主义，在那里找到栖身之地，并被吸收、融入这些运动的活动中，这也是千真万确的事实。于是在它们、尤其是在布尔什维克主义的基础上，所发展起来的功能加速并促进了革命活动，但并没有把革命活动加以神化。

在另一个重要的方向上，也出现了乌托邦思想总体强度的衰弱，也就是说每一种乌托邦思想在其后来的发展阶段中，都表现出更加接近历史—社会进程的特点。从这个意义上说，自由主义、社会主义和保守主义思想不过是不同的阶段而已，实际上都是一些

224 反形式，是在不断远离千禧年主义、不断接近这个世界上所发生的事件的过程中出现的。

千禧年主义乌托邦的这些反形式的发展都与原先支持它们的社会阶层的命运密切相关。我们看到，它们现在变成了原先那种千禧年主义狂热的温和化形式，但是在进一步发展的过程中，他们抛弃了这些残留的乌托邦，不明智地与保守主义观点走得更近。它看似一个思想发展结构的总体有效的法则，当新的群体进入一个业已确立的形式之后，它们对解释这种形式的意识形态并没有全盘接受，而是大动干戈，通过自己的传统使之适应新的形势。因此，在自由主义和社会主义进入一个对保守主义更有利的境况之后，曾经间歇性地接保守主义作为模本提供给他们的思想，但总体上却比较愿意让他们带来的意识形态适应新的境况。当这些阶层逐步占据了原先由保守主义者把持的社会地位之后，便不由自主地培养了一种结构上与保守主义相关的生活情感与思想模式。保守主义者对历史决定论结构的初期洞悉、强调、在可能的情况下对那些默默发挥作用的力量过分的强调，以及不断把乌托邦元素吸收到日常生活中的做法，也出现在这些阶层的思维中，有时表现为新的、自发独创的形式，有时则是对旧保守主义模式的重新解释。

于是我们注意到，由于受社会进程的制约，在许多点上都产生了相对背离乌托邦的各种形式。这个进程早就具备了自己充满活力的品质，它的节奏进一步加快、强度进一步增加，原因是乌托邦思想的不同共存形式在相互冲突中不断摧毁对方。各种形式的乌托邦的相互冲突未必会导致乌托邦主义本身的消灭，因为其内部斗争只是增加了乌托邦的强度。不过，现代形式的相互冲突的奇怪之处在于，摧毁对手并没有发生在乌托邦思想的水平上，这是一个可以看得非常清楚的事实，因为社会主义者已经开始揭开其对手的意识形态假面具。[①] 我们并不阻止对手，说他拜错了神，我们 225
指出这是由历史与社会原因决定的，这样就摧毁了对手思想的强度。

迄今为止，社会主义思想已经揭露了所有对手的乌托邦意识形态真面目。但它从来没有提出关于其自身地位的决定性问题。它从来没有把这个方法用在自己身上，也从来没有检查自己的愿望是否是绝对的。随着决定性感觉的增强，乌托邦元素的消失是不可避免的。于是我们逐步面临的情况是：乌托邦元素已经通过多种不同形式彻底（至少在政治上）消灭了它自己。如果要跟踪业已存在的种种倾向，把它们纳入未来的设计中，戈特弗里德·克勒尔的预言“自由的最终胜利将是没有吸引力的”[②]至少对我们来说开始有了不祥的含义。

这种“没有吸引力”的症候在许多当代现象中都得到揭示，无疑可以被理解为社会和政治形势向较远的文化生活领域的辐射。确实，一个处于上升阶段的政党越是积极地参与议会的联合，就会越多地放弃它原先的乌托邦式的冲动，进而放弃其较为广阔的观点，那么它改变社会的力量就越有可能被它对具体的、孤立的细节问题的兴趣所吸收。与政治领域可能观察到的变化并驾齐驱的，是适应政治要求的科学观点的变化，也就是说，以前仅仅是正式的

① 我们在本书第二章提出的意识形态概念的含义变化仅仅是这一总进程中的一个阶段。（见本书第 53 页及其后）

② 德文原文：Der Freiheit letzter Sieg wird trocken sein。

计划和抽象的总观点，现在则往往会融入对特定的具体问题的研究之中。朝着一个目标努力的乌托邦思想及与之相关的寻求宽阔前景的能力，在议会的咨询委员会以及工会运动中，分解为一个掌握大量具体细节、旨在根据这些细节采取某种政治立场的指导性机构。在研究领域也是这样的情况，原本是一个相应统一、系统的世界观，在力图处理个别问题的时候，仅仅成了一个指导性的观
226 点、一个启发式的原则。但是由于所有相互冲突的乌托邦形式都经历过同样的生命周期，它们在科学领域也会像在议会的实践领域中一样，关于信念方面相互冲突的文章越来越少，相互竞争的政党，或者在研究方面的可能性假说越来越多。在自由主义理想的时代，哲学最好地反映了当时的社会与思想形势，如今这种社会与思想形势的内部情形则最清楚地反映在社会学的多种形式上。

关于各阶级参与权力的社会学观点经历了一些特定的变化。一些社会学的理论，就像我们现在对这个世界的日常概念，体现了一些有冲突的“可能的观点”，其实它们不过是先前一些乌托邦思想的逐渐转变而来的。这种境况的特别之处在于，在争夺正确社会观点的较量中，所有这些矛盾的方法和观点丝毫没有使自己“丢脸”；也就是说，并没有表现出任何无能或错误。相反，越来越明显的是，从任何观点出发都可以进行有成效的思维，当然可达到的成效的程度会因观点的不同而不同。每一种观点都从一个不同的角度揭示了这些纷繁复杂的事件中的内在关系，于是人们不相信历史进程会比当前所有的个人立场更有包容性，也不相信在目前四分五裂的状态下，我们的思维基础还能造就一个全面看待各种事件的观点。我们的理论工具和系统化能力要处理如此大量的事实

和观点已经捉襟见肘。

但是，这给了我们一个新的思路：在这个世界——正达到其有史以来最高点之一的世界——有必要继续为进行一次演绎推理做好准备。有些东西以前是由于受限制的社会圈子和阶级的特定思想需要而以随意的方式生成的，现在它们变成了总体上可以感知的东西，而且大量的事件和思想构成了一幅模糊不清的画面。

一个处于社会历史发展成熟阶段的民族，不是由于软弱才容忍观察世界的各种不同可能性的存在，并试图为它们找到一个能包容这些可能性的理论框架。这种容忍是由于它认识到，以前的 227
各种思想的确定性都是由于把一些片面观点绝对化的结果。这些片面观点的局限性本来应当是一目了然的，这才是目前这个时代的特点。

在这个成熟而且先进的发展阶段，整体观点的消失往往与乌托邦思想的消失成正比。在现代生活中，只有极“左”的和极“右”的群体才认为在发展进程中有一种一致性。前者包括卢卡奇的新马克思主义，还有他最重要的著作，而后者则包括施潘的普救论。如果在这个时候展示这两种极端社会学观点的区别，指出他们在总体概念上的区别，那就过于肤浅了。我们对这个方面的完整性没有兴趣，我们感兴趣的是具有当前形势特点的现象所产生的临时动向。

特勒尔奇和上面提到的那些人不同，他不是把总体分类看作本体论一形而上学的整体，而是把它用作研究中可行的假说。他试验性地把它用作处理大量数据的排序原则，利用对这些材料进行攻击的各种话语，力图揭示在某一时期使之成为一个整体的那些因素。阿尔弗雷德·韦伯试图重新构建过去的整个一个历史时代，而不是用可以凭直觉观察的方式去构建一个格式塔——外表上的一致性。他的方法和理性主义者依靠推论的教条主义方法截然不同。特勒尔奇和阿尔弗雷德·韦伯是民主主义者，处于卢卡奇和施潘这两个极端之间，这反映在他们各自的思想结构上。虽然他们接受总体的概念，但是前者在谈到这个问题的时候却避免形而上学和本体论的思想，后者则排斥激进分子通常使用的与之相关的理性主义的观点。

与那些持马克思主义观点的人或者在整体概念上持保守主义一历史传统观念的人不同，中间群体中还有一些人，他们全然不顾总体问题，想把它放弃，以便能够把注意力更多地放在大量个别问题上。任何时候，只要乌托邦思想一消失，历史就不再是一个通向终极目标的进程。如果我们借以评估事实的参照框架消失，那么摆在我们面前的一系列事件，就其内部重要性而言，就都是平等

228 的了。如果导致本质不同的历史时代的历史时间概念消失，那么历史就变得越来越像毫无差别的空间。现在人们是用相对主义的怀疑观点来看待那些植根于乌托邦思想的所有思想元素。我们研究的不是发展与辩证的概念，而是永远有效的概括与类型，现实仅仅成为这些普通因素的特种结合（参见马克斯·韦伯的《普通社会学》）。

在上几个世纪的研究工作的背后，社会哲学的概念框架曾经发挥过作用，现在它似乎随着认为乌托邦是人类种种努力的集体目标的信念一起消失了。这种怀疑态度在许多方面都收到了成效，这主要与资产阶级掌权后的社会地位有关，因为他们的未来已

逐渐变成了现在。社会的其他阶层也表现出类似的倾向，因为他们也在一定程度上接近实现自己的目标了。然而，从社会学来看，他们目前思维模式的具体发展在某种程度上也是由产生他们的历史形势所决定的。如果从马克思主义社会学的方法中删除这种动态的时间概念，得到的也是一般的意识形态理论，由于它对历史的区别视而不见，就会把各种思想都与持这些思想的人的社会地位联系在一起，不管这些思想产生在什么社会，也不管它们可能发挥怎样的特定作用。

在美国，一种不关心历史时间因素的社会学已经初现端倪，与德国的情况相比，在美国这种占支配地位的思想较完全、较快速地与资本主义社会的现实一致起来。在美国，由历史哲学衍化而来的社会学早已被抛弃。社会学并不是整个社会结构的恰如其分的图画，它分裂成一系列与社会重新调整有关的不连续的技术问题。

“现实主义”意味着在不同环境下的不同事情。在欧洲它曾意味着社会学不得不把注意力集中在阶级之间严重的紧张关系上；而在美国，在经济领域有较多的自由展示，虽然阶级问题被认为是“真实的”，但主要社会问题却不是阶级问题，而是社会技术和社会组织问题。对于那些发现自己与现状对立的欧洲思想形式而言，
社会学就意味着要解决阶级关系问题，表明解决阶级关系问 229
题——说得更普通一点，就是对目前时代的科学诊断；相反，美国人认为，这意味着要解决直接与社会生活有关的技术问题。这有助于解释为什么在欧洲人构想的社会学问题中，总是有人会问未来将会如何这样令人不安的问题，同时，它对一个与之相关的总体观点也是一种启发；在这种区别的基础上，也可以解释美国人在构

想这个问题时的思想类型，主要表现在以下几点：我怎么来做这件事？我怎么能够解决这个具体问题？在所有这些问题中，我们感觉到那种乐观的弦外之音：我没有必要对整体问题感到担心，整体问题会自行解决的。

可是在欧洲，所有超越现实的学说——无论是意识形态的还是乌托邦的——都完全消失了，不仅是由于这些概念都表现出与社会经济形势有关的事实，而且也通过其他的方式。终极现实的领域存在于经济和社会领域，因为归根结底，马克思主义就是把所有这些思想和价值观都与这一点相联系；人们仍然对它从历史和思想方面进行区分，也就是说，它仍然包含某些历史观点的碎片（主要是因为它是从黑格尔那里转化来的）。历史唯物主义的唯物仅仅是名义上的；尽管偶尔有人否认这样的事实，但是归根到底，经济领域是思想观点的结构性的内在关系。现存的经济体制是一个恰如其分“体制”，也就是说，是思想领域产生的（黑格尔所理解的客观思想）。这个进程一开始就破坏了历史中精神元素的有效性，进而扰乱了思想领域，把所有发生的事情都贬低为与历史和精神元素隔离的人类各种努力的结果。这也使一种一般性的理论成为可能；超越现实的元素、意识形态、乌托邦思想等等——现在已与社会群体一境况无关，而只与各种努力有关——与人类冲动（帕累托、弗洛伊德等人）结构的永久性形式有关。这种关于人类努力的一般性理论在十七和十八世纪英国的社会哲学和社会心理学中已经有了大致的描述。比方说，休谟在他的《关于人类的理解与关于道德原则的研究》中就曾经说：

230 “人们普遍认为，在所有民族、所有时代，人类的行动中都有很

大的一致性，人性的原则与运作依然没有发生变化。同样的动机总是产生同样的行动。同样的事件总是产生于同样的原因。野心、贪婪、自恋、虚荣、友情、慷慨、公共精神：这些热情以不同的形式混合、分布在社会之中，从这个世界的生成之初，这种热情就是，而且现在仍是所观察到的人类所有行动及所有努力的源泉。”①

彻底摧毁包括意识形态和乌托邦思想在内的所有精神元素的过程，在最近期的人类生活以及相应的艺术领域中都存在着对应的平行过程。难道我们不应当把人道主义从艺术中的消失，把在性生活、艺术、建筑中的“如实”（客观性）的表现，把在体育运动中自然冲动的表达——难道这些不应当被解释为这个即将主宰目前形势的那些社会阶层的意识形态和乌托邦元素在不断退化的症候？难道不应当把逐步将政治简单地归结为经济（至少现在有一种可以看清的趋势）、有意识地抛弃过去、抛弃历史时间的概念、有意识地忽略各种“文化理想”也解释为各种形式的乌托邦主义从政治舞台上的消失？

在这里，某种影响世界的倾向正在推动一种观点，它使得各种思想名誉扫地，使得各种乌托邦思想遭到破坏。这种日渐明显、令人乏味的观点将在很大程度上受到欢迎，被看成是掌控目前形势的唯一工具，是在从乌托邦主义向科学转化，是在摧毁与我们当前形势的现实不一致的、令人失望的意识形态。它需要的是我们这一代人也许不可能再有的冷酷无情，或者最近出生的这一代人对

---

①　休谟：《关于人类的理解与关于道德原则的研究》。由 L. A. 塞尔比-比格编，第二版（牛津出版社，1927 年），第 83 页。

任何事情都不怀疑的天真，这样生活才能与这个世界的现实绝对一致，丝毫没有任何先验的元素，既没有乌托邦的形式，也没有意
231 识形态的形式。在目前这个具有自我意识的阶段，这也许是在一个已经定型的世界上可能实际存在的唯一形式。为了代替旧思想，我们的伦理原则可能提供的最佳选择莫过于“天才”与“坦诚”了。“天才”与坦诚似乎最多也只是把我们这个时代一般的“如实”或者“现实主义”投影到伦理领域。也许只有一个已经定型的世界才能这样做。但是我们已经到了可以不要努力的阶段了吗？这种消除所有紧张关系也意味着消除政治活动、科学热情——实际消除生活本身的内容吗？

这样，如果我们并不满意这种“如实”，我们就必须进一步探索，并提出这样一个问题：除了一些社会阶层根据自己的满意态度来推动这种已缓解的心理紧张，难道就没有其他力量在这个社会领域积极活动？不过，如果以这种方式提出问题，必然会得出如下的答案：

现在这个世界明显缺乏紧张的原因来自于两方面。一方面是那些没有实现自己抱负的阶层以及那些为共产主义和社会主义而奋斗的人们。只要他们是现在这个世界的局外人，他们就认为乌托邦的统一性、观点及行动都是理所当然的。他们在社会中的存在意味着，至少还有一种乌托邦没有受到任何干扰，而且在某种程度上会使各种反乌托邦思想被再度点燃并燃烧起来，至少在这个极左翼采取行动的时候是这样。这种情况是否真的会发生，在很大程度上取决于我们目前面临的发展过程的结构形式。如果通过和平演变的方式，我们能够在后来的某一个阶段达到工业主义的

某种高级形式——它具有足够的灵活性，而且会给下层阶层一定程度的相对福利——那么这些阶层也会经历已明显掌权的阶级所经历的变革过程。（根据这个观点，这种优越的工业主义的社会组织形式，通过使下层阶层达到权力地位的办法，是否能在一个有足够弹性的资本主义社会中确保他们最终得到相关的福利，或者这样的资本主义是否会首先被转变为共产主义。）如果只有通过演变才能达到工业发展的这个后来阶段，那么在思想方面的乌托邦和意识形态元素就将从各方面以新的活力再度燃烧起来。然而这是 232
有可能的，可以从反对现行秩序的社会力量的这一翼中找到一个决定因素，而且超越现实的概念的命运就有赖于它。

但是乌托邦思想的未来形式和思想形式并不仅仅有赖于这一极端社会阶层的兴衰。在这方面，除了这个社会因素外，还有一个必须考虑的因素，那就是一个独特的社会的与思想上的中间阶层，虽然它与思想活动有确定的关系，但在我们先前的分析中却没有考虑。迄今为止，除了那些实际代表自己直接利益的阶层，所有其他阶级中都包括一个更注重所谓精神领域取向的阶层。从社会学的意义上说，可以称他们为“知识分子”，但是考虑到我们目前的目的，我们必须更加精确。在这里，我们指的不是那些具有外在教育标记的人，而是他们当中的少数人。无论是有意识还是无意识，这些人的兴趣不在于目前更具竞争性的计划能否成功，而是在于其他东西。无论我们如何清醒地看这一点，也不能否定这个小群体几乎一直存在着。只要他们在思想与精神方面的兴趣与正在力争社会优势的阶级一致，他们的立场就不会带来什么问题。他们认同这个群体或社会阶层的利益，从同样的乌托邦观点出发来经验与了解这个世界。这种情况适用于法国大革命的资产阶级斗士，也适用于托马斯·闵采尔，适用于黑格尔，也适用于马克思。

但是，当他们所认同的这个群体达到了权力地位的时候，在他们获得权力后，乌托邦思想从政治中释放出来的时候，在这种乌托邦思想基础上，与这个群体认同的社会阶层也获得自由的时候，他们的情况总是有不少问题。

一旦社会中最受压迫的阶层逐渐共享对社会的支配权时，知识分子也从这些社会束缚中解放出来。只有在这个时候，才会有更多的没有社会牵连的知识分子以不断增加的比例走出各个社会
233 阶层，而不是只来自最有特权的人群。社会中的知识分子变得越来越脱离其他阶层，只能利用其自身的资源，他们在另一个角度上面临着我们刚才说的社会紧张关系完全消失的总体形势。但是由于知识分子根本没有发现自己与当前的总体形势很协调，没有发现自己与它完全一致，总体形势已经不再成为他们的问题，他们依然把超越这种没有紧张关系的形势定为自己的目标。

被社会进程推到上面来的知识分子面临着四种不同的选择：第一个群体是与社会主义—共产主义的无产阶级激进派有联系的群体，在这里实际上与我们根本没有关系。因为它认为，至少在这个程度上，现在是没有什么问题的。对它来说，还不存在社会忠诚与思想忠诚的冲突问题。

第二个群体也是在同一时间被社会进程推到上面来的。它抛弃了乌托邦思想，变成怀疑论者，并以上面提到过的方式（马克斯·韦伯，帕累托）以思想上诚实的名义摧毁了科研中的意识形态因素。

第三个群体躲进了过去,企图在那里找到一个时代或者一种社会,找到那种曾经主宰世界、超越现实、但已绝迹的形式,并通过这种浪漫的重建以求对目前进行精神化。从这一观点出发,力图用复活宗教情感、理想主义、象征符号以及神话的方法使这些功能得到完成。

第四个群体置身这个世界之外,有意识地谴责对历史进程的直接参与。他们变得像千禧年主义者一样狂热,所不同的是,他们不再参与激进的政治运动。他们参加了丢掉幻想的伟大历史进程,渐渐地抛弃了神话和信念以及事物的每一个具体含义。所以他们与浪漫主义者不同,因为后者的主要目标是在现时代仍要维护旧的信念。这种与传统无关的狂热曾经激励过神秘主义者和千禧年主义者,虽然方式不同,现在却被赤裸裸地置于经验的中心。例如,我们发现,在现代表现主义艺术中就有这样的症候,在这样的艺术中,物体失去了它们本来的意义,只是起到了为狂热的人们 234
进行交流的媒介作用。同样,在这些领域,许多像克尔恺郭尔那样的非学院派思想家,在寻求信念的时候,也抛弃了所有宗教方面的具体历史元素,并最终被推向赤裸裸的狂热"存在本身"。像这样从文化和政治中剔除千禧年主义的元素也许可以保留狂热精神的纯洁性,但是这将使世界没有了意义或者没有了生活。到末了,这对于千禧年狂热也将是致命的,因为,正如我们所看到的,当它转为内向并放弃它与直接具体世界的冲突时,它往往会变得温和而无害,或者在纯粹的自我启迪中失去自我。

在进行了这样的分析之后,我们不可避免地要问一问自己未来有什么;这个问题难就难在揭示历史性理解的结构。预测是预

言家的任务，每一种必要的预言都把历史变成一个纯粹确定的体系，从而剥夺我们进行选择和做出决定的可能性。它还有一个结果，那就是对于不断出现的新的可能领域进行衡量和反思的冲动逐渐消失。

未来藉以向我们展现自己的唯一形式就是可能性的形式，而那种命令，那种“应当”，则告诉我们应当选择其中的哪一种可能性。至于知识，只要我们关心的不是其中纯粹有组织和理性化的部分，那么未来向我们展示的就是无法渗透的媒介，一堵屹立的墙。我们想看穿它的企图被挫败后，先是意识到随意选择道路的必要性，还意识到与此密切相关的另一个必要性，即，要有一种命令（一种乌托邦思想）来驱动我们向前。我们只有知道了这里所涉及的利益和命令是什么，才有资格来探究目前形势的必要性，这样来获得我们对历史的第一次洞察。这里我们终于发现，只有在兴趣和有目的的努力的指引下，才能对历史做出解释。当今世界上有两个相互冲突的倾向——一个是乌托邦式的倾向，另一个是反对扬扬自得地接受当前现状的倾向——很难预测哪一方是最后的征服者，因为起决定作用的历史现实进程依然存在于未来。如果每个人都同意这一点，那么我们明天就可以改变整个社会。每一个个体都与一个具有既定关系的系统有密切关系，而它则在很大程度上束缚了他的意志，这才是真正的障碍。[①] 但是这些“既定关

① 这里，在这样一些根本问题上，在经验现实的可能模式方面最根本的区别已经被揭示。我们可以再度引用无政府主义者兰道尔有代表性的话：

“那么你对于人类历史中无情的客观事实作何理解？当然这里指的不是土地、房屋、机器、铁路、电报线或诸如此类的东西。然而如果你指的是传统、风俗、复杂的关系，

系”归根到底还是取决于不受控制的个体的决定。因此，这项任务 235
就是揭示隐藏在个体决策背后的动机，使他处于可以真正进行选择的地位，从而去除产生困难的根源。这时候，而且只有这时候，他的决策才会真正地由他自己来做。

到目前为止我们在这本书中所说的这些内容，目的就是帮助个体揭开这些隐藏的动机，并揭示他所做出的选择的含义。我们可以把自己的比较局限的分析目的确定为一种思维模式的社会学史，不过，很显然，我们要根据乌托邦元素的种种转变来理解我们所研究的这个时代的思想结构中最重要的变化。因此，在未来，在
一个根本没有任何新东西、一切都是已完成的、每个时刻都是重复 236
过去的世界上，有可能出现完全排除了意识形态和乌托邦元素的思想。但是，如果要从我们的世界中彻底消除超越现实的元素，那

这些都是顶礼膜拜的物体，例如国家以及类似的组织、情况和形势，那就再也不可能一言以蔽之，说它们只是表面的东西。社会在从稳定到衰败再到重建的波动过程中，它的发展进程的可能性和必要性都基于这样的事实：有机体的成长都不是超越个体的，而是基于理智、爱和权威的复杂关系之上。因此，只有在受到个体在其自身活力滋养的情况下，社会结构的历史上才会一再出现活着的人像躲避来自过去的妖魔鬼怪一样避开它，并创造出一些新的组合群体取而代之。这样，我就从我所说的‘国家’中撤出了我的爱、理想、服从与我的意愿。我能这样做是由我的意愿决定的。你不能这样做并不改变这样的事实：这种特定的无能是与你的人格不可分割地密切相关，而与国家的性质无关。”（古斯塔夫·兰道尔致玛加雷特·萨斯曼的一封信，摘自马丁·布伯编的《兰道尔在布里芬的生活经历》(1929)第2卷第122页）。

处于另一个极端的问题，参见黑格尔的如下一段引文：

“由于伦理体系的各个方面都是自由的概念，它们就是个体普遍本质的实质。与此相关的个体只是附属的。对客观不变的伦理秩序而言，个体的存在与否是无关紧要的，重要的是控制个体生活的力量。它以永恒的正义或绝对的神灵身份代表的国家，与之形成对照的，个体的努力只是一个内容空洞的游戏，就像摇晃大海一样。”黑格尔的《法哲学》，J. W. 戴德译(伦敦，1896)，第156页，第145节，增补部分。

就会把我们引向一个“如实”的状态，这最终将意味着人类意志的腐烂。这两种类型的超越现实的最根本不同在于：意识形态的衰落仅仅代表某个阶层所面临的危机，去除了意识形态面纱后得到的客观性，对于社会整体而言总是以自我澄清的形式出现，乌托邦元素从人类思想和行动中彻底消失将意味着人类的本性和人类的发展将展现出全新的特点。乌托邦的消失造成了一种静态，人在其中只是一个物而已。这样，我们就将面临一个可想而知的最大悖论，也就是说，人类创造了对存在的最高程度的理性把握，但却没有留下任何理想，他只不过变成了一个冲动的生灵。因此，经过长期、曲折、英雄般的发展，在意识达到最高境界的时候，历史就不再是盲目的命运，而越来越成为人类自身的创造，随着乌托邦思想被放弃，人类将失去创造历史的意志，并由此失去理解历史的能力。



因而，对于大多数知识领域而言，历史一社会过程都具有实质性的重要意义。这一论点得到了以下事实的支持：从人类的大多数具体论断中，我们可以看出这些论断于何时何地产生，在何时何地得到系统阐述。艺术史已经很明确地告诉我们，可以根据其艺术形式的风格确定其所在的时期，因为每一种艺术形式只有在特定历史条件下才可能出现，而且表现出那个时代的特征。这种适用于艺术的说法，在进行必要的修正后，也适用于知识。在艺术领域，我们可以根据特定形式与特定历史时期的明确关系来确定艺术形式出现的时期，在知识领域，我们同样也可以越来越准确地探知在特定历史背景下产生的视角。此外，通过对思想结构的单纯分析，我们还可以确定，得出这种论断的主体在何时何地发现世界是以这种方式、而且仅仅以这种方式出现的。而且我们常常还可以把分析向前推进，以至于能够回答一个涉及面更广的问题：为什么世界恰恰以这样的方式呈现出来。

# 237 第五章　知识社会学

## 第一节　知识社会学的性质与范围

### (一)知识社会学的定义和进一步划分

知识社会学是社会学最年轻的分支之一;作为理论,它试图分析知识与存在之间的关系;作为历史一社会学研究,它试图追溯这种关系在人类思想发展史上采取的各种形式。

知识社会学的兴起,源于人们努力发展那些在现代思想的危机中已经变得很明显的多重相互联系,特别是理论与思维方式之间的社会联系,把它们作为知识社会学特有的研究领域。一方面,知识社会学致力于发现一些切实可行的标准,以确定思想与行动之间的相互关系。另一方面,它对这个问题自始至终进行彻底的、不带任何偏见的思考,希望发展一种适合当前状况、涉及知识中非理论性制约因素意义的理论。

只有这样,我们在考虑当今日益普及的科学知识时,才有希望克服那种含糊不清、考虑不周、枯燥无味的相对主义。只要科学没能恰当对付那些制约人们思想产品的因素(科学的最新发展已使这一点清晰可见），这种令人沮丧的状况就将继续存在下去。有鉴于此，知识社会学为自己确定的任务是，大胆承认这些关系，把它们引入科学本身的视域，并用它们来检验我们的研究结论，从而解决知识受社会制约的问题。只要对社会背景的影响所做的预见依然是不清楚、不准确、言过其实，知识社会学就会把得到的结论变为站得住脚的真理，从而更加接近于从方法论上把握有关的问题。

### （二）知识社会学与意识形态理论 238

知识社会学与意识形态理论是紧密相连的，但与后者的区别却越来越明显，而且意识形态理论也是在我们这个时代出现并发展起来的。意识形态研究把揭露人类利益集团（尤其是政党）或多或少有意识的欺骗和伪装作为自己的任务。知识社会学关注的，与其说是故意欺骗所造成的扭曲，不如说是客体在不同社会环境下借以呈现给主体的各种不同方式。因此，在不同社会和历史环境下，精神结构不可避免地会以不同的方式形成。

根据这种区分，我们留给意识形态理论就只有各种“不正确”和不真实的东西了，而把并非由于或多或少有意进行的片面观察从意识形态理论中分离出来，作为知识社会学合适的主题。在以前的意识形态理论中，并没有对这两类错误的观察和陈述进行过区分。但是，如今最好把这两者严格区分开来，虽然它们过去都被称为意识形态。此后，我们将使用到特殊的意识形态概念和总体的意识形态概念。前者包含所有由于故意或无意、有意识、半意识或无意识的“错误”的表达，蒙骗自己或他人，这种情况发生在心理层面，具有类似谎言的结构。

我们说这种意识形态概念是特殊的，因为它总是只涉及可以被视为掩饰、作假或谎言的特定论断，而不攻击论断主体总体精神结构的完整性。而知识社会学则恰恰把在不同思潮和历史—社会群体中出现的这种总体精神结构作为自己研究的问题。知识社会学并不批判可能涉及欺骗和伪装的论断本身层面上的思想，而是从结构或心灵层面上考察它们；知识社会学认为，结构或心灵层面并不一定对所有的人都是一样的，它认为在社会发展的进程中相同的客体可以呈现出不同的形式和形态。既然总体意识形态概念不包括对作假的怀疑，在知识社会学中使用“意识形态”这个术

239 语也就没有任何道德含义或贬斥的含义。它只表明了一种研究兴趣，并由此导致提出了这个问题：社会结构在什么时候、什么地方开始在这些论断结构中表现出来，又在何种意义上具体决定了这些论断结构。在知识社会学领域，我们要尽可能避免使用具有道德含义的“意识形态”一词，而代之以思想家的“视角”。我们使用这个词，指的是由历史和社会背景决定的主体构想事物的整个方式。



## 第二节　知识社会学的两个分支

### （一）社会决定知识的理论

知识社会学一方面是一种理论，另一方面也是一种历史—社会学研究方法。作为理论，它可以有两种形式。首先，它是一种纯

粹的经验调查研究，描述并从结构上分析各种社会关系是如何对思想产生实际影响的。其次，它可以成为一种认识论方面的研究，考察这种相互关系对有效性问题的影响。值得一提的是，这两种研究不一定联系在一起，人们可以接受经验性结果，而不必得出认识论上的结论。

社会决定知识的研究的纯经验方面。根据这种分类并尽可能忽视认识论上的含义，我们可以认为知识社会学是关于实际思想由社会或存在决定的理论。最好还是先解释一下，“存在决定[①]知识”这一宽泛表述的意思。实际上，最佳的方法是举例说明。可以把存在决定思想看成思想领域已被证明的一个事实。在思想领
域，我们可以证明：(1)从历史上看，认知过程实际上并不是根据内 240
在规律发展的，它所遵循的不仅仅是“事物的本性”或“纯粹的逻辑可能性”，也不受“内在辩证法”的驱使。相反，实际思想的出现和结晶，在许多具有决定性意义的方面都受到五花八门的超理论因素的影响。这些因素与纯理论性因素相对，可以称为存在性因素。(2)这些存在性因素对知识的具体内容的影响不只是具有表面上的重要意义，它们不只是与思想的产生有关系，而且还渗入思想的形式与内容之中，此外它们还不容置疑地决定着我们的经验与观察的范围和强度，亦即决定我们先前所说的主体的“视角”。

影响知识过程的各种社会过程。现在我们看一看与存在决定

① 在这里，所谓的“决定”并不是指一种机械的因果关系；我们让“决定”的意思处于开放状态，只有经验式研究会告诉我们，生活状况和思想过程之间的相关性严格到何种程度，或这种相关性的变化范围有多大。〔德文“Seinsver2un4enes Wissen”(存在决定知识)表达的意思，恰恰是让决定论处于开放状态。〕

知识，亦即与超理论因素在思想史中所起的实际作用相关的第一组标准。我们发现，近来以社会学取向的思想史精神从事的调查研究，提供了越来越多的确凿证据。即便是现在，事实似乎也十分清楚，思想史的旧方法阻碍了我们认知社会的过程对思想领域的渗透，因为此种方法被导向了先验观念，即思想的变化应当在思想（内在思想史）的层面上加以理解。随着越来越多的证据表明了这种先验假设的缺陷，日益增多的具体案例清楚地说明：(1)只有根据涉及某个问题的人类先前的经验，才有可能对该问题进行各种阐述；(2)在从大量材料中进行选择时，牵涉到认知者的意志活动；(3)产生于活生生的经验的力量，对于处理问题时遵循的方向具有重要意义。

随着这些调查研究的展开，人们会越来越清楚地认识到，作为理论态度之基础的这些活生生的力量和实际态度，绝不仅仅只具有个人的性质，也就是说，它们并非首先源于个人开始意识到自己对思维过程的兴趣。恰恰相反，它们产生于作为个人思想之基础
241 的某一群体的集体目的，产生于个人只能作为参与者的规定观点中。在这方面可以更加清楚地看出，只要不考虑思维和认知与存在或人类生活的社会含义的关系，它们的很大一部分就不可能被正确地理解。

在上述意义上制约和塑造我们各种理论的多种多样的生活过程是不可能一一列举的，所以我们只举出几个例子（而且，即便如此，我们也不得不让索引和参考书目中引证的例子为我们做详尽的证明）。

我们可以把这样的竞争看作一个有代表性的实例，在其中，各

种超理论的过程影响了知识的产生和发展方向。竞争①不仅通过市场机制控制了经济活动，不仅控制了政治和社会事件的进程，而且还提供了存在于对世界的各种各样解释背后的动力。一旦揭开这些解释的社会背景，就会发现，它们表达了为权力而斗争的各冲突群体的思想。

当我们看到这些社会背景出现并成为构成知识基础的、可辨认的无形力量时，我们意识到，思想和观念并不是伟大天才灵光一现的产物。即便是伟大天才的深刻洞见，其基础也是一个群体的集体历史经验；个人把这些经验看作是理所当然的东西，但在任何情况下也不应该把这些经验具体化为“群体精神”。进一步观察便会发现，正如关于民族精神的理论所认为的那样，具有唯一倾向的集体经验综合体并非只有一个。世界是通过许多不同的取向被认知的，因为有许多同时存在且相互矛盾的思想倾向（它们的价值绝不是相等的）在相互斗争，对“共同的”经验做出各自不同的解释。所以，理解这种冲突的线索，不应在“客体本身”中去寻找（如果是这样，那就无法理解客体为什么会以这么多不同折射角度表现出来），而应该在产生于经验的截然不同的期望、目的和冲动中去寻找。如果为了做出解释，我们不得不回过头来关注不同的冲动在
社会领域的作用和反作用，那么，更精确的分析就能说明，具体冲 242
动之间发生这种冲突的原因不应该在理论本身中去寻找，而应该在这些各式各样、相互对立的冲动中去寻找，而这些冲动则植根于集体利益的整个基质之中。根据社会学的分析（此种分析可以

① 具体的实例，可参阅作者的论文“竞争在精神领域中的意义”，见前引书。

揭示出进行观察的原始冲动与纯粹的理论结论之间隐蔽的中间步骤)，这些看似“纯理论”的分裂大都可以归结为更为根本性的哲学分歧。但哲学分歧又反过来受到了相互冲突的具体群体之间发生的对立和竞争的无形引导。

集体存在可能还有许多其他的基础，从中可以产生出对世界的不同解释和不同类型的知识；我们只要提及其中一个基础，就可以指出不同境遇的各代人之间的关系所起的作用。在很多情况下，这个因素都在影响人们对特定社会和特定时期流行的各种理论和观点进行选择、组织并使之极化的原则。(作者在题为“论世代问题”的论文中，较为详尽地论述了这个问题。[①]) 我们从研究竞争和世代问题中得到知识，从而得出了以下结论：那些根据内在思想史的观点，在思想发展中看似“内在辩证”的东西，从知识社会学的立场来看，却变成了思想史中受竞争和世代连续影响的有节奏的运动。

在考察思想形态与社会形态的关系时，我们不免回忆起马克斯·韦伯[②]的看法，即：对系统化感兴趣，在很大程度上可以归因于学术背景，对“成体系的”思想感兴趣，是与各个法学思想流派和各个科学思想流派相关联的，而这种有组织的思想形态的根源，则在于教学制度的连续性。说到这里，我们还应该提及马克斯·舍勒[③]的一项有重要意义的尝试，他试图在各种形态的思想与产生

① 见《科隆社会科学季刊》(1928年)，第8卷。

② 参见马克斯·韦伯：《经济与社会》，前引文，尤其是有关法律社会学的部分。

③ 特别参见他的著作《知识形态与社会》(莱比锡，1928年)和《知识形态与教育》(第1卷，波恩，1925年)。

这些思想、并能在其中得以详尽阐述的某些类型的群体之间建立 243
起关系。

以上论述足以表明，我们所说的知识和思想的类型同它们所代表的社会群体和社会过程之间的关联，究竟是什么意思。

社会过程对思想“视角”的实质性渗透。社会过程中的存在因素是否仅仅具有表面上的重要意义？是否应当认为这些因素仅仅制约了思想的发生或实际发展（亦即它们与思想是否只有发生学上的关系）？这些因素是否渗透到具体的特定论断“视角”中？这就是我们接下来试图回答的问题。如果产生某种思想的时间条件和社会条件对它的内容与形式毫无影响，那么，该思想的历史与社会起源就与它的最终有效性毫无关系了。假如情况果真如此，那我们要区分人类知识史上任何两个时期就只能依据这样的事实：在前一个时期，某些事物仍然是未知的，仍然存在着某些错误，这些错误借助于后来获取的知识，将得到彻底纠正。这种早先知识不完善时期与后来知识完善时期之间的简单关系，也许在很大程度上适用于精确科学（不过，相对于经典物理学的逻辑而言，如今精确科学的范畴结构所具有的稳定性，实际上已被严重动摇）。然而，对于人文科学史而言，先前的阶段并不会如此简单地被以后的阶段所取代，也不那么容易证明，先前的错误后来得到了纠正。每一个时代都有其全新的研究方法，并拥有其独有的观点，因而会从新的视角来看“同样的”客体。

因而，历史—社会过程对于大多数知识领域而言具有实质性的重要意义这一论点，便得到了以下事实的支持：我们从人类的大多数具体论断中可以看出，这些论断产生于何时何地，以及在何时

何地得到了系统的阐述。艺术史已经很明确地告诉我们，艺术形式可以依据其风格而确定其时期，因为每一种形式只有在特定的历史条件下才可能出现，而且每一种形式也显示出了自己的时代
244 特征。艺术是如此，只要加以必要的修正，知识也是如此。在艺术中，我们可以根据特定形式与特定历史时期的明确关系来确定这些形式出现的时期，与此相同，就知识而言，我们也可以越来越准确地探知特定历史背景产生的视角。此外，通过单纯分析思想结构，我们还可以确定，世界是在什么时候和什么地方，以这种模样且仅仅以这种模样，呈现给做出论断的主体的，而且我们常常还可以把分析向前推进，以至于能够回答这样一个涉及面更广的问题：为什么世界恰恰以这样的方式呈现出来。

虽然从 2×2＝4 这个断言(姑且举这种最简单的例子)中我们看不出它于何时、何地、由何人提出，但是从一本社会科学著作中，我们却有可能指出它是否受了“历史学派”、“实证主义”或“马克思主义”的启发，指出它产生于这些学派发展的哪个阶段。在这类断言中，我们可以证明研究者的“社会地位”对其研究结果的“渗透”，证明“环境的相关性”，即这些论断与基本现实之间的关系。

从这个意义上说，“视角”表示一个人观察客体的方式，从中觉察到的东西，以及他在思维过程中如何解释客体。所以，视角并不仅仅是从形式上规定思维的东西。它还涉及思想结构中质的成分，而纯粹的形式逻辑则必然会忽视这些成分。正是这些因素导致了以下事实：两个人即便以同样的方式，运用相同的形式逻辑规则(例如矛盾律或三段论法)，也会对同一客体做出迥然不同的判断。

有一些特点可以用来表明某一断言所具有的特征，有一些标准有助于把该断言归属于特定的时代或环境；关于这些特点和标准，我们只举几个例子：对所用概念的意义分析、反概念的现象、某些概念的缺失、分类体系的结构、主流的思维模式、抽象的水平以及预设的本体论。下面我们将用几个例子来说明这些识别特点和标准在视角分析中的适用性。同时我们要还说明观察者的社会地位会在多大程度上影响其观点。

我们先来看这样一个事实：在大多数情况下，处于不同地位的人在使用同一个词语或同一个概念时，他们要表达的含义是大相 245
径庭的。

十九世纪初，一个老派德国保守主义者所谈的“自由”，指的是每个社会阶层按照其自身特权（即各项自由权）生活的权利。如果他是个浪漫－保守的新教运动的成员，他理解的自由便是“内心的自由”，即每个人按照自己的个性而生活的权利。这两个群体都根据“自由的质的概念”进行思考的，因为他们认为自由是他们维护自己的历史独特性或内心独特性的权利。

同一时期的自由主义者在使用“自由”这个词时，他心目中的自由恰恰是摆脱老派保守主义者作为全部自由之基础的那些特权。因而，自由主义的自由概念，是一种“平等主义的自由概念”，按照这种概念，“自由”就意味着所有的人都拥有相同的基本权利。自由主义的自由概念属于一个试图推翻外部的、合法的、不平等社会秩序的群体所拥有。而在另一方面，保守主义的自由概念则属于一个不愿看到事物的外部秩序发生任何变化、希望一切都保持其传统独特性的阶层所拥有；为了维持事物的原来状态，他们还不得不把有关自由的问题，从外部的政治领域转向内部的非政治领域。自由主义者看到的仅仅是自由概念和自由问题的一个方面，而保守主义者看到的仅仅是它们的另一个方面，这显然是与他们各自在政治和社会结构中的地位有关。[①] 简而言之，即使是在阐述概念的时候，视角也会受到观察者的利益的引导。也就是说，思想受到特定社会群体的期望所指引。因此，根据研究者自身的利益，每一个概念内部都从可能的经验材料中，把必须掌握与吸纳的东西结合在了一起。例如，保守主义的民族精神概念就最有可能被阐释为与“时代精神”这一进步概念相对立的反概念。在给定的概念组合中，概念分析本身就为研究明显不同处境的社会阶层
246 的视角提供了最直接的方法。

某些概念的缺失往往不仅表明某些观点的缺失，而且表明处理某些生活问题的特定动力的缺失。例如，在历史上出现较晚的概念“社会”就证明，“社会”这个概念所蕴含的问题以前从来没有人提出过，同样，“社会”这个概念所表示的特定经验模式以前也不存在。

但是，不仅概念的具体内容会由于社会地位的不同而彼此各异，而且基本的思想分类也同样各不相同。

举例来说，十九世纪早期的德国保守主义（我们的大多数例子都选自这一时期，因为我们从社会学观点对这个时期做了比任何其他时期更透彻的研究），还有当代的保守主义，都倾向于使用形

① 参见作者的论文“保守主义思想”。载《社会科学与社会政策文库》，第57卷，第90页及随后各页。

态学分类；这种分类不打破经验材料具体的整体性，而是力求保持其所有独特性。左翼政党采用的分析方法与这种形态学的方法相反，它把每个具体的整体性化小，以获得较小、较普通的单位，然后通过因果关系分类或功能整合的办法，对这些单位进行重新组合。在这里，我们的任务不仅是要说明不同社会地位的人思维方式不同，而且要说明他们为什么会借助不同的分类方法对经验材料进行不同的排序。有左翼取向的群体想利用现存世界创造出新的东西，因而他们不去看现有的事物，他们开始抽象思维，把现有事物分解为一个个构成要素，以便对它们进行重新组合。只有从结构学和形态学上表现出来的东西，我们才准备立即接受，不希望再从根本上改变它。而且，我们想借助这种结构概念，稳定那些仍处于变化状态的成分，同时企求认可现存的东西，因为现状就是如此。这一切都非常清楚地表明，即便是抽象分类和组织原则（它们似乎远离政治斗争），在很大程度上也源自人类心灵中超越理论而注重实效的本性，源自心理和意识的比较坚实的深处。因此，从创造意识形态的意义上说，这里不可能有什么有意的欺骗。

能够表明思维视角特征的另一个因素，是所谓思维模式，也就 247
是一个人开始思考某个客体时，隐藏在他头脑中的思维模式。

例如，众所周知，一旦自然科学中的物体类型学得到了系统阐述，一旦从这些类型中推演出来的思想分类和思想方法变成了模式，人们便希望用这种方法解决包括社会领域在内的其他存在领域中的所有问题（这种倾向的代表，就是有关社会现象的机械论—原子论观念）。

值得注意的是，发生这种情况的时候，就像出现所有类似情况时一样，并非所有的社会阶层都适应于这种单一的思维模式。在这个历史时期，拥有土地的贵族、失去生活来源的阶级和农民的声音是听不到的。文化发展的新特征，以及处于优势的对世界的取向形态，都与他们的生活方式格格不入。以自然科学原理为模型的处于优势的各种世界观，似乎是从外部降临到这些阶级身上。由于各种社会势力的相互作用把代表上述阶级和表达他们生活状况的其他群体推到了历史的前台，各种相反的思维模式，例如“有机体”思维模式和“人格主义”思维模式，便与“功能－机械论”类型的思想展开了争斗。于是，像斯塔尔这位当时站在这一发展顶端的人，已经能在思维模式与政治潮流之间建立起联系了。[①]

在每个特定问题和答案的背后，都可以或明或暗地发现一种进行卓有成效思维的模式。如果对每个案例中的某个思维模式的发生和传播范围进行详尽追溯，我们便会发现，它与某些特定群体的社会地位和他们解释世界的方式有特殊的密切关系。我们所说的群体，并不像教条式的马克思主义所认为的那样，仅仅指阶级，而且还指各代人、身份群体、宗派、职业群体、学派，等等。如
248 果不仔细留意这种高度分化的社会群体，不仔细留意概念、范畴和思维模式发生的相应分化，也就是说，如果不认真思考上层建筑和下层建筑之间的关系问题，也就无法证明，与历史进程中涌现的各种知识和视角相对应的，是社会下层建筑中发生的类似分化。当然，我们无意否认，在上述所有社会群体和单位之中，阶级分层



① 国家理论史，尤其是F.奥本海默在其《社会学体系》(第2卷，“论国家”)中概述的国家理论史，是一座装满说明性材料的宝库。

具有最为重要的意义，因为归根结底，所有其他社会群体都产生于并被转化为这些比较基本的生产与控制条件。不过，研究者面对各种各样的思想，试图将它们放在正确位置上的时候，再也不能满足于不加区分的阶级概念了，除此而外，他们必须认真考虑决定社会地位的种种现存社会单位和社会因素。

这一视角的另一个特征可以通过研究抽象水平来发现，因为超越这个水平，一个给定的理论就不会再进步了，或者说在一定程度上，该理论会抵制理论性的系统阐述。

如果一个理论不能整体或局部超越相对抽象性的某一既定阶段而发展，不能通过对进一步具体化的倾向表示不满或者说明这种倾向是节外生枝的办法来抵制它，这绝不是什么偶然。在这里，思维者的社会地位也很重要。

一种相互关系往往只能以特定立场所特有的具体形式，才能得到系统阐述，这正是马克思主义及其与知识社会学发现之间的关系所表明的。从马克思主义中可以看出，与特定社会地位紧密相关的观察者，靠根本不可能独立地指出隐含在自己的具体观察中较为一般的、较具理论性的方面。例如，本来可以指望，马克思主义早就会以比较富于理论性的方式，阐述知识社会学关于人的思想与一般存在状况之间关系的基本发现，特别是因为它发现的意识形态理论至少隐含着知识社会学的发轫。然而，这种含义从来也没有被揭示并从理论上加以阐述，充其量只是部分被观察到，
原因是，在这个具体实例中，这种关系只是在论敌的思想中被察觉 249
到。此外也许还因为，人们在潜意识中不愿意对业已阐述过的洞见进行深入思考，否则就会使隐含在其中的理论阐述变得太明显，

以致搅扰自己的立场。由此我们看出，特定社会地位所强加的狭隘视野以及决定其洞见的推动力，往往是如何阻碍对这些观点做一般性和理论性的阐述，如何限制抽象能力的。人们往往遵从唾手可得的观点，阻止提出这样的问题，即：知识与存在密切相关的事实是否为人类思维结构中所固有。此外，马克思主义往往回避一般性的社会学方面的阐述，这往往可以追溯到一个特定观点强加给一种思维方法的类似限制。例如，人们甚至不允许提出这样问题，即：马克思和卢卡奇详尽阐述的“非人格化”大体上是否只是一般的意识现象，而资本主义的非人格化是否只是这种非人格化的一种特殊形式。这种对具体性和历史决定论的过分强调，是特定社会环境的产物，而与之相反的倾向，即直接跃入最高的抽象领域和形式化领域，则像马克思正确强调的那样，有可能使人看不清具体的环境及其独特性。这一点在讨论“形式社会学”的时候，会被再次证实。



形式社会学可能也是一种社会学类型，对其合法性我们丝毫无意质疑。然而，在社会学问题的阐述中出现了进一步引入具体性的倾向，在这种情况下，形式社会学却自诩为唯一的社会学，此时它不知不觉地受到一些动机的引导，而类似的动机曾阻碍其历史先行者（即资产阶级—自由主义的思维模式）超越其理论中抽象的、一般化的观察模式。形式社会学回避对社会问题做历史的、具体的和个别的研究，因为它担心自己内部的对抗，例如资本主义
250 自身的对抗，会显露出来。在这方面，它类似于资产阶级对自由问题的极为困难的讨论，而在讨论中，无论是过去还是现在，通常都只在理论上抽象地提出自由问题。而且，即便以这种方式提出，自

由问题也总是一个与政治权利而不是社会权利有关的问题，因为如果考虑到后一领域，与自由、平等相关的财产因素和阶级地位因素也就不可避免地会显露出来。

归纳一下：研究一个问题的方法、阐述该问题的层面以及希望达到的抽象水平和具体水平，都一无例外地与社会存在有着同样密切的联系。

最后来探讨一下所有思维模式的基础，以及这些模式所预设的本体论及其社会分化还是比较合适的。正因为本体论这一基础对思维和感知具有根本性的重要意义，我们无法在有限的篇幅内充分讨论由此而产生的问题，所以我们建议到其他地方去找更为详尽的论述[①]。在此只需指出，无论现代哲学想建立一种“基本的本体论”的愿望多么合理，若不先考虑知识社会学得出的各项结论，只是天真地去探究这些问题，那是非常危险的。因为，如果我们天真地探究此类问题，我们非但得不到真正基本的本体论，反而会成为历史进程中随机出现的本体论的牺牲品，而这将是几乎不可避免的结果。

就此而言，上述思考肯定足以明确这一种观念，即：存在状况不仅影响思想在历史上的产生，而且还构成思想产品的基本组成部分，并影响到思想产品的内容和形式。

知识社会学特有的研究方法。在同一论域——对应于同一历史—社会环境——讨论某一问题的两个人，可以而且必须与另外

① 参阅作者的“保守主义思想”（前引书，第489页以下，特别是第494页），以及本书第78页以下、第87页以下和第174页以下。

两个持不同社会立场的人的做法迥然不同。这两种类型的讨论，
251 即，社会地位和思想相同的人之间的讨论与社会地位和思想不同的人之间的讨论，明确地加以区分。明确承认这两种类型的讨论之间的区别是我们这个时代中的一个问题，这样做绝非事出偶然。马克斯·舍勒把我们当前这个时期称为“平等化的时代”。如果把他的说法运用于我们所讨论的问题，那就意味着在我们这个世界上，以前大体上彼此隔绝、把自己及自己的思想世界绝对化的各种社会群体，现在都以这样那样的形式相互融合起来。在这个极其高度分化的世界上，不仅东方和西方，不仅西方各个国家，而且还有这些国家的各个社会阶层（它们以前或多或少都是不受外界影响的），最后还有这些社会阶层内部的不同职业群体和思想群体，现在全都脱离了自信满满、自以为是的状态，面对异质群体的攻击，不得不维护自己的利益，坚持自己的思想观念。

但他们如何进行这种斗争呢？就思想的对立而言，除了极少数例外的情况，他们的做法通常都是“就事论事”；也就是说，虽然他们多少意识到，与他们讨论问题的人代表另一群体，在讨论某一具体问题时，他的整个思维结构往往完全不同，但是，他们仍然进行对话，似乎他们的分歧仅限于正在争论的具体问题，而且他们的不同观点都集中在这个问题上。他们所忽略的事实是：对手与他们的分歧是在总的看法上，而不仅仅是在对所讨论的问题的看法上。

这表明，在不同质的人之间也有一些类型的思想交流。首先，在参与者相互接触的时候，总体思想结构上的差异还若隐若现地保留在背景之中。双方的意识主要集中在具体问题上。对参与各

方来说，“客体”或多或少地具有不同的意义，由于它的意义产生于参与者各自的整个参照框架，其结果是，在另一方看来，客体的意义至少有一部分依然是模糊不清的。因而，“就事论事”是“平等化时代”不可避免的现象。

另一方面，分歧各方也可以利用每一个理论接触点为契机，弄 252
清分歧的根源，从而消除误解，进行相互接触。这将使分别隐含在这两种视角中、由不同社会情境产生的不同前提显现出来。在这种情况下，知识社会学家并不是以通常的方式面对其对手，即不直接回应对方的争辩。相反，他试图弄清对方的总体视角，并把它视为某种社会地位的功能，争取理解对方。

有人指责知识社会学家用这种方法回避实际的争论，不关心所讨论的实际主题，而是深入到直接争论的主题背后，探究论断者的总体思想基础，以便说明它不过是许多思想基础中的一种，不过是一种片面观点而已。在某些情况下，深入到论辩双方的论断的背后，忽略实际的争论是合理的，因为没有共同的思想基础，就没有共同的问题。知识社会学把揭示局部分歧的根源作为自己的明确研究主题，试图以此克服各种论敌“就事论事”的做法；论敌因为一心扑在直接争论的问题上，从来不会注意到他们分歧的根源。毋庸赘言，只要讨论的视角之间存在实际的不同，导致出现了根本的误解，则知识社会学家把争论追溯至争论者的思想基础和社会地位，就是有道理的。只要讨论是从相同的思想基础出发，并在相同的论域内进行，就无须那样做。如果滥用，那样做反而会成为逃避讨论的手段。

获取视角是知识社会学的一个前提。一个农民的儿子，若在其村子的狭小范围内长大成人，并在家乡度过其整个一生，则那个村子特有的思维方式和谈话方式，在他看来便是天经地义的。但是，一个农村小伙子，如果移居到城市并逐渐适应了城市生活，则
253 农村的生活方式和思维方式在他看来就不再是天经地义的了。他已经与农村的生活方式和思维方式有距离了，而且他现在或许能完全有意识地区分“农村”和“城市”的思维方式。在这种区分中，就有了知识社会学试图充分发展的那种研究方法的萌芽。在某一群体内部被视为绝对的东西，在局外人看来，则受到了该群体处境的制约，并被认为是片面的（在这个例子中，就被认为是“农村的”）。得到这种知识的前提是，有一种较为超然的视角。

这种超然的视角可以通过以下方式获得：(1)某群体中的一名成员（通过上升到更高的阶级，移民等方式）脱离其社会地位；(2)整个群体的存在基础与其传统的规范和制度所具有的关系发生了变化[①]；(3)在同一社会之内，两种或两种以上的由社会因素决定的解释方式发生了冲突，在相互批判的过程中，彼此暴露无遗，并确立了彼此的视角。结果，一种超然的视角（通过此视角，我们可以发现不同思维方式的轮廓），便有可能被所有不同社会地位的人所获得，继而成为公认的思维方式。我们在前面已经指出，知识社会学的社会发生，主要取决于是否有可能获得一种超然的视角。



关联论。如果把知识社会学的研究方法称为“关联性的”，那么人们对上述讨论的意思就不会有什么疑问了。当那个已融入城

① 卡尔·伦纳提供了一个很好的例子，见《私法的法律制度》(J.3.2.莫尔，蒂宾根，1929年)。

市的小伙子把他在亲戚中发现的某些政治、哲学或社会观点说成是“农村”观点的时候，他就不再以同质参与者的身份讨论这些观点了，也就是直接陈述自己所说的具体内容。确切地说，他把这些观点与某种解释世界的方式联系起来了，而这种方式最终又与构成社会状况的社会结构联系在一起。这是一个可以用来说明“关联性”研究方法的例子。稍后我们将要讨论的是，以这种方式看待一些断言，并不意味着这些断言是错误的。知识社会学超越了人们现在经常采用的这类粗糙方式所做的事情，而是它有意识、有系统地对所有思维现象毫无例外地提出这样一个问题：这些现象与什么社会结构有关时才会出现，才会有效？将个体思想观念与特 254
定历史—社会主体联系起来的做法，不应当与哲学上的相对论混为一谈，因为后者否认任何标准的有效性，否认秩序在世界上存在的有效性。空间的各种测量方法都取决于光的特性，但这并不意味着我们的测量是任意的，而仅仅意味着只有在与光的特性发生联系时这样的测量才有效，同样，适用于我们的讨论的，不是任意性意义上的相对论，而是关联论。关联论并不意味着在讨论中没有判别正确与错误的标准。然而，它坚持认为，某些断言是不能绝对地进行阐述，只能从特定社会情境的视角进行阐述，这是它们的性质使然。

特殊化。在描述了知识社会学所构想的关联过程之后，不可避免地会提出这样的问题：如果我们不能把某一论断与论断者的立场联系在一起，那么在我们尚不知道的该论断的有效性的问题上，关联过程能告诉我们什么呢？当我们表明某一陈述应归因于自由主义或马克思主义的时候，我们在关于该陈述的真实性或虚假性的问题上说了些什么呢？

对于这个问题可以做出三种回答：

(1)可以说，一旦证明某一论断与特定的社会情境有结构上的关系，其有效性也就被否定了。从这个意义上说，知识社会学和意识形态理论中的确存在着一种思潮，它会认为这种关系的证明就是对论敌的论断的驳斥，并会利用这种方法来使所有论断失去有效性。

(2)与此相对立，也许会有另一种回答，即：知识社会学在某一论断及其论断者之间建立起来的归属关系，没有告诉我们与该论断的真假值有关的任何东西，因为一个论断以何种方式发生，并不影响其有效性。一个论断是自由主义的还是保守主义的，这本身并不自行显示它的正确性。

(3)判断知识社会学家某一论断的价值还可以有第三种方法，这也代表了我们自己的观点。它与第一种观点的不同在于，它表
255 明仅仅实际证明并识别论断者的社会地位，尚不能告诉我们与该论断的真假值有关的任何东西。它只是怀疑，该论断或许仅仅是一种片面的观点。它针对第二种方法强调指出，如果认为知识社会学只是描述了产生某一论断的实际条件(实际一发生)，那是不正确的。对知识的每一次全面、彻底的社会学分析，都会在内容和结构上给要分析的观点划定界限。换言之，它不仅试图证实这种关系的存在，同时还试图详细叙述这种关系的范围和有效程度。我们将更加详尽地说明其含义。

我们举的那个农民儿子的例子，清楚地说明了知识社会学想通过其分析来做什么。发现并认识到他早先的思维方式是与“城市”相对的“农村”思维方式，已经包含了这样的洞见，即：不同视角的特殊之处，不仅在于它们以不同的视野和整个现实的不同部分为前提，而且还在于不同视角的兴趣和感知力，都受制于它们由以产生并与之相关联的社会状况。

在这一层次上，关联过程往往变成了特殊化的过程，因为人们并不是仅仅把某一论断与某一立场联系起来，而是在这样做的同时，还把该论断最初所宣称的绝对有效性限制在较小的范围内。

得到了充分发展的知识社会学所遵循的，正是我们在前面那个农村小伙子的例子中说明的方法，只不过它遵循的是一种慎重的方法。借助于对视角进行坚持不懈的仔细分析，特殊化便可获得一种具有指导意义的工具和一套处理归属问题的标准。通过这些观点的范畴体系和每个观点所表达的意思，可以对每一种观点的理解所能达到的范围和程度进行测量和划定界限。因此，随着知识社会学的不断完善，特定社会地位所固有的某些意义和价值的取向（即受某一群体集体目标制约的观点和态度），以及相同环境向身处其中的不同社会地位提供不同视角的具体原因，都变得
更加可以确定，可以理解，并会得到有条理的研究。[1] 256

随着知识社会学在方法论上的日臻完善，某一视角的特殊性的确定，就成了相关群体所具有的社会地位的文化标志和思想标志。与仅限于对事实进行最初确定的关联论相比，借助特殊化的知识社会学又向前迈进了一步。以知识社会学的态度进行的每个

① 更为详尽的讨论，参见前面第三章有关理论与实践关系的论述，在那里，我们曾努力对视角做了这种社会学分析。

分析步骤，都会达到这样一点，即：知识社会学不仅仅是对事实作社会学的描述，告诉我们某些观点是如何在一定社会环境中产生的。确切地说，它达到了这样一步，即：通过重新界定特定论断中所隐含的视角的范围和限度，知识社会学还变成了一种批判。从这个意义上说，知识社会学所特有的这些分析，对于确定某一陈述的真实性而言，并非毫无关系；但另一方面，这些分析本身并不能充分揭示某一陈述的真实性，因为仅仅划定视角的范围绝不能代替不同观点之间的直接讨论，也不能代替对事实的直接考察。知识社会学的发现起到了什么作用，人们目前尚不很清楚，一方面它与证实真实性毫无关系，另一方面它又完全适合于证实真实性。仔细分析一下知识社会学单纯陈述的原始意图，分析一下知识社会学研究结果的性质，就可以证明这一点。在我们的时代，人们已意识到，大家的利益各不相同，思想基础不统一，但人们试图在更高的层面达到这种统一。在这样的时代，以知识社会学为基础所做的分析，是引向直接讨论的第一个预备性步骤。



### (二)知识社会学给认识论带来的结果

在本章开头的那段话中我们曾指出，在不提出任何认识论问题的情况下，我们可以认为，知识社会学是一种有关知识与社会环
257 境之间的实际关系的经验理论。基于该假设，我们避开了所有认识论问题，并把它们都放进了背景之中。我们是可以做出这种保留的，而且，只要我们的目标仅仅是不带偏见地分析特定的具体关系，不因理论上的先入之见造成歪曲，那么人为地把一组纯粹抽象的问题隔离出来，甚至还是可取的。但是，一旦各种社会环境和与

之相对应的各个方面之间的基本关系得到了证实，人们就不能不致力于老老实实地揭示由此而产生的评价问题。任何一个人，如果意识到从对经验材料的解释中必然产生的各种问题的相互联系，同时又没有被现代学术的复杂专业化所蒙蔽（这种复杂的专业化常常阻碍人们直接探讨问题），那他肯定注意到，我们在“特殊化”那一小节中讨论的那些事实，而从它们的性质上说，则很难被认定为纯粹的事实。它们超越了赤裸裸的事实，要求人们对它们做进一步的认识论上的反思。一方面，我们看到的纯粹事实是，当人们借助于知识社会学，指出某一论断与某一环境之间的关系时，这样做的目的本身就包含着使它的有效性“特殊化”的倾向。从现象学上说，人们可以承认这个事实，而不质疑其中所隐含的对有效性的断言。但是，另一方面，观察者的地位确实会影响思想的结果，这也是一个事实，此外还有这样一个事实（我们已经有意识地、 333
非常详尽地对此做过论述），即：特定视角的局部有效性可以很精确地加以确定。这些事实肯定迟早会使我们提出：这个问题对于认识论究竟有什么重要意义？

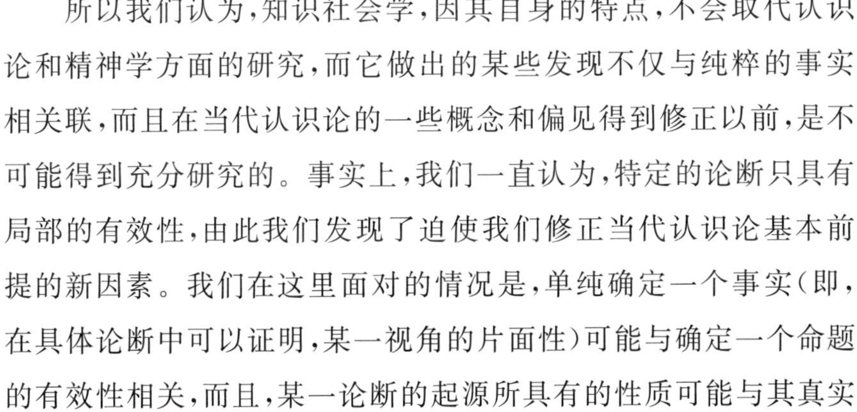

所以我们认为，知识社会学，因其自身的特点，不会取代认识论和精神学方面的研究，而它做出的某些发现不仅与纯粹的事实相关联，而且在当代认识论的一些概念和偏见得到修正以前，是不可能得到充分研究的。事实上，我们一直认为，特定的论断只具有局部的有效性，由此我们发现了迫使我们修正当代认识论基本前提的新因素。我们在这里面对的情况是，单纯确定一个事实（即，在具体论断中可以证明，某一视角的片面性）可能与确定一个命题的有效性相关，而且，某一论断的起源所具有的性质可能与其真实 258

性相关。这至少阻碍了建构一个真实性的标准与论断的起源无关的有效性领域。

在当代哲学的主要预设前提之下，不可能利用这一新的洞见来服务于认识论，因为现代知识理论的基本假设是，纯粹事实的发现与有效性无关。在这一信条的认可之下，具体研究对知识的每一次丰富，都被诬蔑为“社会学主义”，因为从更广的观点看，具体研究竟然胆敢揭示出更为基本的因素，这成何体统。一旦认定，从经验事实的世界中产生的任何东西都不会与论断的有效性相关，并把这种观点提升至先验知识的领域，我们就会对这一情况视而不见：这种先验知识本身最初便是对事实关系做的一种不成熟的实体化，这种实体化产生于特定种类的论断，并被过于仓促地阐述为认识论上的公理。一个先验的前提认为，认识论独立于“经验性的具体科学”，此前提给心灵带来了宁静，于是心灵也就一劳永逸地对拓宽了的经验主义可能带来的洞见关上了大门。结果是，人们没有认识到，这种自给自足的理论，这种自我保存的姿态，所能达到的目的无非是保护某种学院派的认识论，这种已经日薄西山的认识论正试图保护自己，以免经验主义的进一步发展可能导致它崩溃。持有这种陈旧观点的人忽视了这样一个事实，即：他们因此而使之永存并使之免于被各门科学所修正的，并不是认识论本身，而只是一种特殊的认识论，这种认识论的独特性仅仅在于，它曾经与一种早期的狭隘的经验主义相冲突。于是，它把这样一种知识概念稳定了下来，这种知识概念只来自于现实的一个特殊部分，因而只代表许许多多种可能的知识中的一种。

为了弄清楚知识社会学会把我们引向何方，我们必须再次思

考所谓认识论凌驾于各门具体科学之上的问题。在用批判性的考察揭开这个问题的盖子之后，我们至少可以简明扼要地把隐含在知识社会学问题中的认识论展现出来。首先，我们要列举那些破 259
坏、或至少使人怀疑认识论凌驾于各门具体科学之上的绝对自主权和优势地位的论点。

认识论与具体科学。认识论与具体科学之间存在着一种双重关系。从它的建构性主张来看，认识论对所有具体科学来说都具有根本性的重要意义，因为它为各种知识以及真实性和正确性概念提供了基本的辩护理由，而这些正是其他具体科学的研究方法所依赖的，而且认识论还影响着具体科学的研究结果。然而，这并没有改变这样一个事实，即：每一种知识理论本身都会受到科学在其时代所采取的形式的影响，而且仅仅从这种形式中，每一种知识理论就可以获得关于知识本质的概念。毫无疑问，从原则上说，认识论可以宣称是全部科学的基础，但实际上，它在任何一个时代都是被科学的状况所决定的。这样，问题便被以下事实弄得更加难以解决了，即：人们发现，用以批评知识的那些原则本身就是受社会和历史条件制约的。因此，它们似乎只能运用于特定的历史时期和当时流行的特殊种类的知识。

一旦我们清楚地认识到这些相互关系，则下述信念就再也站不住脚了：认识论和精神学由于有理由宣称拥有基础性功能，因而必然是独立于具体科学的进步而自主地发展的，不会因为具体科学的进步而需要做根本性的修正。于是，我们不得不承认，只有当我们从以下意义上构想认识论和精神学与具体科学的关系时，它们才有可能得到健康的发展。

归根结底，新的知识形式产生于集体生活的状况，它们的出现并不依赖于用知识理论预先证明它们是可能的；所以，它们不需要先由认识论证明具有合法性。实际上，关系完全是倒过来的：有关科学知识的理论是在人们全力研究经验材料的过程中发展起来的，前者的命运会随着后者的命运而变化。方法论与认识论方面的革命，一向都是获取知识的直接经验性方法发生的革命的余波
260 和反响。只有不断地求助于具体经验科学所采用的研究方法，才能使认识论的基础足够灵活和广阔，从而这些基础不仅将认可旧的知识形式的要求（亦即它们原来的目的），而且还将支持新的知识形式。这种独特的情况是所有理论学科和哲学学科的特点。其结构可以在法哲学中最清晰地察觉出来。法哲学自认为是实在法的评判者和批评者，但在大多数情况下，实际上不过是对实在法原则的事后阐述和辩护而已。

我们这样说，并不是想要否认认识论或哲学的重要性。它们所做的基础性研究是不可或缺的，其实，如果人们想要从理论上探究认识论和哲学，他们便不可避免地要自己同理论原则打交道。当然，这样一种理论探究，深入到根本性问题中的程度有多深，其本身也就在多大程度上是一种哲学关注。每一种实际的知识形式都有一个理论基础。理论的这种基本功能，应当从结构的意义加以理解，绝不应滥用它，利用它的特点给予特定的研究结果以先验的确定性。如果这样滥用，它就会阻碍科学的进步，就会导致用先验的确定性取代那些来自经验观察的观点。科学的理论基础中的错误和片面性，必须根据直接科学活动本身中的新发展不断地加以修正。我们一定不要让理论可能对思想设置的障碍，遮蔽新的

实际知识对理论基础的说明。通过知识社会学的特殊化方法，我们发现，旧的认识论是与某种特定的思维方式相关联的。这个例子表明，如果允许新发现的经验证据对我们的理论基础做新的解释，便有可能扩展我们的视野。无疑，这要求我们去发现能适应更加多样化的思维方式的认识论基础。而且如果可能的话，还要求我们去发现这样一种理论基础，该理论基础能涵盖我们在历史进程中成功地确立起来的一切思维方式。我们现在便可以考察，迄 261
今居支配地位的认识论和精神学只为一种知识提供了一种特定的基础，这种观点究竟在多大程度上是正确的。

## 第三节　对传统认识论片面性的证明

### (一)思维方式的自然科学取向

如今居支配地位的知识理论的特殊性，现在可以用以下事实清楚地加以证明，即：人们一直选取自然科学作为一切知识应该追求的理想。只是因为自然科学，特别是其可定量的方面，能在很大程度上超脱于研究者的历史一社会视角，对真知的解释才变为，若想要获得的知识旨在把握质，则为此做出的所有努力都价值较低。原因是，质包含的成分或多或少是与认知主体的世界观交织在一起的。当各种历史一社会力量把其他类型的知识置于舞台的中心时，便有必要修正旧的前提，因为人们之所以提出这些前提，即使不是完全为了，也在很大程度上是为了理解自然科学并为它辩护。正如康德曾经针对已经存在的自然科学而提出问题：“它们是何以成为可能的？”从而为现代认识论奠定了基础那样，我们今天也必须针对这样一种知识提出相同的问题，这种知识力求对质的方面有所理解，并至少倾向于影响整个主题。我们还必须进一步问：我们如何能够和在何种意义上能够借助于这种思想来达到真理。

### （二）真理标准与社会历史状况之间的关系

在这里，我们面对的是以具体历史变体形式出现的认识论和相应的“存在状况”之间的一种更为根深蒂固的关系。知识理论从某一时期具体的知识状况（从而社会状况）那里承接过来的，不仅有关于实际知识应该是什么的理想，而且还有关于一般真理的空想概念，例如想要空想地建构一个“真理自身”领域。

一个时代可能具有的各种空想和各种一厢情愿的想象，是有关尚未变成现实的东西的概念，其取向则围绕着在该时代已经变
262 为现实的东西（因而不是偶然的，不是内容尚未确定的幻想，也不是灵感的产物）。同样，有关正确性的空想形式，有关真理的观念，也产生于特定时代流行的获取知识的具体模式。因此，真理概念并不是在所有时代保持不变的，而是被卷入了历史变化的过程之中。在特定的时代，真理概念的确切外貌并不是一种偶然现象。毋宁说，在该时代具有代表性的思维模式及其结构之中，有一条建构真理概念的线索，利用这些思维模式及其结构，就建立起了关于一般真理性质的概念。

所以，我们不仅看到，一般的知识概念取决于具体流行的知识形式，取决于用这种形式表现出来的并被人们作为理想而接受的认知方式，而且还看到，真理概念本身取决于已经存在的各种知识。因此，以这些中间阶段为基础，在认识论，也就是居支配地位的认知形式和一个时代一般的社会一思想状况之间，便存在着一种根本性的，虽然并不是一目了然的联系。这样，某一时代的知识社会学，运用特殊化方法进行分析，也可以渗入到认识论的领域之内，在认识论领域，它可以把每一种认识论看作是只适用于特定知识形式的次理论结构，从而化解各种认识论之间可能存在的冲突。问题的最终解决办法是，只有把各种不同的认知方式和它们各自的认识论并置起来以后，才能创建一种更为基础性的、涵盖范围更广的认识论。

## 第四节　知识社会学的积极作用

一旦我们认识到，认识论是所有经验科学的基础，认识论只能从经验科学提供的材料中推演出其原则，一旦我们进一步认识到，认识论迄今在多么深的程度上受到了精确科学理想的影响，则我们显然就有义务去探究，在把其他科学也纳入考虑范围的时候，这个问题会受到怎样的影响。由此得到了以下启发：

修改这样一个论点，即：一个命题的起源在任何情况下都与其真实性无关。正像人们常常指出的那样，“有效性”与“存在”，即
“意义”与“存在”、“本质”与“事实”之间截然分离而绝对的二元 263
论，是当今流行的“唯心主义”认识论和精神学的公理之一。对于不带任何偏见地利用知识社会学的研究成果来说，这种二元论被认为是最为直接的不可克服的障碍。

的确，如果考察一下由 2×2＝4 这个例子代表的那类知识，便

可以完全证明这个命题的正确性。对于这类知识而言,说它的起源没有成为思想的结果是正确的。从这里出发,只需再走一小步,便可以建构一个完全独立于认知主体的真理自身的领域。而且,这种认为可以把陈述的真理内容与陈述的起源状况分离开来的理论,在反对心理主义的斗争中具有重大价值,因为仅仅借助于这种理论,就可以把被认知的事物与认知行为区分开来。认为必须把观念的起源与观念的意义分离开来的观点,也适用于解释心理学的领域。只是因为在这一领域中,在某些情况下可以证明,产生意义的心理过程与其有效性无关,于是,这一陈述便被合法地纳入了精神学和认识论的真理之中。例如,在联想机制的规律和由这种联想机制做出的判断之间,存在着某种间隙,这种间隙使人们似乎有理由认为,这种判断的起源并没有对意义的评价起任何作用。不过,有一些种类的起源并非没有意义,这些起源的独特性至今尚未得到分析。例如,存在地位与对应的观点之间的关系,就可以认为是一种发生关系,但其含义却不同于前面所说的发生。在这个例子中,也牵涉到发生问题,因为毫无疑问,我们在这里讨论的是某一论断出现和存在的条件。如果我们谈论“一个观点背后的立场”,我们心里想的便是一论断出现和存在的条件的综合体,该综合体决定了这个论断的性质和发展。但是,如果我们未能考虑论断者的存在状况对其论断的有效性的意义,则我们就会错误地描

264 述其存在状况的特征。如前所述,社会结构中的某一地位,有可能使占据该地位的人以某种方式思考。社会地位表示以某些意义为取向的存在。社会地位不能用没有社会意义的词语来描述,例如不能用纯粹的编年史名称来描述。1789 年作为编年史的日期是

完全没有意义的。然而，作为历史名称，这一日期则涉及一系列富有意义的社会事件，这些事件本身划定了某种类型的经验、冲突、态度和思想的范围。只有使用有意义的名称（比如，“自由主义的立场”、“无产者的生存状况”等这样一些名称），才能适当描述历史一社会地位。因此，“社会存在”是一个正统本体论不予考虑的存在范围或存在领域；正统本体论只承认没有意义的存在与意义之间的绝对二元性。[①]为了凸显这种发生的特征，可以将其称为“富有意义的发生”，与之相对应的是“事实的发生”。如果在陈述存在与意义之间的关系时，记住了这一模式，便不会把存在与有效性的二元性设想为认识论和精神学中绝对的东西。相反，在这两极之间会有一系列的等级，在其中，诸如“被赋予了意义”和“具有意义取向”等中间状况，可能会找到自己的位置，并被纳入基本的概念之中。

在我们看来，认识论的下一个任务是，把知识社会学所发现的存在与有效性之间多种多样的关系纳入认识论自身之中，以此克服认识论的片面性，同时关注这样一些类型的知识，这些知识所处的存在领域充满了意义，并影响着论断的真值。这样一来，认识论便不会被知识社会学所取代，而是呼唤一种新的认识论的出现，这种认识论将认真对待知识社会学所发现的事实。

知识社会学给认识论带来的另一些结果。我们已经看到，当今流行的精神学和认识论的大多数公理，都是从可以量化的自然科学那里承接过来的，因而可以说仅仅是这种知识特有的倾向的

① 参阅前面提到过的论文“精神教育的意识形态解释与社会学解释”，见前引书。

265 扩展，所以显而易见，必须借助于或多或少由存在因素决定的各种知识的相反模型，来重新阐述精神学问题。现在，我们想简明扼要地重新阐述这个问题。我们一旦认识到旧精神学的片面性，就会认为这样做是必要的。

发现知识中有行动主义因素。在“唯心主义的”知识概念中，人们大都认为，认知是纯感知意义上的纯粹“理论”行为，这种观点的起源，除了上面提到的数学模型的取向外，还在于下述事实，即：在这种认识论的背景之中，存在着关于“静观性生活”的哲学理想。在这里，我们无法讨论这种理想的历史，也无法讨论这种纯静观性的知识概念最初是如何渗入认识论的。（进行这样的讨论，需要考察科学逻辑的史前史，还需要考察从占卜者到哲学家的发展过程，哲学家正是从占卜者那里接受了“神秘视觉”的理想。）我们只需指出，这种对于通过静观感知的东西的极大尊敬，不是“单纯”观察思维和认知活动而得到的结果，而是产生于建立在某种人生哲学基础之上的价值等级体系。代表这种传统的唯心主义哲学坚持认为，只有当知识是纯理论的时候，知识才是纯粹的。唯心主义哲学并没有因为人们的下述发现而感到烦恼，即：纯理论所代表的那类知识只是人类知识的一小部分，此外，在人们边思考边行动的过程中，也会产生知识，最后，在某些领域，当且仅当知识本身就是行动的时候，也就是说，只有当头脑中的意图渗入行动，即各种概念和整个思想构架都受制于并反映出这种行动主义的取向的时候，才会产生知识。在某些领域中，不是除了感知以外的目的，而是感知本身之内的目的，揭示出了世界在质的方面的丰富性。而且，在这些领域中，这种行动主义起源会渗入视角的结构中，并与之不可分

离，但这个在现象学上可以证明的事实，却不能阻止旧精神学和认识论忽视这种与行动结合在一起的知识，也不能阻止它们从中只看到一种“不纯的”知识。（有趣的是，“不纯的知识”这一名称所具 266
有的含义，似乎表明了这个词语的神秘起源。）从此以后，问题就不在于从一开始就拒斥这种类型的知识了，而在于考虑必须以什么方式重新阐述认知概念，以便即使在涉及有目的的行动时，也能获得知识。重新阐述精神学问题，并不是要在科学中给宣传和价值判断打开方便之门。相反，当我们谈论心灵的基本意图（这种意图是每一种知识所固有的并影响着视角）时，我们指的是知识中有目的的成分的不可化简的剩余物，即便消除了一切有意识的明确评价和偏见，这种剩余物也依然存在。不言而喻，科学（就它不做评价而言）不是一种宣传工具，也不是为了交流评价意见而存在的，而是为了确定事实而存在的。知识社会学力图揭示的仅仅是，在消除了知识中的宣传和评价因素之后，知识当中仍然含有行动主义因素，这种因素大都不明显，并且无法消除，充其量能够而且应该把它们提升至可以控制的领域之内。

某些类型的知识中含有本质上是视角的成分。我们必须认识到的第二点是，在某些历史社会知识领域，特定的研究结果带有认知者的社会地位的痕迹，我们应该把这一点看作是正确的和不可避免的。问题不是要尽力隐藏这些视角或为它们辩解，而是要探究，在有这些视角的情况下，为何仍然可以获得知识和客观性。从一个物体在空间的视觉图像中，我们实际上只能得到一个透视图，但这并不是产生错误的根源。问题不是我们如何才能得到一幅未经透视的图像，而是如何把各种视角并列在一起，承认每一视角都有其自身的价值，从而达到一个新的客观水平。由此可见，那种想要具有超然的、非人格的视角的错误理想，必须被想要具有本质上属于人类的视角的理想所取代；后者处于人类视角的范围之内，267 在坚持不懈地努力扩展自身。

真理自身领域的问题。在考察为唯心主义认识论和精神学提供背景的人生哲学时，我们看得很清楚，有关真理自身领域（可以说，它先于而且独立于历史一心理的思维活动而存在，并且每一具体的认知活动都仅仅是参与进这个领域）的理想，是二元世界观的最后一个分支，它与我们那个由具体而直接的事件构成的世界相并列，通过添加另一个存在维度，创造了第二个世界。

设置一个本身有效的真理领域（亦即观念学说的一个分支），借此打算为认知活动所做的事情，与在本体论领域，超验的观念曾经为二元论形而上学所做的事情完全一样，也就是说，想要假设一个完美的领域，这个领域不带有其起源时留下的伤痕，用它来衡量一切事件和过程都被证明是有限的，不完善的。而且，正如在这种极端精神性的形而上学中，人们把“作为人”的性质构想为“仅仅是人”（后一概念已被剥去了一切有活力的、肉体的、历史的和社会的东西）那样，人们也试图提出一种把这些属于人的成分都淹没掉的知识概念。我们有必要一再问：如果不考虑人的全部特性，我们能否想象认知概念，如果没有这些预设，我们又怎么能够思考认知概念，更不用说实际从事认知活动了。

此外，在现代就本体论领域而言，这种二元论观点（当初提出这种观点，是为了证明“此岸”世界的不适当性）随着经验研究的深入，已逐渐土崩瓦解。然而，在精神学和认识论中，这种观点仍然是一股力量。但是，因为科学理论领域中的基本预设还不十分清晰，所以人们便相信，这种有关超人的、超时间的有效性领域的理想，并不是一种可能从人的世界观中产生的建构，而是解释思维现象所需要的基本材料和必要条件。我们在这里的讨论旨在说明，从思维现象学的观点来看，根本没有必要认为，似乎知识是从实际事件的领域对“真理自身”领域的入侵。这样一种建构充其量只是对 2×2＝4 这个例子所代表的思维方式具有启发价值。相反，我 268
们的反思旨在说明，如果我们严格坚持我们在这个世界上进行的真正的实际思维（这是我们所知道的唯一一种思维，它独立于这种理想领域）呈现的材料，如果我们承认认知现象是一种生物的活动，则认知问题就会变得更加容易理解。换句话说，知识社会学认为，无论就认知活动的存在性质而言，还是就它富有意义的性质而言，认知活动都是与它所追求的思维方式联系在一起的；认知活动并不是要窥见“永恒的”真理（这种真理产生于某种对纯理论的沉思默想冲动），也不是（像舍勒仍然认为的那样）要在某种程度上参与这些真理，实际上，认知活动是某种生物在某些生活条件下可用以对付生活环境的工具。所有以下三个因素，即对付生活环境的过程所具有的性质和结构、主体自身（在其生物学和历史一社会方面的）构造，以及生活状况的独特性，特别是思维者的地位和立场——所有这一切都会影响思维的结果。

有人把知识构想为一种智力活动，认为只有当知识不再带有人类起源的痕迹时才是完整的；如前所述，这种观念在 2×2＝4 这个例子所代表的那些领域中具有最大的启发价值；人们可以或多或少有道理地从现象学的角度证明，上述特点确实存在。然而，在

那些更为广阔的知识领域，这种观念却会使人误入歧途，并且往往会掩盖这些领域中具有根本性重要意义的现象，因为在这些领域中，如果忽视了人的历史因素，也就从性质上完全改变了思维的结果。

只有那些得自于现存思维模式的现象学上的证据，才可以用来赞成或反对包含在知识中的某些概念。产生于某种世界观的经过伪装的动机，不会对此有什么影响。我们没有理由在我们的精神学中保留对肉体的、感官的、短暂的、动态的和社会性的事物的蔑视，只有“唯心主义”哲学所预设的那种人才会蔑视这些事物。当前，有两种具有代表性的知识彼此对峙着，与此相对应，也有两种可能的方法来对知识做精神学和认识论上的解释。眼下，最好
269 是把这两种方法区分开来，使它们之间的差别凸显，而不是尽量缩小它们之间的差别。只有在不断摸索的过程中，我们才会弄清楚，这两种解释方法的哪一种更为可靠，并会弄清楚，如果我们像迄今人们所做的那样，把那种不受环境影响的知识作为起点，而把受环境制约的知识作为次要的和不重要的知识，我们能否走得更远；或者与此相反，如果我们把那种不受环境影响的知识视为受环境制约的知识的一个边缘性特例，我们能否走得更远。

如果我们想要探究认识论可能的发展方向，如果认识论遵循上面最后提到的那种思维方式，承认某些类型的知识原本就是由环境决定的，并以此作为进一步反思的基础，那么，我们就面临两种可能的选择。在这种情况下，科学家的首要任务是，弄清他所要解决的问题的各种可能的进一步含义，指出可能进入其视野的所有可能发生的事情。他应该满足于仅仅断言他在当前的研究阶段

真正能够确定的事情。思想者的作用不是一出现新的问题就不惜任何代价地宣布自己的判断，而是充分意识到研究尚在进行当中，因而只说出可以明确察觉到的事情。他一旦达到这一阶段，便有两个选择供他挑选。

认识论的两个发展方向。认识论可以采取两个发展方向，其中的一个强调环境决定的普遍性，认为环境因素在社会知识进步的过程中是抹杀不掉的，因而认为，甚至某个人的自己的观点也总是他的社会地位所特有的。这就要求我们修改知识的理论基础，转而认为人类知识具有内在的关系结构（就像人们毫无疑问地承认的，通过视觉感知到的物体具有实质上的视角主义性质）。

这种解决办法并不意味着抛弃客观性假设，也不意味着在实际争论中不可能得到结果；它也没有接受物质世界幻觉说，在这种学说看来，一切均为表象，什么也无法确定。其实，这种解决办法的含义是，只有通过间接手段，才能达到客观性，才能得到结果。
它并不想说，客体是不存在的，依赖于观察是无用而徒劳的，而是 270
想说，我们得到的针对主题提出的问题的答案，在某些情况下，必然只可能限于观察者的视角之内。即使如此，我们所得到的也不是相对主义，相对主义认为，一种论断与另一种论断同样好。我们所说的关系论认为，每一论断只能从关系的角度加以阐述。只有当人们把关系主义与（独立于观察者的主观经验的）非视角主义的永恒真理的旧静态理想联系在一起的时候，只有当人们根据这种异己的绝对真理理想来判断它的时候，它才会变成相对主义。

对受环境制约的思想来说，客观性则意味着某种全新的、与以往不同的东西：(1)首先有这样一个事实，即：只有不同的观察者置身于同一个体系中，它们就会在相同的概念和范畴构架的基础之上，通过由此创立的共同的论域，得出相似的结论，并能够把偏离这种一致性的一切东西都作为错误消除掉。(2)最近，人们认识到这样一个事实，即：当观察者有不同的视角时，便只能以较为迂回的方式获得“客观性”。在这种情况下，就必须根据各种各样的感知方式的结构性差异，来理解这两种视角正确地但不一样地感知到的东西。必须努力寻找一个公式，来把一个人的结论转变为另一个人的结论，努力为这些出自不同视角的洞见找到公分母。一旦找到了这样一个公分母，就有可能把两种观点必然具有的差异与武断造成的错误成分区分开来，在这里，这些成分也应该被看作是误差。



人们就视觉可以察觉到的物体(这种物体实际上只能以透视的方法来观察)展开的争论，不能靠搞出一个不进行透视的视图(这是不可能办到的)来解决。解决争论的方法只能是，根据自己所处的位置决定的视角，来理解为什么该物体对处于另一位置的人来说会显得不同。同样，在我们的领域，客观性也只能通过把一种视角转变为另一种视角来获得。很自然地，在这里我们必然会问，在各种视角中，究竟哪一种是最好的。对此，也有一个标准。就视觉视角而言，某些位置可以展现出物体的最重要特征，与此相同，在思维领域，卓越的视角在研究经验材料的过程中，能证明自
271 己可以提供最全面的视野，取得最为丰硕的成果。

知识理论也可以沿着另一个方向发展，强调可以这样来引导知识社会学研究的动力，使它不把“环境决定”这一概念绝对化；确切地说，可以这样来引导它，即：正是通过发现随手拈来的观点中

环境决定的成分，而可以向解决环境决定这一问题本身迈出第一步。一旦我们发现某种观点自称是绝对的观点，自称仅仅代表特定的视角，我们便可以在某种意义上把它的片面性抵消掉。我们先前讨论这个问题的时候，总是试图超越环境决定，自然而然地朝着抵消它的方向行进。不断扩大知识基础，不断扩展自我和把各种各样的社会视角结合进获取知识的过程（亦即让所有观点都以经验事实为基础），以及追求一种无所不包的本体论，所有这些观念都在朝着这一方向前进。思想史和社会史之中的这种趋势，是与群体之间的相互接触和渗透过程紧密联系在一起的。在其第一阶段，这种趋势会中和各种相互冲突的观点（也就是使它们丧失绝对性）；在其第二阶段，它会从这种中和中创造出一种更为全面、更为有用的观察基础。应该注意到，建构更加宽广的基础，是与抽象程度的提高紧紧联系在一起的，而且往往会在越来越大的程度上将我们所关注的现象形式化。这种形式化的趋势的表现是，一方面把人们对导向一定方向的具体的定性论断的分析降低到次要地位，另一方面用一种仿照纯机械模式的纯功能性观点，取代对现象性质和结构的描述。我们将把这种日益抽象的理论称为抽象的社会发生理论。从抽象的这种社会学来源（这在社会学观点本身的出现中就可以清楚地观察到）看，这种向抽象的更高阶段发展的趋势，是与各种社会群体混合成为一体相关联的。这个论点可以 272
用以下事实来证明，即：个人和群体的抽象能力，会随着他们成为异质群体和组织的一部分而相应提高；异质群体和组织是包容性更强的集体单位，能吸收地方群体或其他特殊群体。但这种抽象水平不断提高的权势，依然是与环境决定思想的理论相一致的，因

为进行这种思维的主体并不是具有绝对自主性的“精神本身”，而是一个包容性越来越强的主体，能够中和先前各种各样的具体观点。

形式社会学正当地阐述的所有范畴，都是这种中和化和形式化操作的产物。采用这种方法所得到的合乎逻辑的结果是，最终，它看到的只是一种形式机制在起作用。因而，让我们举形式社会学中的一个例子来加以说明，支配是一个范畴，它只能从相关人员（即支配者和被支配者）的具体地位中抽象出来，因为它满足于仅仅强调互动过程中行为所表现出来的结构方面的相互关系（也可以说是机制）。它做到这一点，是通过运用诸如下位和上位、暴力、服从、隶属性等概念。人们用这种方式是无法理解支配在具体情况（也许在某一历史背景下可以直接呈现“支配”）下所具有的性质方面的内容的，只有当支配者和被支配者都说出自己在所生活的环境中的实际经验时，支配的性质方面的内容才能得到充分描绘。因为，即便是我们所发现的形式定义，也不是虚无缥缈的，而是产生于某种环境遇到的具体问题。此时便产生了一个观念（此观念当然需要加以论证），即：视角论的问题主要涉及现象的性质方面。然而，因为社会一思想现象的内容原本都富有意义，因为意义是在理解和解释行为中被感知的，所以我们可以说，知识社会学中的视角主义问题，首先涉及的是社会现象中那些可以被理解的东西。但我们在此所指的，并不是一个被限定的很窄的领域。社会领域中那些最基本的事实，从复杂性上说超过了纯粹的形式关系，必须
273 参照性质方面的内容和意义，才能理解它们。总之，解释是根本性的问题。

可以说，即便形式化过程已走得非常远了，即便我们只是关注纯粹的关系，也仍然会有一些不可能被完全消除掉的最低限度的证据，表明研究者的一般兴趣方向。例如，马克斯·韦伯在给各种行为分类，区分了“有目的的理性”行为和“传统”行为的时候，他仍然是在表达某一代人所处的环境，在这种环境中，一个群体发现了资本主义所具有的理性主义倾向，并且从评价角度强调了这种倾向，而另一个群体则可以证明是在政治动机的驱使之下，发现了传统的重要意义，并与前一个群体相对立，反而强调传统。人们对行为类型学问题感兴趣，这件事情本身就产生于这种特殊的社会环境。而当我们发现，人们恰恰是沿着这个方向恰恰把这些类型的行为挑选出来并对其加以形式化的时候，我们必须寻找那个时代具体社会环境中这种追求抽象的倾向的根源，正是那个时代特别关注从这一角度所看到的行为现象。假如另一时代也试图对各种类型的行为做形式上的系统化，那它无疑会得到一种截然不同的类型学。在另一历史环境下，人们会发现不同的抽象，并把它们从事件的整个复合体中挑选出来。在我们看来，知识社会学借助于自己的前提，没有必要否认形式化的抽象思想的存在，或否认它们存在的可能性。它只需指出，在这方面，思想也不独立于“存在”，因为并非有一个超社会、超人类的主体在这种类型学的“指涉自身”的范畴中表达自己的感情。确切地说，对产生于特定环境的不同观点的质的分歧所做的中和会产生一种取向图式，此图式只允许现象的某些形式和结构成分出现在经验和思想的前台。在礼仪和社交规则中，我们已经可以观察到这一过程的初级形式，这些规则自发地产生于不同群体之间的接触。这里的情况同样是，接触

越短暂，人们越不关心从质上去理解相互关系。这种相互关系被
274 严重形式化，以至于变成了一个“形式社会学范畴”，可以说，只表示这种关系所发挥的特殊作用。另一方仅仅被看作是一位“大使”、“一个外国人”或一名“列车员”。在社会交往中，我们只是就这些特征对他人做出反应。换句话说，在这种情况下，形式化本身表达了某种社会环境，而形式化所采取的发展方向(不管是就“大使”而言，我们挑选出他作为政治代表的职能，还是就“外国人”而言，我们挑选出他的种族特征)则取决于社会环境，因为社会环境进入了我们所使用的那些范畴，尽管是以被稀释了的形式进入的。同样，我们可以看到，在法学中，只要交换经济达到了很高的水平，以致其存在依赖于人们事先了解未来的法律，则形式化的法律就会取代非形式化的司法，后者产生于具体的问题，代表了某种质的判断，质的判断产生于社会环境，表达了某一社群的正义感。因此，重要的不是充分公平地对待具有绝对独特性的案例，而是要能够越来越正确地给每一案例分类，把它们都归属于预先确立的形式化范畴。

如前所述，如今我们尚不能确定，经验材料的性质将迫使科学的知识理论沿着上述两种选择中的哪一种发展。然而，无论是哪种情况，我们都必须认真考虑环境的决定性作用，把它看作是知识固有的一个因素，还必须认真考虑关系主义理论以及思想基础不断变化的理论。无论是哪种情况，我们都必须拒斥那种认为存在着一个“真理自身领域”的观念，把它看作是一个具有破坏作用的不合理的假设。富有启发意义的是，在许多方面，自然科学似乎处于颇为相似的状况，特别是如果我们把 W. 韦斯特法尔对自然科

学当前的困境所做的精彩解释作为比较的基础，情况就更是如此了。根据他的观点，人们一旦发现，各种传统的测量标准，如时钟等，以及与此联系在一起的日常语言，都只是对于这种日常的常识性的取向图式来说才是可能的和有用的，人们便开始懂得，比如说在研究电子测量问题的量子论中，谈论某种脱离开所使用的测量工具而可以得到系统表述的测量结果，是根本不可能的。因为在 275
量子论那里，测量工具被解释成一种物体，这种物体本身就会影响所要测量的电子的位置和速度。于是有人便认为，位置和速度的测量只能用“测不准关系”（海森伯语）来表达，测不准关系可以说明测不准的程度。而且，由这种观念向前再走一步，便会否定与旧的思想方法紧密联系在一起的那个论断，即：电子本身实际上必定具有明确规定的路径；否定此论断的理由是，这种“指涉自身”的论断属于那种完全没有内容的论断，此类论断传达的实际上是一种产生于直觉的意象，但却毫无内容，因为从中得不出任何结论。当时人们认为，这也适用于运动中的物体必然具有绝对速度的假设。但是，因为根据爱因斯坦的相对论，这从原则上说是无法确定的，所以在现代理论来看，这个假设既与上述那些空洞的假设是一路货色，也与以下论点是一丘之貉，即：除了我们的世界之外，还有另一个我们的经验必然无法理解的世界。

如果我们追随这种思想倾向（就其尚未得到系统阐述的关系论而言，它与我们自己的思想倾向惊人地相似），则想要合乎逻辑地假设，存在着一个“真理自身”领域并且该领域具有有效性，那就似乎同为上述所有其他空洞的存在二元论辩护一样困难。因为只要我们在整个经验知识领域所看到的，仅仅是关系上的可确定性，

则提出一个“指涉自身”的领域对于认知过程来说就毫无意义。

## 第五节　知识社会学领域中历史社会学研究的技术问题

当前，知识社会学最重要的任务是，证明自己在历史社会学领域中具有从事实际研究的能力。在这个领域，它必须制定出精确的标准，来证实经验性真理，来确保这些真理享有支配地位。知识社会学必须脱离只进行漫不经心的直观和大而化之的概括的阶段（例如只运用粗糙的二分法，宣称在这里发现了资产阶级思想，在那里发现了无产阶级思想，等等），即使这样做可能会牺牲它如口

276 号一般的明晰性。在这方面，它可以而且必须向哲学学科的精确程序所具有的方法和结论学习，向艺术史中使用的方法，尤其是与艺术风格的继承有关的方法学习。

在艺术史中，给各种不同的艺术品“确定年代”和“确定地点”的方法特别先进，因而在对细节进行必要的修改后，我们可以从中学到许多东西。在这方面，知识社会学的基本任务是，确定在思想史中逐渐出现并处于不断变化过程中的各种观点。

我们可以用归因方法来确定这些各种各样的立场。这包括弄清各种思想产品的视角，在这些视角与它们所隶属的各种思潮之间建立起关系。同时也要把这些思潮追溯到决定它们的各种社会力量那里（艺术史在其自身的领域中也尚未走到这一步）。

我们可以在两个层面上进行这种归因工作。第一个（按照意义进行归因的）层面处理一般的解释问题。它重建思想和视角的

完整风格，把那些似乎相互关联的词句和思想记录追溯到它们所表现出来的某种核心世界观那里。它使隐含在某一思想体系各个分散的碎片中的整个体系清晰可见。在思想风格（它们并未公开宣布属于一个封闭的体系）中，它将揭示世界观的根本一致性。即使做完了这一步，该层面上的归属问题也还没有完全解决。例如，即便我们能够证明，在 19 世纪上半叶，大多数思想活动和思想产品，从它们所具有的意义的观点来看，都可以归并于和归因于“自由主义”和“保守主义”这两种截然相反的思想，也仍然会产生这样的问题，即：这种纯粹在思想层面上对核心世界观的指涉，实际上是否与事实相一致。情况很可能是，研究者用词句碎片建立起以保守主义为一方和以自由主义为另一方的两个相互对立的封闭体系，可是那一时期的自由主义者和保守主义者实际上可能根本就没有那么想。

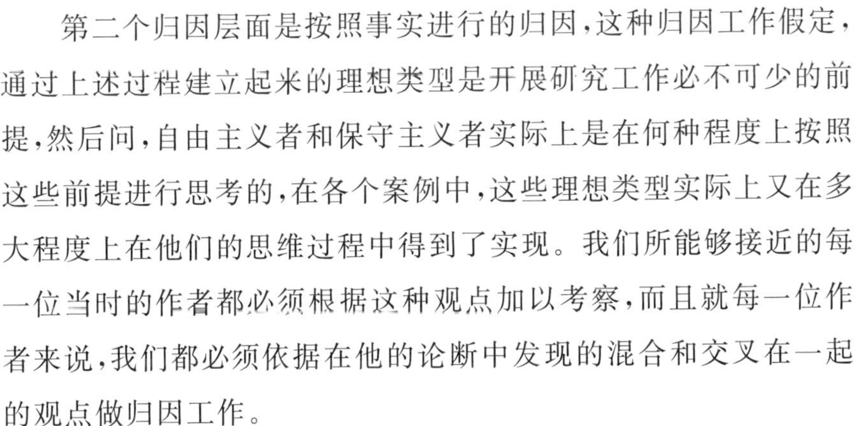

第二个归因层面是按照事实进行的归因，这种归因工作假定，通过上述过程建立起来的理想类型是开展研究工作必不可少的前 277
提，然后问，自由主义者和保守主义者实际上是在何种程度上按照这些前提进行思考的，在各个案例中，这些理想类型实际上又在多大程度上在他们的思维过程中得到了实现。我们所能够接近的每一位当时的作者都必须根据这种观点加以考察，而且就每一位作者来说，我们都必须依据在他的论断中发现的混合和交叉在一起的观点做归因工作。

坚持不懈地进行这种归因工作，最终将会使我们具体了解实际发展的过程和实际发展的方向，将会展示出这两种思想的发展史。这种方法可以最为可靠地重现思想发展的过程，因为它可以把最初只是有关思想史发展过程的概括印象分解成各个组成部分，并可以把这种印象转变为明确的标准，从而重现现实。这样，它接下来便能把那些在思想史上起作用的隐匿而模糊的力量挑选出来。然而，它这么做时，并不仅仅是进行简单的推测，也不仅仅是做叙述（这仍然是我们的政治史和文化史的水平），而是要掌握和确定事实。当然，正是在详尽调查研究的过程中，许多以前似乎是确定无疑的东西，现在都成问题了。例如，由于混合类型具有模棱两可性，人们会激烈争论应该把它们归入哪一种类型。然而，当人们产生疑问，某些艺术家的作品是应该划归文艺复兴风格还是巴洛克风格的时候，历史方法在艺术风格研究中的累累硕果，不是遭到了否定，反而是更加得到了彰显。



我们弄清了这两种思想的结构和倾向后，便面临在社会学上为它们归因的任务。作为社会学家，我们并不试图仅仅参照例如保守主义的世界观，来解释保守主义思想的各种形式和变种相反，我们首先试图把它们从以哪种思想方式表达自己观点的群体和阶层的构成中推演出来。其次，我们试图通过结构状况以及它在一个受历史制约的较大整体（比如德国）中经历的变化，通过这种变
278 化着的结构提出来的不断变化的问题，来解释保守主义思想的发展动力和方向。

通过坚持不懈地考察各种类型的知识，从早先的直觉印象到后来的受控观察，知识社会学力图系统地了解社会存在与思想之间的关系。历史一社会群体的整个生活表现为一种相互依存的构造；思想只不过是其表现而已，生活的这两个方面之间的相互作用是这种构造的基本成分，如果想要理解该构造，就得详尽探究其相

互关系。

有一些人正在推动知识社会学和社会学思想史前进，其中走得最远的是这样的学者，他们在其专门研究中，有意识地与具体材料打交道。在知识社会学中，有关具体归因问题的争论证明，该学科正在从根据印象做推测的阶段过渡到研究实际经验的阶段。

## 第六节　知识社会学史概览

在前面的论述中，我们已经讨论了产生知识社会学的最基本原因。由于这一学科产生于社会发展的迫切需要，因而很显然，导致它出现的思想步伐和态度是缓慢的，且牵涉到极为不同的环境和不同的时代。在这里，我们不得不仅仅提及知识社会学史上最重要的人物名称和发展阶段。实际上，知识社会学的出现是与马克思的名字联系在一起的，他那富于启发性的深刻洞见深入到了事物的本质。然而，在他的著作中，知识社会学尚无法与对意识形态的揭露区分开来，因为在他看来，社会阶层和阶级是意识形态的载体。此外，虽然意识形态理论出现在对历史所做的特定解释的框架之内，但马克思尚未对它做一以贯之的彻底思考。现代意识形态理论和知识社会学的另一个来源，可以在尼采的洞见闪光中发现，尼采把自己在这个领域中所做的具体观察与一种内驱力理论和一种知识理论结合在了一起，这两种理论会使人想起实用主义。他也做了社会学的归因工作，把“贵族”文化和“民主”文化作
为他的主要范畴，把某些思想方式归于这两种文化中的一种。 279

自尼采以来，发展路线导向了弗洛伊德和帕累托的原始冲动

理论，导向了他们提出的研究方法，他们把人类思想视为本能机制的扭曲和产物。一种与此相关的思潮导致发展出了一种意识形态理论，这种思潮就是实证主义，它从拉岑霍费尔开始，通过贡普洛维奇，一直发展到奥本海默。耶路撒勒姆激起了最近的讨论，此人也可以视为实证主义者。然而，他没有认识到，从历史主义和狄尔泰关于人文科学的立场中产生的问题会带来各种困难。①

知识社会学的方法是沿着两条重要路线以较为精致的方式设计出来的：第一条路线经由卢卡奇而先前发展，他返回到马克思，详尽阐述了包含在马克思著作中的富有成果的黑格尔成分。这样，他提出了一种富有创造力的、具有图式色彩的和教条式的解决问题的方法，但该方法却是片面的，受到了特定历史哲学的损害。卢卡奇没有超越马克思，因为他未能把揭露意识形态的问题与知识社会学区分开来。舍勒的功绩是，除了提出许多宝贵见解外，他还试图把知识社会学整合到一种哲学世界观的结构之中。不过，舍勒的主要成绩，更多地应该在向形而上学前进的方向中去寻找。这可以说明以下事实，即：他或多或少忽略了这种新的知识取向固有的内在冲突，忽略了由此而产生的动态含义和新问题。诚然，他想充分公平地对待由知识社会学揭示出来的新视角，但条件是，这种新视角要能够与他阐述的本体论、形而上学和认识论相协调。结果是，他提出了一项宏大且成体系的纲领，此纲领充满了深刻的直觉，但却没有明确而切实可行的研究方法，可供以社会

① 代表这一趋势的著作，包括法国社会学家对“原始思维”所做的研究，我们在这里不做讨论。

学为取向的人文科学使用。

如果在对知识社会学的以上概述中，我们没有展现出其全貌，而只是展现了作者所想象的形式和前四章所阐述的形式，那是因为我们想以尽可能统一的形式阐述问题，以方便人们展开讨论。 280

# 参 考 书 目

（书名或文章名之后括号中的数字，是本参考书目中其他论题的编号，表示所引的书或文章也与这些论题相关。）

## I. 社会科学的认识论方面

### 1. 预设

ABEL, THEODORE. *Systematic Sociology in Germany.* A critical analysis of some attempts to establish sociology as an independent science. Columbia University Studies in History, Economics, and Public Law, No. 310. New York and London, 1929. (I, 2, 3, 4, 5, 7.)

DEWEY, JOHN. "The Need for a Recovery in Philosophy," in *Creative Intelligence*, pp. 3–69. New York, 1917.

—— *Essays in Experimental Logic.* Chicago, 1919. (I, 3, 7.)

GINSBERG, MORRIS. "Recent Tendencies in Sociology," in *Economica*, vol. 39, pp. 22–39. February, 1933. (I, 6, 7.)

—— *Studies in Sociology*, pp. 1–43. London, 1932. (I, 6.)

KNIGHT, FRANK H. "The Limitations of Scientific Method in Economics," in *The Trend of Economics*, pp. 229–267, ed. by R. G. Tugwell. New York. (I, 6, 7.)

LANDHEER, BARTH. "The Problem of Presupposition in Sociology," *American Journal of Sociology*, xxxvii. 1932. (I, 5; II, 3.)

LÖWE, A. *Economics and Sociology.* A plea for co-operation in the social sciences. London, 1936.

MACIVER, R. M. "Social Causation," *Publication of the American Sociological Society*, xxvi, 3, pp. 28–36. August, 1932.

SPRANGER, EDUARD. "Sinn der Voraussetzungslosigkeit in den Geisteswissenschaften," *Abhandlungen der preussischen Akademie der Wissenschaften: Philosophisch-historische Klasse.* Berlin, 1931. (I, 5.)

### 2. 偏见和视角

BURKE, KENNETH. *Permanence and Change.* New York, 1935.

CALVERTON, V. F. "Modern Anthropology and the Theory of Cultural Compulsives," intro. to *The Making of Man*, pp. 1–37. New York, 1931. Also printed as "The Compulsive Basis of Social Thought," in *American Journal of Sociology*, xxxvi, 5, pp. 689–720. 1931. And in *Psyche.* 1930. (I, 3.)

DEWEY, JOHN. *The Influence of Darwin on Philosophy.* New York, 1910. (I, 3, 7.)

HOBSON, JOHN A. *Free Thought in the Social Sciences.* New York and London, 1926.

LEISEGANG, HANS. *Denkformen.* Berlin and Leipzig, 1928.

LITT, THEODOR. *Erkenntnis und Leben.* Untersuchungen über Gliederung, Methoden u. Beruf der Wissenschaft. Leipzig, 1923. (I, 3, 4, 5, 7; III, 4.)

—— *Individuum und Gemeinschaft.* Grundlegung der Kulturphilosophie. Leipzig, 1924. (I, 3, 4, 5, 6, 7.)

OGBURN, W. F. "Bias, Psychoanalysis and the Subjective in Relation to Culture," *Publication of the American Sociological Society*, xvii, pp. 62–74. 1923.

SPENCER, HERBERT. *The Study of Sociology.* New York, 1882. (X, 1, 3, 5.)

VAIHINGER, HANS. *The Philosophy of "As If".* A system of the theoretical, practical, and religious fictions of mankind. Tr. by C. K. Ogden. New York and London, 1924. (I, 1, 3, 7; IV, 1.)

WOLFE, A. B. *Radicalism, Conservatism, and Scientific Method.* New York, 1923. (I, 3.)

3. 客观性

BECKER CARL. "Detachment and the Writing of History," *Atlantic Monthly*, October, 1910.

COHEN, MORRIS. *Reason and Nature*, pp. 333–385. New York, 1931. Also published in *The Social Sciences and their Interrelations*, pp. 437–466; ed. by Ogburn, W. F., and Goldenweiser, A. A. Boston and New York, 1927. (I, 1, 2, 4, 5, 6, 7.)

COOLEY, CHAS. H. "The Roots of Social Knowledge," in *Sociological Theory and Social Research*, pp. 287–312. New York, 1930. And in *American Journal of Sociology*, xxxii, 1 (1926), pp. 59–79. (I, 1, 2.)

CULVER, D. C. *Methodology of Social Science Research A Bibliography.* Berkeley, 1936.

DEWEY, JOHN. *The Quest for Certainty.* London, 1929. (I, 7; III, 1.)

—— *Experience and Nature.* Chicago and London, 1925. (I, 4.)

DURKHEIM, Émile. *Les Règles de la méthode sociologique.* Paris, 1927. 8th ed. (I, 1, 7.)

GROLMANN, A. v. "Das Wissen um das Verhältnismässige in der Paradoxie des Seins," in *Zeitschrift f. deutsche Philosophie.* Vol. ii, 1, p. 57 ff.

HOBSON, E. W. *The Domain of Natural Science.* Cambridge, 1926.

HOOK, SIDNEY. "A Pragmatic Critique of the Historico-Genetic Method," in *Essays in Honor of John Dewey*, pp. 156–174. New York, 1929. (I, 2.)

HUSSERL, E. *Ideas.* General introduction to Pure Phenomenology. Tr. by W. R. Boyce-Gibson. New York, 1931. (I, 2, 4.)

JAMES, WILLIAM. *Pragmatism.* New York, 1907. (I, i, 2; III, 1, 5.)

KLÜVER, H. "Contemporary German Psychology." Appendix to Murphy, Gardner. *Historical Introduction to Modern Psychology.* New York, 1929. (I, 1.)

MACIVER, R. M. "Is Sociology a Natural Science?" *Publication of the American Sociological Society*, xxv, 2, pp. 25–35. May, 1931. (I, 1.)

MANNHEIM, KARL. *Strukturanalyse der Erkenntnistheorie*. Ergänzungsheft 57. Kant-Studien. Berlin, 1922. (I, 2; II, 3.)

MEAD, G. H. "Scientific Method and the Individual Thinker," in *Creative Intelligence*, pp. 176–227. New York, 1917. (I, 7).

PEIRCE, C. S. S. *Pragmatism and Pragmaticism*. Vol. v of *Collected Papers of C. S. Peirce*, ed. by C. Hartshorne and P. Weiss. (I, 4, 7.)

RICE, STUART A. (ed.). *Methods in Social Science*. Chicago, 1931. Cf. also review by Mannheim, K., in *Amer. Journal of Sociology*, xxxvii (September, 1932).

SCHELTING, ALEXANDER V. *Max Weber's Wissenschaftslehre*. Tübingen, 1933. (I, 1, 2, 4, 5, 6, 7; IV, 2.)

SEIDLER, ERNST. *Die sozialwissenschaftliche Erkenntnis*. Ein Beitrag zur Methodik der Gesellschaftslehre. Jena, 1930. (I, 1, 7.)

SIMMEL, GEORG. *Probleme der Geschichtsphilosophie*. Second completely revised edition. Leipzig, 1905. (I, 2, 4, 5, 6.)

SMALL, ALBION. *The Origins of Sociology*. Chicago, 1924. (I, 6.)

SPIEGELBERG, H. *Antirelativismus. Kritik des Relativismus und Skeptizismus der Werte und des Sollens*. Zürich, Leipzig, 1935.

UNGER, R. "Zur Entwicklung des Problemes der historischen Objektivität: Eine prinzipiengeschichtliche Skizze." *Deutsche Vierteljahrsschrift für Literatur- und Geistesgeschichte*, Jhg. I, Heft 1, S. 104.

WEBER, MAX. "Die Objektivität sozialwissenschaftlicher und sozialpolitischer Erkenntnis," in *Gesammelte Aufsätze zur Wissenschaftslehre*. pp. 146–214. Tübingen, 1922.

—— "Der Sinn der ,Wertfreiheit' der soziologischen und ökonomischen Wissenschaften," in *Gesammelte Aufsätze zur Wissenschaftslehre*, pp. 451–502. Tübingen, 1922. (I, 1, 2, 4, 5, 6, 7; III, 2.)

## 4. 符号、意义、交流以及语言

AHLMANN, E. "Das Normative Moment im Bedeutungsbegriff," *Ann. Acad. Scient.*, Feun. Ser. B., Tom. xviii, No. 2. Helsingfors, 1926.

BALDWIN, J. M. *The Individual and Society, or Psychology and Sociology*. Boston, 1911.

—— *Social and Ethical Interpretations in Mental Development*. A study in social psychology. New York and London, 1913.

BENJAMIN, W. "Probleme der Sprachsoziologie," *Zeitschrift für Sozialforschung*, iv, 2. 1935.

BENTHAM, J. *The Theory of Fictions*, ed. by C. K. Ogden. London and New York, 1932.

BINSWANGER. "Verstehen und Erklären in der Psychologie," in *Zeitschrift für die Gesamte Neurologie und Psychologie*, vol. 107. 1927.

BURROW, N. TR. "Social Images *versus* Reality," *Journal of Abnormal Psychology and Social Psychology*, vol. xix.

—— *The Social Basis of Consciousness*. London and New York, 1927.

COOLEY, CHAS. H. *Human Nature and the Social Order*. New York, 1902.
—— *Social Process*. New York, 1918.
—— *Social Organization*. New York, 1909. (III, 4.)
CASSIRER, E. *Die Begriffsform im mythischen Denken*. Stud. d. Bibliothek Warburg. Leipzig, 1922.
—— "Erkenntnistheorie nebst den Grenzfragen der Logik und Denkpsychologie," in *Jahrb. der Philos.*, vol. 3, 1927.
—— *Philosophie der symbolischen Formen*. 3 vols. Berlin, 1923–1931.
DE LAGUNA, GRACE. *Speech, its Function and Development*. New Haven and London, 1927.
DEWEY, JOHN. *Human Nature and Conduct*. New York, 1922. (III, 1.)
DURKHEIM, E. "Representations individuelles et representations collectives," in *Revue de Metaphysique et de Morale*, vi (1898), pp. 273–302. Republished in *Sociologie et Philosophie*, ch. i. Paris, 1925. (I, 1, 2.)
ESPER, E. A. "A Contribution to the Experimental Study of Analogy," in *Psych. Rev.*, 25, 1918.
GINSBURG, I. *National Symbolism* in Kosok, P., *Modern Germany*. A Study of Conflicting Loyalties. pp. 292 ff. Chicago, 1933.
GOMPERZ, H. Über Sinn u. Sinngebilde : Verstehen u. Erklären. Tübingen, 1929.
GOTTL-OTTLILIENFELD, F. v. *Wirtschaft als Leben*. Jena, 1925.
GREEN, G. H. *The Daydream. A Study of Development*. London, 1923.
HEAD, H. "Disorders of Symbolic Thinking and Expression," *Brit. Journ. of Psychol.*, 1920–1.
HOERNLÉ, R. F. A. "Image, Idea, and Meaning," *Mind*. N.S. 16, 1907.
HOFFMANN, E. *Die Sprache und die archaische Logik*. Heidelb. Abh. zur. Philos. u. ihrer Gesch. No. 3. Tübingen, 1935.
HOFFMANN, PAUL. "Das Verstehen von Sinn und seine Allgemeingültigkeit," *Jahrbuch für Charakterologie*, vol. vi.
JASPERS, KARL. *Allgemeine Psychopathologie*, 3rd ed. Berlin, 1923. (I, 1, 7.)
JORDAN, L. "Sprache und Gesellschaft," in *Hauptprobleme d. Soziologie*. Erinnerungsgabe für Max Weber, vol. 1. München, Leipzig, 1923.
JUNG, C. G. *Psychology of the Unconscious*. A Study of the Transformations and Symbolisms of the Libido. New York and London, 1916.
LAYENDECKER, H. *Zur Phänomenologie der Täuschungen*. Halle, 1913.
LEISEGANG, H. Denkformen. Berlin and Leipzig, 1928.
MAIER, H. Psychologie des emotionalen Denkens. Tübingen, 1908.
MALGAUD, W. *De l'Action à la pensée*. Bibliothèque de Philosophie Contemporaine. Paris, 1935.

MALINOWSKI, B. "The Language of Magic and Gardening," vol. ii of *Coral Gardens and their Magic*. London, 1935.
—— "Magic, Science, and Religion," in Needham, J., ed. *Science, Religion, and Reality*. 1925.
—— *Myth in Primitive Psychology*, Psyche Miniatures. 1926.
—— "The Problem of Meaning in Primitive Languages," in C. K. Ogden and J. Richards, *The Meaning of Meaning*. New York and London, 1923.
MARKEY, JOHN F. *The Symbolic Process*. New York and London, 1928.
MAROUZEAU, J. Langage affectif et langage intellectuel. *J. d. Psych.*, 20, 1923.
MAYER-GROSS, W., and LIPPS, H. "Das Problem der Primitiven Denkformen," *Philosophischer Anzeiger*, iv, 1. 1930.
MEAD, G. H. "Social Consciousness and the Consciousness of Meaning," *Psychological Bulletin*, vii (1910), pp. 397–405.
—— "The Mechanism of Social Consciousness." *Journal of Philosophy* ix, 15 (1912), 401–6. (I, 1, 2, 3.)
—— "A Behavioristic Account of the Significant Symbol." *Journal of Philosophy*, xix, 6 (1922), 157–163.
—— "The Genesis of the Self and Social Control," *International Journal of Ethics*, vol. 35 (1925), pp. 251–277. Reprinted in *Philosophy of the Present*. Chicago and London, 1932. (I, 3.)
—— *Mind, Self, and Society*. Chicago, 1934. (I, 2, 3.)

NAUMANN, H. "Ueber das sprachliche Verhältnis von Ober- zur Unterschicht," in *Jahrb. für Philologie*, i, p. 55 ff., 1925.
OGDEN, C. K. "The Magic of Words," in *Psyche*, an annual of general and linguistic psychology, vol. xiv, 1934.
—— *Jeremy Bentham*, in Psyche Miniatures, No. 46. London, 1932.
—— and RICHARDS, I. A. *The Meaning of Meaning*. A study of the influence of language upon thought and of the science of symbolism. New York and London, 1923.
REINACH. Cultes, mythes, religions. 3 vols. Paris (Leroux), 1905–8.
ROFFENSTEIN, G. *Das Problem des psychologischen Verstehens*. Stuttgart, 1926.
ROYCE, JOSIAH. *The World and the Individual*, 2nd series. *Nature, Man, and the Social Order*, pp. 153–204. New York, 1904.
SAPIR, EDWARD. "Communication," *Encyclopædia of the Social Sciences*, vol. 4.
SCHILDER, P. *Wahn und Erkenntnis*. Berlin, 1918.
SCHÜTZ, ALFRED. *Der sinnhafte Aufbau der sozialen Welt*. Vienna, 1932. (I, 1, 2, 3, 6, 7; III, 1.)
SOMBART, WERNER. "Das Verstehen." With discussion by Stoltenberg, Wach, Rothacker, Mannheim, Singer. *In Verhandlungen des 6ten deutschen Soziologentages*, pp. 208–226. Tübingen, 1929. (I, 1, 2, 3, 5.)

SPRANGER, EDUARD. "Zur Theorie des Verstehens: Zur Geisteswissenschaftlichen Psychologie," *Festschrift für Johannes Volkelt*. Munich, 1918. (I, 1, 7.)

—— *Die Psychologie des Jugendalters*. Leipzig, 1931. (I, 1.)

STERN, G. "Meaning and Change of Meaning," *Göteborgs Högskolas Arsskrift*, xxxviii, 1932, 1. Göteborg, 1931.

STOK, WILHELM. *Geheimnis, Lüge und Missverständnis*. Beiträge zur Beziehungslehre, vol. 2. Munich and Leipzig, 1929. (II, 1.)

STORCH, ALFRED. *Das archaisch-primitive Erleben u. Denken der Schizophrenen*. Berlin, 1922.

VOSSLER, K. "Die Grenzen der Sprachsoziologie," in *Hauptprobleme der Soziologie*. Erinnerungs gabe für Max Weber. München, 1913.

WACH, JOACHIM. *Das Verstehen*. Grundzüge einer Geschichte der hermeneutischen Theorie im 19ten Jahrhundert. Vol. 1. "Die Grossen Systeme," 1926. Vol. 2. "Die theologische Hermeneutik von Schleiermacher bis Hoffmann," 1929. Vol. 3. "Das Verstehen in der Historik von Ranke bis zum Positivismus," 1933. Tübingen 1926–1933.

WEISGERBER, E. *Muttersprache und Geistesbildung*. Göttingen. 1929.

—— "Sprachwissenschaft und Philosophie zum Bedeutungsproblem" in *Blätter für deutsche Philosophie*, iv, 1930, p. 77 ff.

—— Art. "Sprache" in *Vierkandt's Handwörterbuch der Soziologie*.

WERNER, H. *Ursprünge der Metapher*. *Arbeiten zur Entwicklungspsychologie*, iii. Leipzig, 1919.

WHITEHEAD, A. N. *Symbolism, its Meaning and Effects*. 1927.

YOUNG, K. "Language, Thought, and Social Reality," in *Social Attitudes*, ed. by Young, K. New York, 1931.

5. 评价性和非评价性社会科学

DIEHL, KARL. "The Life Work of Max Weber," *Quarterly Journal of Economics*, xxxviii (1924), 87–107. (I, 1, 2, 3.)

LANDSHUT, S. *Kritik der Soziologie*. Freiheit und Gleichheit als Ursprungsproblem der Soziologie, ch. ii and iii. Munich and Leipzig, 1929. (I, 2, 6, 7; II, 3.)

LÖWITH, KARL. "Max Weber and Karl Marx," *Archiv für Sozialwissenschaft und Sozialpolitik*, vol. 67, pp. 213 ff. (I, 2, 3, 4.)

SPANN, OTHMAR. *Gesellschaftslehre*, 3rd ed. revised. Leipzig, 1930.

—— *Tote und lebendige Wissenschaft*. Jena, 1921.

—— *Kategorienlehre*. Jena, 1924.

WEBER, MAX. "Wissenschaft als Beruf," *Gesammelte Aufsätze zur Wissenschaftslehre*, pp. 524–555. Tübingen, 1922. (III, 2.)

—— "Der Sinn der 'Wertfreiheit' der soziologischen und ökonomischen Wissenschaften," *Gesammelte Aufsätze zur Wissenschaftslehre*, pp. 451–502. Tübingen, 1927. (III, 2.)

—— "Die Objektivität sozialwissenschaftlicher und sozialpolitischer Erkenntnis," *Gesammelte Aufsätze zur Wissenschaftslehre*, pp. 146–214. Tübingen, 1922.

6. 历史主义

BELOW, GEORG V. *Über historische Periodisierung*. Berlin, 1925.
CROCE, BENEDETTO. *History, its Theory and Practice*, tr. by Douglas Ainslie. New York, 1923.
DILTHEY, WILHELM. *Einleitung in die Geisteswissenschaften*. Versuch einer Grundlegung für das Studium der Gesellschaft u. der Geschichte. *Gesammelte Schriften*, i. Leipzig and Berlin, 1922. (I, 1, 2, 3, 4, 5, 7.)
*Der Aufbau der geschichtlichen Welt in den Geisteswissenschaften, Gesammelte Schriften*, vii. Leipzig and Berlin, 1927. (I, 2, 3.)
DROYSEN, J. G. *Grundriss der Historik*, 1st ed., 1858; new ed. by E. Rothacker. Halle/S., 1935. English translation by ANDREWS, E. B., "Outline of the Principles of History." Boston, 1893.
FREYER, HANS. *Soziologie als Wirklichkeitswissenschaft*. Logische Grundlegung des Systems der Soziologie. Leipzig and Berlin, 1930. (I, 1, 2, 3, 7.)
HEUSSI, KARL. *Die Krisis des Historismus*. 1932.
MANNHEIM, KARL. "Historismus." *Archiv für Sozialwissenschaft und Sozialpolitik*. (I, 7.)
RANKE. Das politische Gespräch (1836), ed. by E. Rothaker, Halle a. d. Sale, 1925.
REQUADT, P. *Johannes, v. Müller und der Frühhistorismus*. München, 1929.
ROTHENBÜCHER, KARL. *Uber das Wesen des Geschichtlichen und die gesellschaftlichen Gebilde*. Tübingen, 1926.
SIMMEL, GEORG. "Das Problem der historischen Zeit," *Philosophische Vorträge der Kant Gesellschaft*. Berlin, 1916. (I, 1.)
TEGGART, FREDERICK J. *Theory of History*. New Haven, 1925.
TROELTSCH, ERNST. *Der Historismus und seine Probleme. Gesammelte Schriften*, vol. iii. Tübingen, 1923.
WIPPER, R. *The Crisis in Historical Science*. Kazan, 1921.

7. 概括

ALEXEYEV, N. N. *The Social and Natural Sciences in the Mutual Relationship of their Methods*. Essays in the History and Methodology of the Social Sciences. Moscow, 1912. (I. 6.)
BRIDGMAN, P. W. *The Logic of Modern Physics*. New York, 1927. (I, 2, 3.)
DEWEY, JOHN. "Philosophy," in Gee, Wilson. *Research in the Social Sciences*, pp. 241–268. New York, 1929. (I, 1.)
DOBRETSBERGER, J. "Historische und soziale Gesetze," in *Handwörterbuch der Soziologie*, ed. by A. Vierkandt. Stuttgart, 1931.
EULENBERG, F. "Sind historische Gesetze möglich," in *Hauptprobleme der Soziologie*. Erinnerungsgabe für Max Weber, ed. by Melchior Pályi, vol. 1. Leipzig and Munich, 1923.
—— "Über Gesetzmässigkeit in der Geschichte (historische Gesetze)," *Archiv für Sozialwissenschaft und Sozialpolitik*, vol. 35, pp. 299 ff. (1912).
—— "Naturgesetze und soziale Gesetze," *Archiv für Sozialwissenschaft und Sozialpolitik*, vol. 31, 32 (1910).

HAR, KYUNG DURK. *Social Laws.* A study of the validity of sociological generalizations. Chapel Hill, N.C., 1930.

KLÜVER, H. " The Problem of Type in Cultural Science Psychology," *Journal of Philosophy*, vol. 22 (1923), pp. 225–234.

—— " Weber's Ideal Type in Psychology," *Journal of Philosophy*, vol. 23 (1926).

MISES, LUDWIG. *Grundprobleme der Nationalökonomie.* Untersuchungen über Verfahren, Aufgaben, Inhalt der Wirtschafts- und Gesellschaftslehre. Jena, 1933. Esp. ch. ii, " Soziologie und Geschichte," reprinted from *Archiv für Sozialwissenschaft und Sozialpolitik*, vol. 61 (1929). (I, 6.)

PARK, R. E., and BURGESS, E. W. *Introduction to the Science of Sociology*, ch. i. Chicago, 1921. (I, 5, 6.)

PFISTER, BERNHARD. *Die Entwicklung zum Idealtypus.* Tübingen, 1928. (I, 3.)

RICKERT, HEINRICH. *Die Grenzen der naturwissenschaftlichen Begriffsbildung.* Eine logische Einleitung in die historischen Wissenschaften, 5th revised edition. Tübingen, 1929.

—— *Kulturwissenschaft und Naturwissenschaft*, 3rd revised edition. Tübingen, 1915. (I, 1, 2, 6.)

ROGIN, LEO. " Werner Sombart and the ' Natural Science ' Method in Economics," *Journal of Political Economy*, xli (1933), 222–236. (I, 1.)

ROTHACKER, ERICH. *Einleitung in die Geisteswissenschaften*, 2nd edition. Tübingen, 1930. (I, 1, 2, 3, 4, 5, 6.)

RUEFF, JACQUES. *From the Physical to the Social Sciences.* Baltimore and London, 1929. (I, 1, 3, 5.)

SCHELTING, ALEXANDER V. " Die logische Theorie der Kulturwissenschaft von Max Weber, insbesondere sein Begriff des Idealtypus," *Archiv für Sozialwissenschaft und Sozialpolitik*, 49. (I, 1, 3, 6.)

SIMMEL, GEORG. *Soziologie*, ch. i. Munich and Leipzig, 1908.

SNELL. " Zur naturwissenschaftlichen Begriffsbildung im Griechischen," in *Philos. Anzeiger*, iii, 1928, p. 234 ff. (I, 4).

SOMBART, WERNER. *Die drei Nationalökonomien.* Munich and Leipzig, 1930. (I, 1, 2, 3, 4, 5, 6.)

SPRANGER, EDUARD. *Types of Men*, tr. by Pigors. Halle (Saale), 1928.

WEBER, MAX. *Wirtschaft und Gesellschaft.* Part III of *Grundriss der Sozialökonomik*, ch. i. Tübingen, 1925. Also printed in part in *Gesammelte Aufsätze zur Wissenschaftslehre* as " Methodische Grundlagen der Soziologie," pp. 503–523.

—— " Über einige Kategorien der verstehenden Soziologie," in *Gesammelte Aufsätze zur Wissenschaftslehre*, pp. 403–480. (I, 1, 3, 4, 5, 6.)

WINDELBAND, WILHELM. *Geschichte und Naturwissenschaft.* Strassbourg, 1894. Also reprinted in *Präludien*, vol. 2, 5th ed. Tübingen, 1915.

" A Symposium on the Observability of Social Phenomena with Respect to Statistical Analysis," *Sociologus*, 8, 4, and 9, 1.

## II.社会运动与知识生活

### 1.思想与意识形态

ADLER, GEORG. *Die Bedeutung der Illusionen für Politik und soziales Leben.* Jena, 1904. (I, 2; III, 1, 5.)

ADAMS, E. D. *The Power of Ideals in American History.* New Haven, 1913.

BEHRENDT, RICHARD. *Politischer Aktivismus.* Leipzig, 1932. (II, 2; III, 5.)

BERNSTEIN, E. "Idee und Interesse in der Geschichte," *Ethos*, i, 1 (1928).

COURNOT, R. A. *Traité de l'enchaînement des idées fondamentales dans les sciences et dans l'histoire.* Paris, 1861.

—— *Considérations sur la marche des idées.* Paris, 1872.

CZOBEL, E.-HAJDU, P. "Die Literatur über Marx, Engels und über Marxismus seit Beginn des Weltkrieges (mit ausnahme d. russ.). Mit Beilage: Die Lassalle Literatur derselben Epoche." *Marx-Engels Archiv*, 1, 467–537. 1926.

DIETRICH, A. "Kritik der politischen Ideologien," *Archiv für Geschichte u. Politik* (1923).

DUPRAT, G. L. *Le Mensonge.* Paris, 1913.

ELLINGER, G. *Das Verhältnis der öffentlichen Meinung zu Wahrheit und Lüge im 10, 11, 12 Jh.* Berlin, 1884, (III, 5.)

GUÉRARD, A. *Reflections on the Napoleonic Legend.* London, 1924.

—— *The Life and Death of an Ideal. France in the Classical Age.* London, 1929.

GINZBURG, B. "Hypocrisy as a Pathological Symptom," *Intern. Journ. of Ethics*, xxii, p. 164.



GROETHUYSEN, BERNARD. *Les Origines de l'esprit bourgeois en France.* Paris, 1927.

HESSLEIN, H. *Ideale und Interessen*, tr. by E. Nascher. Berlin, 1911.

HONIGSHEIM, PAUL. "Zur Soziologie der mittelalterlichen Scholastik" (Die Soziologische Bedeutung des Nominalismus), *Hauptprobleme der Soziologie.* Erinnerungsgabe für Max Weber, ed. by M. Pályi. vol. ii. Munich and Leipzig, 1923. (II, 3, 4; III, 1.)

HUTH, H. *Soziale und individualistische Auffassung im 18. Jhdt. vornehmlich bei Adam Smith und Adam Ferguson.* Leipzig, 1907.

JANKELEVITCH. "Du rôle des idées dans l'évolution des sociétés," *Revue philosophique*, 66 (1908), pp. 256 ff.

JUNGMANN, EVA. *Spontaneität und Ideologie als Faktoren in der Gewerkschaftsbewegung* (Dissertation). Heidelberg, 1920.

KNIGHT, FRANK H. "Social Science and the Political Trend," *University of Toronto Quarterly*, iii, 4, 407–427 (July, 1934). (I, 4.)

KOLNAI, AUREL. "Versuch einer Klassifizierung einer allgemeinsozialen Machtidee," *Archiv für system. Philosophie u. Soziologie*, vol. 31, 1 and 2 (1928), pp. 125 ff. (II, 3.)

KRACAUER, S. "Die Gruppe als Ideenträger," in *Archiv. für Sozialwissenschaft u. Sozialpolitik*, 49, 3, p. 594.

LARSON, I. A. *Lying and its Detection. A Study of Deception and Reception Tests.* In collaboration with G. W. Haney and L. Keeler. The University of Chicago Press.
LIPMANN, O. and PLAUT, PAUL (ed.). *Die Lüge.* Leipzig, 1927.
LOEBELL, F. W. "Das reale und das ideale Element in der geschichtlichen Überlieferung," in *Hist. Zeitschr.*, 1859, p. 269.
MAN, HENRI DE. *The Psychology of Socialism*, tr. by E. and C. Paul. New York, 1928. (II, 2, 3, 4.)
MASSON-OURSEL, P. *Comparative Philosophy.* New York and London, 1926. (I, 1, 2.)
MILLIOUD, M. "La formation de l'idéal," *Revue philosophique*, 66 (1908), pp. 138 ff. (II, 2.)
OESTERREICH, T. K. *Vom Machtideal zum Kulturideal.* Charlottenburg, 1919.
PARETO, VILFREDO. *Traité de sociologie générale*, tr. by P. Boven. 2 vols. Lausanne and Paris, 1917, 1919. (I, 1, 2, 3, 5, 6, 7; II, 2, 3, 4; III, 1, 3; IV, 1.)
— The Mind and Society . . . edited by A. Livingston. London, 1935.
— *Les systèmes socialistes.* 2 vols. Paris, 1902–3. (II, 2, 3, 4; III, 5.)
RIEZLER, K. *Erforderlichkeit des Unmöglichen.* Prolegomena zu einer Theorie der Politik und zu anderen Theorien. München, 1913.
—— "Idee und Interesse in der politischen Geschichte," in *Die Dioskuren.* 1927.
ROBERTY, E. DE. "La Nature sociale de l'idée," in *Revue Intern. de Sociol.* 1907.
—— *Sociologie de l'action. La Genèse sociale de la raison et les origines rationnelles de l'action.* Paris, 1908.
ROMIER, L. *L'explication de notre temps.* Paris, 1925. (II, 3.)
SALOMON, GOTTFRIED. "Geschichte als Ideologie," in *Wirtschaft und Gesellschaft.* Festschrift für Franz Oppenheimer. pp. 417 ff. Frankfurt a.M., 1924.
——*Die Mittelalter als Ideal der Romantik.* Munich, 1922. (II, 3.)
SOMBART, WERNER. *Der proletarische Sozialismus.* 2 vols. Jena, 1924. (II, 3; III, 3.)
SZENDE, PAUL. "Eine soziologische Theorie der Abstraktion," *Archiv für Sozialwissenschaft u. Sozialpolitik*, vol. 50, pp. 407 ff.
—— "Verhüllung und Enthüllung," *Archiv für die Geschichte des Sozialismus und der Arbeiterbewegung.* 1922. (II, 2, 3, 4.)
TAYLOR, H. O. *The Medieval Mind.* 2 vols. London, 1911.
TROELTSCH, ERNST. *Social Teachings of the Christian Churches.* Tr. by Olive Wyon. 2 vols. New York and London, 1931. (II, 2, 3; III, 1.)
ZILSEL, EDUARD. *Die Entstehung des Geniebegriffes.* Tübingen, 1926. (II, 4.)

## 2. 乌托邦心理

BALDENSPERGER, W. *Das Selbstbewusstsein Jesu im Lichte der messianischen Hoffnungen seiner Zeit.* 1. Hälfte: *Die messianisch-apokalyptischen Hoffnungen des Judentums.* 3rd ed. Strassburg, 1903.

BERNSTEIN, EDUARD. *Cromwell and Communism*. London, 1930. (II, 3.)

BLOCH, E. *Thomas Münzer als Theologe der Revolution*. München, 1921.

DELAISI, FRANÇOIS. *Political Myths and Economic Realities*. Eng. tr. New York, 1925. (II, 1; III, 3.)

DÖLLINGER, J. J. I. VON. "Der Weissagungsglaube und das Prophetentum in der christlichen Zeit," in *Kleinere Schriften*. Stuttgart, 1890.

DOREN, A. "Wunschträume und Wunschzeiten," in *Vorträge*, 1924–5, der Bibliothek Warburg. Leipzig, Berlin, 1927.

ENGELS, FR. *The Peasant War in Germany*, tr. by M. Olgin. New York, 1926. (II, 3.)

GIRSBERGER, H. *Der utopische Sozialismus des 18. Jahrhunderts in Frankreich und seine Philosophischen und materiellen Grundlagen*. Zuricher Volkswirtschaftl. Forschungen. Heft 1. (II, 1, 3.)

HERTZLER, J. O. *History of Utopian Thought*. London, 1923.

HOFFMANN, F. "Erscheinungen der Parteienideologie," *Kölner Vierteljahrshefte für Soziologie*, v, 1 and 2 (1925), 63 ff.

HOLL, K. "Luther und die Schwärmer," in *Gesammelte Aufsätze z. Kirchengeschichte*. Tübingen, 1927.

KAMPERS, F. "Kaiserprophetien und Kaisersagen im Mittelalter," in *Historische Abhandlungen*, ed. by Heigel and Grauert. München, 1895.

KAUTSKY, KARL. *Communism in Central Europe at the Time of the Reformation*. Eng. tr., J. L. and E. G. Mullikan. London, 1897. (II, 3.)

—— *Foundations of Christianity*. Eng. tr. New York and London, 1925.

LANDAUER, GUSTAV. *Die Revolution*. Vol. 13 of the series *Die Gesellschaft*, edited by Martin Buber. Frankfurt a.M., 1923.

LORENZ, EMIL. *Der politische Mythus*. Beiträge zur Mythologie der Kultur. Leipzig, Vienna, and Zurich, 1923.

MANNHEIM, KARL. "Utopia," *Encyclopædia of the Social Sciences*, vol. 15.

MUMFORD, LEWIS. *The Story of Utopias*. New York, 1922.

NIEBUHR, REINHOLD. *Reflections on the End of an Era*. New York, 1934. (II, 1, 3, 4; III, 1, 5.)

REINKE, L. *Die messianischen Weissagungen bei den grossen und kleinen Propheten des A. T.* 4 vols. Giessen, 1859–1862.

REITZENSTEIN, R. *Das iranische Erlösungsmysterium*, Bonn, 1921.

RENAN, E. *History of the People of Israel*. 5 vols. Boston, 1888.

—— Histoire des origines du christianisme. 7 vols. Paris, 1863–1883. (II 3; III, 1, 5.)

ROHR, J. "Die Prophetie im letzten Jahrhundert vor der Reformation als Geschichtsquelle und Geschichtsfaktor," *Hist. Jhb.*, 19.

ROSENKRANZ, A. "Prophetische Kaisererwartungen im ausgehenden Mittelalter," *Preuss. Jb.*, vol. 119, 508–524. 1905.

WADSTEIN, E. "Die eschatologische Ideengruppe Antichrist, Weltsabbat, Weltende und Weltgericht in den Hauptmomentum

ihrer christlich mittelalterlichen Gesamtentwicklung," in *Zeitschr. f. wissensch. Theologie*. Vol. 38 (1895), p. 538 ff., vol. 39 (1896), p. 79 ff., p. 251 ff.

WALTER, L. G. *Thomas Münzer et les luttes sociales à l'époque de la réforme*. Paris (Picard), 1927.

WEBER, MAX. *Gesammelte Aufsätze zur Religionssoziologie*, i, 207–236, 237–275. Tübingen, 1920. (II, 1, 3, 4.)

—— *Wirtschaft und Gesellschaft*. Part III of *Grundriss der Sozialökonomik*. "Religionssoziologie," i, pt. ii, ch. iv, 227–356. Tübingen, 1925. (II, 1, 3, 4.)

### 3. 社会分层与世界观：文学社会学

ADLER, MAX. "Wissenschaft und soziale Struktur," *Verhandlungen des 4ten deutschen Soziologentages*, pp. 180–212. Tübingen, 1925. (IV, 2.)

BALDENSPERGER, F. *La littérature, Création, Succès, Durée*. Paris (E. Flammarion), 1913.

BARTLETT, F. C. "Temperament and Social Class," *Eugenics Rev.*, 20, 1. London.

BAUER, OTTO. "Das Weltbild des Kapitalismus," *Der lebendige Marxismus*, ed. by O. Jenssen. Jena, 1924. (II, 1.)

BEHN, S. Romantische und Klassische Logik. München, 1925. (i, 4.)

BERNHEIM, E. *Mittelalterliche Zeitanschauungen in ihrem Einfluss auf Politik und Geschichtschreibung*. Tübingen, 1918.

BORKENAU, FRANZ. *Der Übergang vom feudalen zum bürgerlichen Weltbild*. Schriften des Instituts für Sozialforschung, iv. Paris, 1934. (II, 1, 4; IV, 2.)

BRÜGGEMANN, F. "Der Kampf um die bürgerliche Welt- und Lebensanschauung in der deutschen Literatur des 18. Jahrhunderts," *Deutsche Vierteljahrsschrift für Literaturwissenschaft und Geistesgesch*. iii, Halle a. S. 1925.

BUDDEBERG, TH. "Zur Soziologie des europäischen Denkens," *Jahrbuch für Soziologie*, iii, p. 157 ff, ed. by G. Salomon. Karlsruhe, 1927.

BUKHARIN, N. I. "Theory and Practice from the Standpoint of Dialectical Materialism," in *Science at the Cross-Roads*. London, 1931. (I, 2, 5; IV, 2.)

CRAIN. "Weltansschauung und Technik," in *Technik und Wirtschaft*, vii, 1919.

DILTHEY, WILHELM. *Philosophie der Philosophie*: Abhandlungen zur Weltanschauungslehre, in *Gesammelte Schriften*, viii. Leipzig and Berlin. (II, 1, 2.)

FLICKENSCHILD, H. "Lebensform und Weltbild des altpreussischen Bauerntums zur Zeit des Vormärz," *Arch. f. Angewandte Soziologie*. Bd. v, Heft 2, S. 101 ff.

GIESE, F. *Bildungsideale im Maschinenzeitalter*. Halle a. d. S. 1931.

GOMPERZ, H. *Weltanschauungslehre*. 2 vols. Jena, 1908.

GUÉRARD, ALBERT. *Literature and Society*. Boston, 1935.

HELLPACH, W. *Nervenleben und Weltanschauung*. Ihre Wechselbeziehungen im deutschen Leben von Heute. Wiesbaden, 1906.

HIELSCHER, HANS. "Das psychologische Verhältnis zwischen d. allg. Bildungsstufe eines Volkes u. d. in ihm sich gestaltenden Weltanschauungen," *Arch. f. ges. Psych.*, ix, 1. 1907.

JASPERS, KARL. *Man in the Modern Age*. Eng. tr. by E. and C. Paul. New York, 1934. (III, 5.)

—— *Psychologie der Weltanschauungen*. 2nd ed. Berlin, 1922. (I, 2.)

KAUTSKY, KARL *Die materialistische Geschichtsauffassung*. 2 vols. Berlin, 1927. (I, 6; II, 2; IV, 1.)

KOHN-BRAMSTEDT, E. "Probleme der Literatursoziologie," *Neue Jahrbücher für Wissenschaft und Jugendbildung*, vii (1931), Heft 8.

KORSCH, KARL. "Marxismus und Philosophie," *Archiv für die Geschichte des Sozialismus und der Arbeiterbewegung*, xi (1925), 53–112. (I, 2, 5, 7; II, 1.)

LEDERER, E. "Aufgaben einer Kultursoziologie," in *Erinnerungsgabe für Max Weber*, vol. 2. München, Leipzig, 1923.

LÖWENTHAL, L. "Zur gesellschaftlichen Lage der Literatur," *Zeitschrift für Sozialforschung*, F. 96 ff.

MANNHEIM, KARL. "Beiträge zur Theorie der Weltanschauungs-interpretation," in *Kunstgeschichtliche Einzeldarstellungen*, ii. Vienna, 1923. Also in *Jahrbuch für Kunstgeschichte*, i (xv, 1921–1922). (IV, 1.)

—— "Die Bedeutung der Konkurrenz im Gebiete des Geistigen," *Verhandlungen des 6ten deutschen Soziologentages in Zürich*. pp. 35–83. Tübingen, 1929. (I, 1, 4; IV, 1.)

—— "Das konservative Denken. Soziologische Beiträge zum Werden des politisch-historischen Denkens in Deutschland," *Archiv für Sozialwissenschaft und Sozialpolitik*, vol. 57, 1 and 2. (II, 1, 4; IV, 1.)

—— "Das Problem der Generationen," *Kölner Vierteljahrshefte für Soziologie*, vii, 2 and 3 (1927), 128 ff., 309 ff. (IV, 1.)

MARR, H. "Grosstadt als politische Lebensform in *Grosstadt und Volkstum*. Hamburg, 1917.

MARTIN, A. VON. "Weltanschauliche Motive im altkonservativen Denken," in *Deutschers Staat und deutsche Parteien. Festschrift, Fr. Meinecke zum 60ten Geburtstag*. München, Berlin, 1922. (II, 1; IV, 2.)

MAYO, ELTON. *The Human Aspects of an Industrial Civilization*. New York, 1933.

OPPENHEIMER, FRANZ. "Tendencies in Recent German Sociology," *Sociological Review*, xxiv (1932), 1–13; 125–137; 248–260.

ROFFENSTEIN, G. "Das Problem der Ideologie in der materialistischen Geschichtsauffassung und das moderne Parteiwesen," in *Partei und Klasse im Lebensprozesse der Gesellschaft*, ed. by R. Thurnwald. Leipzig, 1926. (II, 1.)

SCHÜCKING, LEVIN. *Die Soziologie der literarischen Geschmacksbildung*, 2. Bd. 1931.

SZENDE, PAUL. " Das System der Wissenschaften und die Gesellschaftsordnung," in *Kölner Vierteljahrshefte für Sozialwissenschaft*, ii, 4 (1922), 5 ff. (I, 1, 2, 5.)

TAINE, H. *Introduction to the History of English Literature.* Paris (Hachette et Cie), 1863.

VAERTING, M. " Der Korpsgeist bei Herrschenden und Beherrschten," *Archiv für system. Philosophie u. Soziologie*, xxxi, 1 (1928), 142 ff.

WEBER, A. *Ideen zur Staats- und Kultursoziologie.* Karlsruhe, 1927.

WEBER, MAX. *Gesammelte Aufsätze zur Religionssoziologie.* 3 vols. Tübingen, 1920–1. (II, 4.)

WECHSLER, E. " Denkform und Weltanschauung in der Geschichte der deutschen Bildung," in *Zschr. f. Gesch. d. Erziehung u. d. Unterrichts* 20, 1930 " (I, 4.)

WITTICH, W. " Der soziale Gehalt von Goethes Roman ,Wilhelm Meisters Lehrjahre '," in *Erinnerungsgabe für Max Weber*, vol. 2. München, Leipzig, 1923.

### 4. 知识分子及其作用

BARBUSSE, HENRI. *Le couteaux entre les dents : aux intellectuels.* Paris, 1921.

BENDA, JULIEN. *The Great Betrayal.* Tr. into English by R. Aldington. New York and London, 1928.

BERTH, ED. *Les Méfaits des intellectuels.* Introd. by G. Sorel. Paris, 1914.

BOURNE, RANDOLPH S. *The War and the Intellectuels.* New York, 1917. Reprinted in his *Untimely Papers.* New York, 1919.

BRANDES, G. M. C. *Main Currents of European Literature in the 19th Century.* 6 vols. London, 1901–5. (II, 1, 2, 3.)

DAUDET, LEON. *The Stupid 19th Century*, tr. into English by L. Galantière. New York, 1928.

DÖBLIN, A. *Wissen und Verändern. Offene Briefe an einen jungen Menschen.* Berlin, 1931.

FLEXNER, ABRAHAM. *Universities : American, English, German.* New York, 1930.

FOGARASI, A. " Die Soziologie der Intelligenz und die Intelligenz der Soziologie," *Unter dem Banner des Marxismus*, iv, 3 (1930). (IV, 2.)

HEINRICH, H. " Die Intelligenz und ihre Stellung zur bürgerlichen Ideologie und zur Gedankenwelt des Sozialismus," *Archiv für die Geschichte der Philosophie*, 39, 1 and 2 (1929), 150 ff.

HELLPACH, W. " Die Arbeitsteilung im geistigen Leben," *Archiv für Sozialwissenschaft und Sozialpolitik*, 35, p. 665 ; 36, p. 79.

LANDSBERG, P. *Wesen und Bedeutung der platonischen Akademie.* Schriften zur Philosophie u. Soziologie, i. Bonn, 1923.

MAN, HENRI DE. *Die Intellektuellen und der Sozialismus.* Jena, 1926.

MASARYK, TH. G. *The Spirit of Russia*, tr. by E. and C. Paul. 2 vols. New York and London, 1929.

MICHELS, ROBERTO. "Intellectuals," *Encyclopædia of the Social Sciences*, vol. viii.
—— "Zur Soziologie der Bohême und ihre Zusammenhänge mit dem geistigen Proletariat," *Jahrbücher für Nationalökonomie und Statistik*, 3rd series, 81, 6 (1932).
—— *Political Parties*, tr. by E. and C. Paul. New York, 1915.
—— *Umschichtungen in den Herrschenden Klassen nach dem Kriege.* (Kap. III: Zur intellektuellen Oberschicht.) Stuttgart, 1934.
MIRSKY, (DIMITRI SVYATOPOLK), Prince. *The Intelligentsia of Great Britain.* London, 1935.
NAUMANN, FRIEDRICH. *Die Stellung der Gebildeten im politischen Leben.* Berlin, 1907.
NOMAD, MAX. *Rebels and Renegades.* New York, 1932.
RAUECKER, B. *Die Proletarisierung der geistigen Arbeiter.* Munich, 1920.
SPEIER, HANS. "Die Intellektuellen und ihr sozialer Beruf." *Neue Blätter für den Sozialismus.* 12/13. Potsdam, 1930.
—— "Zur Soziologie der bürgerlichen Intelligenz in Deutschland," *Die Gesellschaft*, pp. 58–72. 1929. (IV, 2.)
THIBAUDET, ALBERT. *La république des professeurs.* Paris, 1927.
VEBLEN, THORSTEIN. *The Higher Learning in America.* A memorandum on the conduct of universities by business men. New York, 1918.
WEBER, ALFRED. "Die Not der geistigen Arbeiter," *Schriften des Vereins für Sozialpolitik.* Leipzig, München, 1920.
WEBER, MAX. *Gesammelte Aufsätze zur Religionssoziologie.* 3 vols. Tübingen, 1920–1.
WITTFOGEL, KARL A. *Die Wissenschaft der bürgerlichen Gesellschaft* Berlin, 1922. (II, 1; IV, 2.)
ZEHRER, H. "Die Revolution der Intelligenz," *Die Tat*, vol. 21. 1929.

## III. 知识的社会作用

### 1. 合理性与教条

BURY, J. B. *A History of Freedom of Thought.* New York, 1913.
DEWEY, JOHN. *How we Think.* Revised ed. Boston, 1933. (III, 2.)
JAMES, W. *The Will to Believe.* New York, 1897. (I, 2; II, 2.)
JORDAN. *The Development of Religious Toleration in England*, 1932.
MANNHEIM, KARL. *Rational and Irrational Elements in Contemporary Society.* Hobhouse Memorial Lecture. Oxford, 1934.
PARETO, V. *Traité de Sociologie générale.* Lausanne, Paris, 1917–18.
PARSONS, TALCOTT. "Capitalism in Recent German Literature: Sombart and Weber," *Journal of Political Economy*, xxxvii, and xxxviii (1928–9), 641–661; 31–51. (II, 1, 3.)
— "Ultimate Values in Sociological Theory," *International Journal of Ethics*, xlv, 3 (April, 1935).
REIK, TH. "Dogma und Zwangsidee," *Imago*, xiii, 1927.
ROBERTSON, J. M. *Short History of Free Thought* (rev. ed., 2 vols.), 1936.

ROBINSON, J. H. *The Mind in the Making*. The Relation of Intelligence to Social Reform. New York and London, 1921.
RUGGIERO, G. DE. *The History of European Liberalism*, tr. by R. G. Collingswood. London, 1927.
SANTAYANA, G. *Reason in Society : The Life of Reason*, ii, New York, 1905.
SIMMEL, GEORG. *Philosophie des Geldes*. Leipzig, 1900.
SUMNER, W. G. *Folkways*. Boston, 1906. (II, 1 ; III, 2.)
WALLAS, GRAHAM. *The Art of Thought*. New York, 1926.
—— *Social Judgment*. New York, 1935. (I, 2.)
WEBER, MAX. *Wirtschaft und Gesellschaft*. Tübingen, 1925.
—— *Gesammelte Aufsätze zur Religionssoziologie*. 3 vols. Tübingen, 1920–1.
—— *Gesammelte Aufsätze zur Wissenschaftslehre*. Tübingen, 1922.

2. 教育与灌输

APPENS, W. *Die pädagogischen Bewegungen des Jahres 1848*. Elberfeld, 1914.
BEARD, CH. A. *A Charter for the Social Sciences in the Schools*. Report of the Commission on Social Studies. New York, 1931. (III, 4, 5.)
—— *The Nature of the Social Sciences in Relation to Objectives of Instruction*. Report of Commission on Social Studies. New York, 1934.
*Conclusions and Recommendations of the Commission*. Report of the Commission on the Social Studies. American Historical Association. New York, 1934.
COUNTS, G. S. *The American Road to Culture*. New York, 1930.
—— *Dare the School Build a New Social Order?* John Day Pamphlets, 11. New York, 1932.
—— *The Social Composition of Boards of Education*. A study in the social control of education. Chicago, 1927.
—— *Social Foundations of Education*. Report of the Commission on Social Studies. New York, 1934. (II, 3, 4, 5.)
—— *School and Society in Chicago*. New York, 1928. (III, 3, 4, 5.)
DOBBS, A. E. *Education and Social Movements, 1700–1850*. London, 1919.
GIESE, G. *Staat und Erziehung-Grundzüge einer politischen Pädagogik*. Hamburg, 1935.
HARPER, S. N. *Civic Training in Soviet Russia*. Chicago, 1929. (III, 3, 4.)
HOOK, SIDNEY. "The Importance of a Point of View," *Social Frontier*, i, 1 and 2 (October, November, 1934).
KARSEN, F. "Neue Literatur über Gesellschaft und Erziehung," in *Zeitschrift für Sozialforschung*, iii, 1, 1934.
KIRKPATRICK, W. (ed.) *The Educational Frontier*. New York, 1931.
KOSOK, P. *Modern Germany : a Study of Conflicting Loyalties*. Chicago, 1933. (III, 3, 4.)
LÜDDEKE, TH. *Die Tageszeitung als Mittel der Staatsführung*. Hamburg, 1933.

MERRIAM, C. E. *The Making of Citizens.* A comparative study of methods of civic training. Chicago, 1931. (III, 3, 4.)

—— *Civic Training in the United States.* Report of the Commission on Social Studies. New York, 1933. (III, 4.)

NOHL, H., and PALLAT. *Handbuch der Pädagogik*, vol. 2: *Die soziologischen Grundlagen der Erziehung.* 1929.

PIERCE, B. L. *Citizens' Organizations and the Civic Training of Youth.* Report of the Commission on Social Studies. New York, 1933. (III, 3, 5.)

—— *Public Opinion and the Teaching of History.* New York, 1926. (III, 3, 5.)

—— *Civic Attitudes in American School Text-books.* Chicago, 1930.

RUSSELL, B. *Education and the Social Order.* London, 1932.

SCHNEIDER, H. W., and CLOUGH, S. B. *Making Fascists.* Chicago, 1929. (III, 3, 4.)

SCHMIDT, T.-HARTEFELD. *Das Erziehungsziel als Ausdruck des sozialen Lebens.* 1931.

SINCLAIR, U. *The Goslings.* A study of the American schools. Pasadena (Calif.), 1924. (III, 3.)

—— *The Goose-Step.* A study of American education. Pasadena (Calif.), 1923. (III, 3.)

*Social Frontier.* Published monthly. New York, 1934.

3. 宣传

LASSWELL, H. D. "Propaganda," *Encyclopædia of the Social Sciences*, vol. xii.

—— *Psychopathology and Politics.* Chicago, 1930.

—— "Strategy of Revolutionary and War Propaganda," in *Public Opinion and World Politics.* Ed. by Quincy Wright. Chicago, 1933. (II, 3, 4.)

—— *Propaganda Technique in the World War.* New York and London, 1927.

—— *Personal Insecurity and World Politics.* New York, 1935.

LASSWELL, H. D., D. CASEY, BRUCE LANNES SMITH. *Propaganda and Promotional Activity.* An Annotated Bibliography. Minnesota, Minneapolis and London, 1935.

LUMLEY, F. E. *The Propaganda Menace.* New York and London, 1933.

RASSAK, J. *Psychologie de l'opinion et de la propaganda politique.* Paris, 1927. (III, 5.)

SCHULZE-PFAELZER, G. *Propaganda, Agitation, Reklame.* Berlin, 1923.

STERN-RUBARTH, EDGAR. *Die Propaganda als politisches Instrument.* Berlin, 1921.

YOUNG, K., and LAWRANCE, R. B. *Bibliography on Censorship and Propaganda, University of Oregon Publication.* Journalism Series i, No. 1, March, 1928.

### 4. 知识的传播与普及

DEWEY, JOHN. *The School in the New Social Order.* New York.
—— *Democracy and Education.* New York, 1916. (III, 2, 5.)
HANSOME, MARIUS. *World Worker's Education Movements.* Columbia University Studies in History, Economics, and Public Law, 338. New York and London, 1931.
HIGHAM, C. F. *Looking Forward : Mass Education through Publicity.* London, 1920. (III, 2, 5.)
KALLEN, H. *Education, the Machine and the Worker.* An essay on the psychology of education in industrial society. New York, 1925. (III, 2.)
LIPPMAN, WALTER. *Liberty and the News.* New York, 1927.
MÜNZER, GERHARD. *Öffentliche Meinung und Presse.* Sozialwissenschaftliche Abhandlungen VI. Karlsruhe, 1928. (III, 5.)
PAUL, EDEN, and CEDAR. *Proletcult (Proletarian Culture).* New York, 1921. (III, 2, 5.)
ROBINSON, J. H. *The Humanizing of Knowledge.* New York, 1923.
SALMON, LUCY. *The Newspaper and Authority.* New York, 1924.
WIESE, LEOPOLD V. (Ed.) *Soziologie des Volksbildungswesens.* Schriften des Forschungsinstituts für Sozialwissenschaften in Köln, i. Munich and Leipzig, 1921.

### 5. 舆论与集体行动

ANGELL, NORMAN. *The Public Mind.* London, 1926.
BAUER, WILHEM. "Public Opinion," *Encyclopædia of the Social Sciences,* vol. xii.
—— *Die öffentliche Meinung und ihre geschichtliche Grundlagen.* Tübingen, 1914.
CHILDS, H. L. *A Reference Guide to the Study of Public Opinion, etc.* Princeton University, School of Public and Internat. Affairs. Princeton, New Jersey, 1934.
DEWEY, JOHN. *The Public and its Problems.* New York, 1927.
DURKHEIM, E. *Elementary Forms of Religious Life,* tr. by J. W. Swain. London, New York, 1915[1]; 1926[2].
FLAD, RUTH. *Studien zur politischen Begriffsbildung in Deutschland während der preussischen Reform. Der Begriff der öffentlichen Meinung bei Stein, Arndt und Humboldt.* Berlin, 1929. (I, 4; II, 1, 3, 4.)
GEIGER, TH. *Die Masse und ihre Aktion.* Ein Beitrag zur Theorie der Revolutionen. Stuttgart, 1926.
LE BON, GUSTAVE. *The Crowd.* A study of the popular mind. London, 1926.
—— *The Psychology of Revolution,* tr. by Bernard Miall. New York, 1913.
LIPPMAN, WALTER. *The Phantom Public.* New York, 1925.
—— *Public Opinion.* New York, 1922.
ODEGARD, P. H. *The American Public Mind.* New York, 1930.

PARK, R. E. "Human Nature and Collective Behavior," *American Journal of Sociology*, xxxii (1926–7), 733.
—— *Masse und Publikum*. Bern, 1904.
ROFFENSTEIN, G. "Zur Psychologie der politischen Meinung," in *Zeitschr. für Völkerpsychologie und Soziologie*, 3. 1927.
TARDE, GABRIEL. *L'Opinion et la Foule*. Paris, 1901.
TÖNNIES, FERDINAND. *Kritik der öffentlichen Meinung*. Berlin, 1922.

## IV. 知识社会学

### 1. 先驱者

ALLIER, R. *The Mind of the Savage*. London, 1929.
BOGDANOV, A. *Entwicklungsformen der Gesellschaft und die Wissenschaft*. Berlin, 1924.
ENGELS, FR. *Ludwig Feuerbach*. Eng. tr. New York, 1935. Cf. Marx, Karl.
GUMPLOWICZ, L. *Grundriss der Soziologie*, in *Ausgewählte Werke*, ii, ed. by G. Salomon. Innsbruck, 1926.
HINTZE, O. "Über Max Schelers Wissensformen und die Gesellschaft," *Zeitschrift für die gesamte Staatswissenschaft*, vol. 81.
HOOK, SIDNEY. *Towards the Understanding of Karl Marx*. New York, 1933. (I, 2, 3, 5; II, 1, 2, 3.)
JERUSALEM, W. "Soziologie des Erkennens," *Die Zukunft*, 1909.
—— "Soziologie des Erkennens" (Bemerkungen zu Schelers Aufsatz), *Kölner Vierteljahrshefte für Sozialwissenschaften*, i, 3 (1921), 28 ff.
LEVY-BRÜHL, LUCIEN. *How Natives Think*, tr. by Lilian A. Claire. New York, 1926.
—— *The "Soul" of the Primitive*, tr. by Lilian A. Claire. New York, 1926.
—— *Primitive Mentality*, tr. by Lilian A. Claire. New York, 1923. (II, 1; III, 1.)
LUKÁCS, G. *Geschichte und Klassenbewusstsein*. Studien über marxistische Dialektik. Berlin, 1923 (I, 2, 6, 7; II, 1, 2, 3, 4; III, 1, 3, 5).
MARX, KARL. *Die deutsche Ideologie*. *Marx-Engels Gesamtausgabe*, pt. i, vol. v. Berlin, 1931.
—— *Die heilige Familie*. *Marx-Engels Gesamtausgabe*, pt. i, vol. iii. Berlin, 1932.
—— *The Poverty of Philosophy*. Eng. tr. by H. Quelch. Chicago, 1910.
—— and ENGELS, FR. *The Communist Manifesto*, ed. by D. Ryazanov. New York, 1931.
NIETZSCHE, FR. *The Will to Power*. 2 vols. Tr. by A. M. Ludovici. London and Edinburgh, 1924.
—— *Geneology of Morals*, tr. by H. B. Samuel. London, 1923. (II, 1, 2, 3, 4.)
OPPENHEIMER, FRANZ. *System der Soziologie*, i, pt. 1; ii. Jena, 1922.

PARETO, VILFREDO. *Traité de Sociologie générale*. 2 vols. Lausanne and Paris, 1917–19.
—— The Mind and Society, edited by A. Livingston. London, 1935.
—— *Les systèmes socialistes*. 2 vols. Paris, 1902–3.
SCHELER, MAX. "Die positivistische Geschichtsphilosophie des Wissens und die Aufgaben einer Soziologie der Erkenntnis," *Kölner Vierteljahrshefte für Sozialwissenschaften*, i, 1 (1921), pp. 12 ff.
—— "Zu W. Jerusalem's Bemerkungen," *Kölner Vierteljahrshefte für Sozialwissenschaften*, i, 3 (1924), pp. 34 ff.
—— "Weltanschauungslehre, Soziologie und Weltanschauungssetzung," *Kölner Vierteljahrshefte für Sozialwissenschaften*, ii, 1 (1922), pp. 18 ff. (II, 3.)
—— *Schriften zur Soziologie und Weltanschauungslehre*, vols. i–iii. Leipzig, 1923 and 1924.
——(ed.) *Versuche einer Soziologie des Wissens*. Schriften des Forschungsinstituts für Sozialwissenschaften in Köln, vol. ii. Munich and Leipzig, 1924.
—— *Die Formen des Wissens und die Bildung*. Bonn, 1925. (III, 4.)
—— *Die Wissensformen und die Gesellschaft*. Leipzig, 1926. (II, 1, 2, 3, 4.)
—— "Universität und Hochschule." In same volume as above.
—— "Erkenntnis und Arbeit." In same volume as above. (I, 1.)
—— and ADLER, M. "Wissenschaft und soziale Struktur," in *Verhandlungen des IV. deutschen Soziologentages am 29.–30. Sept. 1924*. Tübingen, 1925.
SOREL, GEORGES. *La Ruine du monde antique*. 2nd ed. Paris, 1925. (II, 1, 2.)
—— "La Matérialisme historique," *Bulletin de la Société française de philosophie*, ii (1902). (I, 2, 3, 5.)
—— *Reflections on Violence*, tr. by T. E. Hulme. (II, 1, 2; III, 1, 5.)
—— *La Décomposition du marxisme*. Paris, 1908. (I 5; II 1, 3; III, 1, 5.)
—— *Les Illusions du progrès*. Paris, 1911. (II, 1, 2, 3, 4.)
—— *De l'Utilité du pragmatisme*. Paris, 1921. (I, 3, 5, 7.)
—— *Matériaux d'une théorie du prolétariat*. Paris, 1921.
TAINE, H. A. *History of English Literature*. Eng. tr. by H. van Laun. New York, 1879.
—— *Philosophy of Art*. Eng. tr. by John Durand. 2nd ed. New York, 1873.
WEBER, MAX. *Wirtschaft und Gesellschaft*, in *Grundriss der Sozialökonomik*, iii, 2 vols. Tübingen, 1925.
—— *Gesammelte Aufsätze zur Religionssoziologie*. 3 vols. Tübingen, 1920–21.

2. 现状

ADLER, M. *Das Soziologische in Kants Erkenntniskritik*. Wien, 1924. (I, 1, 3, 5, 7.)
ANDREI, P. *Die soziologische Auffassung der Erkenntnis*. Leipzig, 1923.

ARENDT, H. " Philosophie und Soziologie. Anlässlich K. Mannheim : Ideologie und Utopie," *Die Gesellschaft*, vii, 2 (1930), pp. 163 ff.

ARON, R. " Sociologie du savoir," in *La Sociologie allemande contemporaine*, pp. 75–96. Paris (Alcan), 1935.

BRINKMANN, C. " Der Überbau und die Wissenschaften von Staat und Gesellschaft," *Schmollers Jahrbuch*, 54, 3 (1930).

CURTIUS, E. R. " Die Soziologie und ihre Grenzen," *Neue Schweizer Rundschau*, 10, pp. 727–36. 1929.

—— *Deutscher Geist in Gefahr*. Stuttgart, 1932.

DEMPF, ALOIS. " Wissenssoziologische Untersuchung des Übergangs vom Mittelalter zur Neuzeit," *Archiv für angewandte Soziologie*, iii, (1931), pp. 143 ff.

DOBRETSBERGER, J. " Zur Soziologie des ökonomischen Denkens," *Archiv für angewandte Soziologie*, iv, 75.

DUNKMANN, K. " Ideologie und Utopie," *Archiv für angewandte Soziologie*, ii, pp. 71 ff.

—— " Die soziologische Begründung der Wissenschaft," *Archiv für system. Phil. u. Soz.*, xxx, 1, 2 (1927), pp. 145 ff.

EHRENBERG, H. " Ideologische und soziologische Methode. Ein Wort zur Sozialisierung der Denkart," *Archiv für system. Phil. u. Soz.*, xxx, 1, 2 (1927), pp. 133 ff.

ELEUTHROPOULOS, A. " Sozialpsychologie und Wissenssoziologie," *Zeitschrift für Völkerpsychologie und Soziologie*, iii, 2 (1927), pp. 197 ff.

EPPSTEIN, PAUL. " Die Fragestellung nach der Wirklichkeit im historischen Materialismus," *Archiv für Sozialwissenschaft und Sozialpolitik*, 60 (1928), pp. 449 ff.



FREUND, M. " Karl Mannheim, Ideologie u. Utopie," *Deutsche Literaturzeitung*, 45 (1930).

FREYER, H. " Anmerkungen über das Problem der Ideologie und über Wissenssoziologie " in *Soziologie als Wirklichkeitswissenschaft*. Leipzig, Berlin, 1930.

GRUENEBERG, H. " Ende der Wissenschaft," *Die Tat*. (XXI, 8.)

GRÜNWALD, ERNST. *Das Problem einer Soziologie des Wissens*. Vienna and Leipzig, 1934. (IV, 1.)

GURIAN, W. Grenzen und Bedeutung der Soziologie. Ideologie und Utopie, *Germania*, 15 und 22 Juni, 1929.

HALBWACHS, MAURICE. *Les Cadres sociaux de la mémoire*. Paris, 1925. (I, 4 ; II, 3.)

HEINRICH, H. " Über den bürgerlichen und sozialistischen Begriff der Freiheit," *Der Kampf*, 21 (1928), pp. 288 ff.

HORKHEIMER, MAX. " Ein neuer Ideologiebegriff ? " *Archiv für die Geschichte des Sozialismus und der Arbeiterbewegung*, xv, (1930).

KANELLOPOULOS, PANOJOTIS. " Das Individuum als Grenze des Sozialen und der Erkenntnis. Soziologie contra Soziologismus," *Archiv für angewandte Soziologie*, iii, 79.

KRAFT, JULIUS. " Soziologie oder Soziologismus," *Zeitschrift für Völkerpsychologie und Soziologie*, v, 4 (1929).

LANDSBERG, P. L. *Wesen und Bedeutung der Platonischen Akademie.* Schriften zur Philosophie und Soziologie. Bd. 1. ed. by M. Scheler. Bonn, 1923. (II, 3, 4.)
—— "Zur Soziologie der Erkenntnistheorie," *Schmollers Jahrbuch,* 55, ii (1931).
LANDSHUT, S. "Drei Konstitutive Forschungscharaktere und ein Exkurs über Wissenssoziologie (Karl Mannheim) in his *Kritik der Soziologie.* München, Leipzig, 1929.
LEWALTER, E. "Wissenssoziologie und Marxismus. Eine Auseinandersetzung mit Karl Mannheims Ideologie und Utopie von marxistischer Position aus." *Archiv für Sozialwissenschaft und Sozialpolitik,* lxiv, 1 (1930).
MANNHEIM, KARL. "Das Problem einer Soziologie des Wissens," *Archiv für Sozialwissenschaft und Sozialpolitik,* vol. 54 (1925). Tübingen. (IV, 1.)
—— "Ideologische und soziologische Interpretation der geistigen Gebilde," *Jahrbuch für Soziologie,* ii, ed. by G. Salomon. Karlsruhe, 1926.
—— *Mensch und Gesellschaft im Zeitalter des Umbaus.* Leiden, 1935. (II, 1, 2, 3, 4; III, 1, 2, 3, 4, 5.)
—— *El Hombre y la Sociedad en la Epoca de Crisis.* tr. by F. Ayala. Madrid. 1936.
—— "The Place of Sociology," in *Conference on the Social Sciences: their Relations in Theory and Teaching.* London. 1936.
—— "German Sociology" (1918–1933), *Politica,* 1, 1934.
—— Zur Problematik der Soziologie in Deutschland. *Neue Schweizer Rundschau,* 11. 1929.
MARCK, SIEGFRIED. "Marxistische Grundprobleme in der Soziologie der Gegenwart," *Die Gesellschaft,* iv, 2 (1927), pp. 136 ff.
—— "Zur Problem der Seinsverbundenheit des Wissens," *Archiv für Philosophie u. Soziologie,* pt. 2, pp. 238 ff. Festgabe für Ludwig Stein. Berlin, 1929.
MARCUSE, H. "Zur Wahrheitsproblematik der soziologischen Methode Karl Mannheims Ideologie und Utopie," *Die Gesellschaft,* vi, 1929.
MARTIN, A. v. Soziologie als Resignation u. Mission. *Neue Schweizer Rundschau,* 1930.
MENZEL, H. "Ideologie und Utopie," *Zeitschr. f. Nationalökonomie,* pp. 408–417, 1931.
PLESSNER, HELMUTH. "Abwandlungen des Ideologiegedankens," *Kölner Vierteljahrshefte für Soziologie,* x, 2 (1931), pp. 163 ff. (IV, 1.)
RENNER, KARL. "Ist der Marxismus Ideologie oder Wissenschaft?" *Der Kampf,* xxi (1928), pp. 245 ff.
ROTHACKER, E. "Zur Lehre vom Menschen." Ein Sammelreferat über Neuerscheinungen zur Kultursoziologie. *Deutsche Vierteljahrsschrift für Literaturwissenschaft und Geistesgeschichte,* xi, 1.
SALIS, JEAN-R. DE. "Remarques sur le mouvement sociologique en Allemagne," in *Revue de la synthèse historique,* vol. 1, Nos. 148–150, pp. 57–69 (1930).

SALOMON, G. "Über Politik als Wissenschaft," *Festschrift für Otto Köbner* (1930), pp. 52 ff.

—— "Historischer Materialismus und Ideologienlehre," Jahrbuch für Soziologie, ed. by G. Salomon, ii, pp. 386 ff. Karlsruhe, 1926.

SPEIER, HANS. "Soziologie oder Ideologie," *Die Gesellschaft*, vii, 4 (1930).

—— "Die Geschichtsphilosophie Lassalles." *Archiv für Sozialwissenschaft und Sozialpolitik*, vol. lxi, 1 and 2 (1929), pp. 103 ff.

SPRANGER, E. Ideologie und Wissenschaft. Rede gehalten in der Preuss. Akademie der Wissenschaften. cf. *Forschungen und Fortschritte*. Nachrichtenblatt der Deutschen Wissenschaft und Technik. Berlin, 1st April, 1930.

STERN, GUENTHER. "Über die sogenannte ‚Seinsverbundenheit' des Bewusstseins. Anlässlich Karl Mannheims Ideologie und Utopie," *Archiv für Sozialwissenschaft und Sozialpolitik*, vol. lxiv (1930), pp. 492 ff.

TILLICH, PAUL. "Ideologie und Utopie," *Die Gesellschaft*, vi, 10 (1929), pp. 348–355.

WITTFOGEL, K. A. "Wissen und Gesellschaft. Neuere deutsche Literatur zur Wissenssoziologie," *Unter dem Banner des Marxismus*, v, 1 (1931).

WOLFF, K. "*La Sociologia del Sapere, Ricerca di una Definizione*," Tesi di Laurea in Filosofia. Manoscritto, Biblioteca della Facoltà di Lettere e Filosofia della R. Università degli Studi di Firenze, 1935. (I, 1, 2, 3, 5, 6, 7; II, 1, 3; IV, 1, 2.)

ZIEGLER, H. O. Ideologienlehre. *Archiv für Sozialwissenschaft und Sozialpolitik*, 57, 1927, pp. 657 ff.

### 3. 在最近的经验研究中，对本书描述的方法所作的应用和修改

BAKER R. J. *The Sociological Function of Intellectuals in Modern Society: A Study of some Social Movements in Post-War Germany* (Ph.D. Thesis, London School of Economics and Political Science, 1936). (Unpublished.) (I, 2, 4, 5; II, 1, 3, 4; III, 3, 4, 5; IV, 2.)

CARLÉ, W. *Weltanschauung und Presse* (Dissertation, Frankfurt a.M.) Leipzig, 1931. (I, 4; II, 1, 3, 4, 5; IV, 2.)

ELIAS, N. *Die höfische Gesellschaft. Untersuchungen zur Soziologie des Adels, des Königtums und des Hofes, vor allem in Frankreich des XVII ten Jahrhunderts*. (Unpublished.) (II, 1, 3, 4; IV, 1.)

ELIASBERG, W. "Die widersprechenden sachverständigen Gutachten. Was sollen die Richter, die öffentliche Meinung und die Sachverständigen tun, wenn die Gutachten sich widersprechen," in *Abhandlungen aus den Grenzgebieten der Psychologie und Medizin. Festschrift für A. Mohl*. Berlin, 1932.

FREUND, G. *La Photographie en France au dix-neuvième Siècle. Essai de sociologie et d'esthétique*. Paris, 1936. (II, 3, 4; IV, 2).

GERTH, H. "*Die sozialgeschichtliche Lage der bürgerlichen Intelligenz um die Wende des 18. Jahrhunderts.*" *Ein Beitrag zur Soziologie des deutschen Frühliberalismus.* (Dissertation, Frankfurt a.M.) (V.D.I-Verlag, G.m.b.H., Berlin, N.W. 7.) 1935. (II, 1, 3, 4; III, 1, 3, 5; IV, 2.)

HERRMANN, O. "*Die Anfänge Gustav Freytags.*" *Ein soziologischer Beitrag zur geschichte der deutschen bürgerlichen Intelligenz im 19. Jahrhundert.* (Dissertation.) Hamburg, 1934. (II, 1, 3, 4; IV, 2.)

KOHN-BRAMSTEDT, E. "*Class Distinctions as Reflected in the German Novel of the Nineteenth Century: Aristocracy, Middle Classes, Intellectuals,* 1830–1900." *A study in sociology of literature.* (Ph.D. Thesis. London School of Economics and Political Science. 1936.) (Unpublished.) (II, 3, 4; IV, 2.)

LÜTKENS, CH. "Das Problem der Amerikanischen Intelligenz." (Unpublished). (II. 1, 3, 4; IV. 2.)

MANHEIM, E. *Die Träger der öffentlichen Meinung.* Studien zur Soziologie der Öffentlichkeit. Brünn, Prag, Leipzig, Wien, 1933. (II, 1, 3, 4; III, 4, 5; IV, 2.)

MARTIN, A. von. *Soziologie der Renaissance. Physiognomik und Rhythmik der bürgerlichen Kultur.* Stuttgart, 1932. (II, 1, 3, 4; III, 5; IV, 2).

—— "Der Humanismus als soziologisches Phänomen. Ein Beitrag zum Problem des Verhältnisses zwischen Besitzschicht und Bildungsschicht," in *Archiv. für Sozialwissenschaft und Sozialpolitik.* Vol. 65. Tübingen, 1931. (II, 1, 3, 4; IV, 2.)

—— Kultursoziologie des Mittelalters. Art. in Vierkandt's *Handwörterbuch der Soziologie.* Stuttgart, 1931. (II, 1, 3, 4; IV, 2.)

—— Kultursoziologie der Renaissance. Art. in Vierkandt's *Handwörterbuch der Soziologie.* Stuttgart, 1931. (II, 1, 3, 4; IV, 2.)

TRUHEL, K. *Sozialbeamte. Ein Beitrag zur Sozioanalyse der Bürokratie.* (Dissertation, Frankfurt a. Main.) Sagan (Benjamin Krause), 1934. (II, 1, 3, 4.)

WEIL, H. *Die Entstehung des deutschen Bildungsprinzips,* Schriften zur Philosophie und Soziologie. ed. by K. Mannheim. Bonn, 1930. (II, 1, 3, 4; III, 5; IV, 2.)

# 人名索引

（索引中数字为原书页码，在本书中标为边码；
数字后的n代表该页脚注，其后的数码为脚注编号。）

# 主 题 索 引

（索引中数字为原书页码，在本书中标为边码；数字后的n代表该页脚注，其后的数码为脚注编号；ff意为该页及其后几页）

**图书在版编目(CIP)数据**

意识形态与乌托邦/(德)卡尔·曼海姆著;李步楼等译.—北京:商务印书馆,2017
(汉译世界学术名著丛书:120年纪念版:珍藏本)
ISBN 978-7-100-14610-4

Ⅰ.①意… Ⅱ.①卡… ②李… Ⅲ.①意识形态—研究②乌托邦—研究 Ⅳ.①B022②D091.6

中国版本图书馆CIP数据核字(2017)第152458号



汉译世界学术名著丛书
(120年纪念版·珍藏本)

**意识形态与乌托邦**

**——知识社会学导论**

〔德〕卡尔·曼海姆 著

李步楼 尚伟
祁阿红 朱泱 译

---

商 务 印 书 馆 出 版
(北京王府井大街36号 邮政编码100710)
商 务 印 书 馆 发 行
北京市十月印刷有限公司印刷
ISBN 978-7-100-14610-4

---

2017年12月第1版 开本710×1000 1/16
2017年12月北京第1次印刷 印张26

定价:125.00元